生命・傷害疾病保険法の基礎知識

長谷川 仁彦

竹山　　拓

岡田　洋介

共著

保険毎日新聞社

は し が き

　先に「生命保険・傷害疾病定額保険契約法実務判例集成（上）（中）（下）」として３巻を発行しましたが、各項目の解説がわかりやすく説明されていることから教科書としても活用できるようにとの要望を読者からいただき、このたび、新たに法改正と最近の裁判例を踏まえて「生命・傷害疾病保険法の基礎知識」として刊行することといたしました。

　保険法公布後10年を迎え、保険法の理念に基づいた訴訟実務や保険会社の引受け、支払査定業務も定着してきております。

　保険業法においては、平成26年改正（平成28年５月29日施行）により、保険募集等における情報提供義務が初めて明文で規定されるとともに、意向把握義務が導入され、また、保険会社のみならず保険募集人についても、「広義の適合性原則」に基づいた説明を行うための体制整備義務等が課されることとなりました。

　さらに、定型約款に関する規定が創設されるなど、保険契約とも関わりのある点について、民法（債権法）が改正（平成29年６月２日公布）されました。

　以上のような状況の中で、一歩立ち止まり、近年の法改正や判例学説の状況を踏まえて、生命保険契約及び傷害疾病定額保険契約に関して整理することも意義あることと考え、本書を発行することといたしました。

　本書は、第１章総説、第２章生命保険契約の成立、第３章生命保険契約の継続と異動、第４章生命保険契約に基づく給付、第５章その他の諸問題、第６章傷害疾病定額保険契約で構成し、保険法に準拠し作成しました。

　先に述べた債権法の改正にともない、保険法及び保険約款にかかわる項目につき若干のコメントを加えるとともに、保険業法改正については第５章その他の諸問題で解説をしました。

　また、法理論上の重要事項のみならず、保険訴訟実務や保険者のアンダーラ

イティング実務にも大きな影響を及ぼす最高裁判決をはじめとする判例もできる限り収録し、基礎的な知識を習得するには適切な構成としました。

　本書が、保険実務に携わる方々の日々の業務において参考となり、また、大学で保険法を勉強する学生諸君の参考書となれれば、筆者一同望外な喜びであります。

　さらに、高齢化社会において、保険に対する社会的なニーズが大きく変化してきている中で、保険法の役割を考えるための一助を果たすことができれば幸甚であります。

　本書の刊行に当たり、一方ならぬご尽力を賜った保険毎日新聞社編集長森川正晴氏、大塚和光氏及び内山アンダーライティング㈱矢田朝子氏には、本書面を借りてお礼を申し上げる次第です。

　平成30年4月

長谷川　仁彦（首都大学東京法学部非常勤講師／内山アンダーライティング㈱主席研究員／㈱長谷川保険文化研究所代表）

竹　山　　拓（飯沼総合法律事務所　弁護士）

岡　田　洋　介（佐々木・岡田法律事務所　弁護士）

■著者紹介■

長谷川　仁彦（はせがわ　よしひこ）　　〔執筆担当：第1章、第4章、第6章〕

慶應義塾大学法学部

昭和39年第一生命保険相互会社入社（現・第一生命保険株式会社）

現・首都大学東京法学部非常勤講師、株式会社長谷川保険文化研究所代表兼内山アンダーライティング㈱主席研究員

主要業績

『（改訂増補）生命保険契約法最新実務判例集』（共著）保険毎日新聞社

『生命・傷害保険モラルリスク判例集』（共著）（財・生命保険文化研究所）

『続・生命保険契約法　判例集』（共著）保険毎日新聞社

「高度障害保険金と実務上の課題－責任開始期前発病の認定」生命保険経営73号1号

『保険法改正の論点』（中西正明先生喜寿記念論文集）（共著）法律文化社

『新保険法と保険契約法理の展開』（共著）ぎょうせい

竹山　拓（たけやま　たく）　　〔執筆担当：第5章〕

東京大学法学部

平成5年10月29日　司法試験合格

平成8年4月1日　弁護士登録

現・飯沼総合法律事務所　弁護士

主要業績

『Q&A税務調査から税務訴訟まで』（共著）税務研究会出版局

「請求権利者が複数存在するときの請求方法」保険事例研究会レポート236号

岡田　洋介（おかだ　ようすけ）　　〔執筆担当：第2章、第3章〕

一橋大学法学部

中央大学法務研究科

平成18年9月21日　司法試験合格

平成19年12月20日　弁護士登録

現・佐々木・岡田法律事務所　弁護士

主要業績

『生命保険判例集』（共著）（公財）生命保険文化センター　17巻、18巻、19巻

『CSのための金融実務必携－高齢者・相続・未成年・養子・外国人・離婚』（共著）きんざい

『アウトライン会社法』（共著）清文社

［凡　例］

1．判例出典の略称は次のとおり。

民録	大審院民事判決録
民集	最高裁判所（大審院）民事判例集
裁判集民	最高裁判所裁判集民事
下民	下級裁判所民事裁判例集
新聞	法律新聞
判時	判例時報
判タ	判例タイムズ
金判	金融・商事判例
金法	金融法務事情
交通民集	交通事故民事裁判例集
事例研レポ	保険事例研究会レポート
生保判例集	（公財）生命保険文化センター　生命保険判例集
文研生保判例集	（財）生命保険文化研究所　文研生命保険判例集

2．主な参考文献は次のとおり。

甘利公人＝福田弥夫＝遠山　聡著『ポイントレクチャー保険法〔第2版〕』有斐閣、
　　2017年

大森忠夫著『保険法』有斐閣、1964年

竹濵　修＝木下孝治＝新井修司編『保険法改正の論点』法律文化社、2009年

西嶋梅治＝長谷川仁彦共著『生命・傷害保険にかかわるモラル・リスク判例集』
　　（財）生命保険文化研究所、2000年

西嶋梅治著『保険法〔第3版〕』悠々社、1998年

中西正明著『生命保険法入門』有斐閣、2006年

中西正明著『生命保険契約法講義』（財）生命保険文化研究所、1996年

日本生命生命保険研究会編著『生命保険の法務と実務』（社）金融財政事情研究会、
　　2004年

萩本　修編著『一問一答保険法』商事法務、2009年

潘　阿憲著『保険法概論』中央経済社、2010年

山下友信＝竹濵　修＝洲崎博史＝山本哲生著『保険法〔第3版〕』有斐閣、2010年

山下友信＝永沢　徹編著『論点体系　保険法2』第一法規、2014年

山下友信著『保険法』有斐閣、2005年

山下友信＝洲崎博史編『保険法判例百選』有斐閣、2010年

山下友信＝米山高生編『保険法解説』有斐閣、2010年

目　次

第 1 章　総　　説

<長谷川　仁彦>

はじめに－保険法の構成…………………………………………………… 3

Ⅰ　保険契約法の特性と法源……………………………………………… 3

Ⅰ－1　保険契約法の特性……………………………………………… 4

Ⅰ－1－1　技術性に基づく特色…………………………………… 4

Ⅰ－1－2　団体性に基づく特色…………………………………… 4

Ⅰ－1－3　公共性及び社会性に基づく特色……………………… 5

Ⅰ－2　保険契約法の法源……………………………………………… 5

Ⅰ－2－1　保険法…………………………………………………… 6

(1)保険法と他の法律との関係／6　　(2)保険契約の類型／8

Ⅰ－2－2　民法…………………………………………………… 9

(1)信義誠実の原則／10　　(2)公序良俗違反／10　　(3)権利の濫用／10
(4)事情変更の原則／11

Ⅰ－2－3　約款…………………………………………………… 11

(1)約款の拘束力／12　　(2)定型約款の内容の表示／13　　(3)定型約款の変
更と既存契約／13　　(4)信義則に基づく効力制限規定／15　　(5)約款備考
欄の拘束力／16　　(6)従来の約款の拘束力の根拠／16　　(7)ご契約のしお
り／16　　(8)契約概要、注意喚起情報、意向確認書／18

Ⅱ　生命保険・傷害疾病定額保険契約の概説……………………………… 19

Ⅱ－1　生命保険・傷害疾病定額保険契約の意義…………………… 19

Ⅱ－1－1　生命保険契約…………………………………………… 19

Ⅱ－1－2　傷害疾病定額保険契約の保険事故(高度障害保険金について)… 19

Ⅱ－1－3　傷害保険契約・疾病保険契約等……………………… 20

Ⅱ－2　生命保険・傷害疾病定額保険契約の要素…………………… 21

(1)契約当事者(保険者、保険契約者)／21　　(2)保険事故／22　　(3)保険期
間／22　　(4)保険金額／22　　(5)保険料／22

Ⅱ－3　生命保険・傷害疾病定額保険契約の形態…………………… 23

(1)自己のためにする保険契約／23　　(2)第三者のためにする保険契約／24

Ⅱ-4　生命保険・傷害疾病定額保険契約の種類 ……………………………… *25*

　　(1)生命保険契約／25　　(2)傷害疾病定額保険契約／26

Ⅱ-5　生命保険・傷害疾病定額保険契約の性質 ……………………………… *26*

　Ⅱ-5-1　有償契約性 …………………………………………………………… *26*

　Ⅱ-5-2　双務契約性 …………………………………………………………… *27*

　Ⅱ-5-3　諾成契約性 …………………………………………………………… *27*

　Ⅱ-5-4　附合契約性 …………………………………………………………… *28*

　Ⅱ-5-5　射倖契約性 …………………………………………………………… *28*

　Ⅱ-5-6　善意契約性・信義則性 ……………………………………………… *29*

　Ⅱ-5-7　継続的契約性 ………………………………………………………… *29*

　Ⅱ-5-8　不要式契約性 ………………………………………………………… *29*

　Ⅱ-5-9　商行為性 ……………………………………………………………… *30*

第2章　生命保険契約の成立

<岡田　洋介>

Ⅰ　成立に関わる要点 …………………………………………………………… *33*

Ⅰ-1　生命保険契約の申込と承諾 ……………………………………………… *33*

　Ⅰ-1-1　生命保険契約の申込 ………………………………………………… *33*

　Ⅰ-1-2　申込の撤回－クーリング・オフ制度－ ………………………… *34*

　Ⅰ-1-3　生命保険契約の承諾と契約成立の時期 ………………………… *38*

　Ⅰ-1-4　承諾をなし得る者(承諾権者) ……………………………………… *38*

　Ⅰ-1-5　申込の拒絶と変更承諾 …………………………………………… *39*

Ⅰ-2　契約者資格 ………………………………………………………………… *40*

　Ⅰ-2-1　保険契約者が未成年者の場合 …………………………………… *41*

　Ⅰ-2-2　保険契約者が成年被後見人、被保佐人、被補助人の場合……… *43*

　Ⅰ-2-3　保険契約者が法人の場合 ………………………………………… *43*

　　(1)法人の種類と代表者／43　　(2)法人格のない団体／45

Ⅰ-3　被保険者の同意 …………………………………………………………… *45*

　Ⅰ-3-1　同意の必要性 ………………………………………………………… *45*

　　(1)被保険者が未成年の場合の同意／46　　(2)被保険者の同意を要する行為／47

　Ⅰ-3-2　同意の方式・時期 …………………………………………………… *48*

(1)方式／48　(2)同意の時期／48　(3)被保険者による解除請求権／48

Ⅰ-4　保険金受取人の指定……………………………………………… *49*

Ⅰ-5　第1回保険料、第1回保険料充当金…………………………… *50*

Ⅰ-6　責任開始期……………………………………………………… *50*

　　Ⅰ-6-1　責任開始期とは………………………………………… *50*

　　Ⅰ-6-2　責任開始条項…………………………………………… *52*

　　Ⅰ-6-3　責任遡及条項…………………………………………… *52*

　　　(1)責任遡及条項の意義／52　(2)責任遡及条項と遡及保険／53

　　Ⅰ-6-4　責任遡及条項と保険契約申込の諾否………………… *53*

Ⅰ-7　保険適格性……………………………………………………… *54*

　　Ⅰ-7-1　保険者の承諾義務……………………………………… *54*

　　Ⅰ-7-2　承諾義務の要件と保険適格性………………………… *55*

　　　(1)保険適格性とは／55　(2)保険適格性の判断時期及び判断資料／55
　　　(3)保険適格性の判断基準／56　(4)保険適格性の有無についての証明責任
　　　／56　(5)死亡原因が諾否に影響するか／57　(6)変更承諾をなすべき場
　　　合／57

Ⅰ-8　契約締結時の書面交付(保険証券) ………………………… *57*

Ⅱ　危険選択と告知義務……………………………………………… *59*

Ⅱ-1　危険選択の必要性……………………………………………… *59*

　　　(1)被保険者の身体的危険／59　(2)被保険者を囲む外的危険／59　(3)道
　　　徳的危険／60　(4)保険契約者の契約継続危険(保険料危険)／60

Ⅱ-2　危険選択の方法　その1－医的診査－ ……………………… *60*

　　Ⅱ-2-1　診査医扱い……………………………………………… *61*

　　　(1)診査医の過失／61　(2)契約引受査定時の過失／61　(3)診査の範囲／
　　　62　(4)診査医の注意義務の程度(範囲)／66

　　Ⅱ-2-2　健康管理証明書扱い…………………………………… *67*

　　Ⅱ-2-3　生命保険面接士扱い…………………………………… *68*

Ⅱ-3　危険選択の方法　その2－被保険者の告知－ ……………… *69*

　　Ⅱ-3-1　告知義務制度の趣旨…………………………………… *69*

　　Ⅱ-3-2　告知義務者(含、未成年者の告知) ………………… *70*

　　Ⅱ-3-3　告知の相手方…………………………………………… *71*

　　　(1)診査医／72　(2)生命保険募集人の告知受領権／72

　　Ⅱ-3-4　告知すべき事項………………………………………… *72*

　　　(1)告知事項の意義／72　(2)抽象的な質問事項／73

7

Ⅱ-3-5	告知の時期………………………………………	74
Ⅱ-3-6	告知書(質問表)の効力……………………………	75
Ⅱ-3-7	重要な事項…………………………………………	76
Ⅱ-3-8	告知書(写し)の交付(送付)………………………	78

Ⅱ-4　危険選択の方法　その3－成立前確認ほか－……………………… 78

　Ⅱ-4-1　成立前確認…………………………………………………… 78
　Ⅱ-4-2　契約内容登録制度………………………………………… 79
　　　(1)導入の経緯／79　　(2)契約引受時の登録内容の参考方法／79　　(3)契約内容登録制度とプライバシー／80
　Ⅱ-4-3　取扱者の報告………………………………………………… 80

Ⅲ　告知義務違反と契約の解除………………………………………… 81

　Ⅲ-1　告知義務違反の成立要件…………………………………………… 81
　　　(1)客観的要件／81　　(2)主観的要件／81
　Ⅲ-2　告知義務違反と因果関係の不存在特則……………………… 83
　　　(1)告知義務違反による解除と保険事故／83　　(2)因果関係不存在特則と他保険契約の存在／83　　(3)因果関係の不存在について／84
　Ⅲ-3　解除権行使とその相手方……………………………………… 84
　　Ⅲ-3-1　解除権の行使とその方法……………………………… 84
　　Ⅲ-3-2　解除通知の相手方………………………………………… 85
　Ⅲ-4　解除権の阻却事由(不告知教唆等と保険会社の責任)……………… 85
　　　(1)改正前商法下／85　　(2)保険法／86
　Ⅲ-5　解除権の消滅事由……………………………………………… 87
　　Ⅲ-5-1　解除の原因があることを知った時から1箇月間行使しないとき
　　　……………………………………………………………………… 88
　　Ⅲ-5-2　契約の時から5年を経過したとき……………………… 88
　　Ⅲ-5-3　保険者が解除権を放棄したとき……………………… 89
　Ⅲ-6　保険契約解除の効果………………………………………… 89
　Ⅲ-7　告知義務と詐欺取消し(民法96条)ないし錯誤無効(同95条)……… 90

第3章　生命保険契約の継続と異動

<岡田　洋介>

Ⅰ　生命保険料……………………………………………………………… 93

Ⅰ-1　保険料の支払 ………………………………………………………… 93

(1)保険料支払債務の性格／93　　(2)保険料払込みの猶予期間と保険契約の
失効／94

Ⅰ-2　営業職員による保険料の立替払 …………………………………… 96

Ⅰ-3　保険料の払込方法(経路)と保険料の払込日 …………………… 96

Ⅰ-4　保険料の前納と銀行法 ……………………………………………… 97

Ⅰ-5　保険料不可分の原則 ………………………………………………… 98

(1)保険料不可分とする趣旨／98　　(2)保険法下の実務の変更内容／98

Ⅰ-6　保険料受領権者 ……………………………………………………… 99

(1)第1回保険料充当金／99　　(2)第2回目以降の保険料／99

Ⅰ-7　保険料の自動貸付 …………………………………………………… 100

Ⅰ-8　契約の復活と復活保険料 …………………………………………… 100

Ⅰ-9　保険料払込みの免除 ………………………………………………… 101

Ⅱ　保険契約者の変更と地位の承継 ……………………………………… 103

Ⅱ-1　保険契約者の変更 …………………………………………………… 103

(1)保険契約者の権利義務の移転／103　　(2)被保険者の同意／103　　(3)保
険契約者の変更と保険者の同意／103

Ⅱ-2　保険契約者の死亡による法定承継 ………………………………… 104

Ⅲ　契約者貸付金 …………………………………………………………… 105

(1)契約者貸付金／105　　(2)契約者貸付の性質／105　　(3)「契約者貸付」
の貸付条項／106　　(4)債権の準占有と契約者貸付／106

Ⅳ　保険契約の解除(解約)と解約返戻金 ………………………………… 108

Ⅳ-1　解除(解約) …………………………………………………………… 108

(1)生命保険契約の解除(解約)とその効果／108　　(2)解除(解約)の効力発
生時期／108

Ⅳ-2　解約返戻金 …………………………………………………………… 109

Ⅴ　生命保険契約上の権利の処分と差押え ……………………………… 110

Ⅴ-1　質入 …………………………………………………………………… 110

(1)質入とは／110　　(2)生命保険契約と質権／111　　(3)質権設定の第三者
対抗要件／112

Ⅴ-2　差押え ………………………………………………………………… 112

(1)民事執行法上の差押え／113　　(2)差押えの対象／113　　(3)差押えの効

力／113　　⑷差押えの効力発生時期／114　　⑸差押えによる取立権／
　　114

　V-3　破産 ……………………………………………………………… *115*

Ⅵ　介入権－契約当事者以外の者による解除の効力等……………………… *117*

第4章　生命保険契約に基づく給付

<長谷川　仁彦>

Ⅰ　保険金受取人 ………………………………………………………………… *121*

　Ⅰ-1　生命保険契約の受取人 ……………………………………… *121*

　　⑴受取人の地位／121　　⑵保険金受取人の権利と義務／121

　Ⅰ-2　受取人固有の権利としての保険金請求権 ……………………… *123*

　　Ⅰ-2-1　保険金請求権と相続財産……………………………… *123*

　　　⑴第三者のためにする生命保険契約の場合／123　　⑵自己のためにする
　　　生命保険契約の場合／124

　　Ⅰ-2-2　保険金請求権と相続の限定承認・放棄……………… *124*

　　Ⅰ-2-3　受取人が有する損害賠償請求権と生命保険金……… *125*

　　Ⅰ-2-4　死亡保険金請求権と特別受益の持戻し及び遺留分減殺請求…… *125*

　　　⑴特別受益(民法903条)として持戻しの対象となるか否か／125　　⑵死亡
　　　保険金等が民法1031条に基づく遺留分減殺の対象となるか／126

　Ⅰ-3　保険金受取人の変更……………………………………………… *126*

　　Ⅰ-3-1　保険金受取人の指定………………………………… *126*

　　Ⅰ-3-2　保険金受取人の変更………………………………… *126*

　　　⑴保険金受取人変更について／127　　⑵保険金受取人変更の意思表示／
　　　127

　　Ⅰ-3-3　保険金受取人の変更と被保険者の同意……………… *129*

　　Ⅰ-3-4　保険契約者の意思確認……………………………… *130*

　　Ⅰ-3-5　遺言による受取人変更……………………………… *130*

　　　⑴遺言について／130　　⑵保険者に対する対抗要件／132

　　Ⅰ-3-6　受取人変更と債権者不確知による弁済供託……… *132*

　　Ⅰ-3-7　受取人変更と詐害行為……………………………… *133*

　Ⅰ-4　受取人変更と対抗要件 ………………………………………… *133*

　　　⑴対抗要件の具備／133　　⑵保険法の受取人変更の通知について／134

目　次

Ⅰ-5　受取人変更と利益相反行為 ……………………………………… *134*

Ⅰ-6　保険金受取人が「相続人」と指定されているとき…………… *135*
(1)保険金受取人として指定された「相続人」について／135　(2)誰の、いつの相続人が受取人となるか／136　(3)保険金受取人として指定された「相続人」が複数存在する場合の受取割合／136

Ⅰ-7　死亡保険金受取人の死亡と保険金請求権の帰属………………… *137*
(1)改正前商法の規定／137　(2)保険法の規定／137　(3)相続人の範囲／138　(4)理論構成／139　(5)相続人の権利取得の割合／140

Ⅰ-8　同時死亡と保険金受取人 …………………………………………… *140*

Ⅰ-9　保険金受取人による請求権の放棄、譲渡 ………………………… *141*
(1)保険金請求権の放棄／141　(2)保険金請求権の譲渡／142　(3)保険金受取人の指定行為の無効／145

Ⅰ-10　法人契約と受取人 ………………………………………………… *145*
(1)保険金請求権者／145　(2)法人格のない団体／146

Ⅰ-11　保険金受取人の指定に伴う営業職員の行為 …………………… *147*

Ⅰ-12　保険金受取人に関わるその他の諸問題………………………… *148*
(1)受取人の「続柄」の意味するもの／148　(2)受取人が複数存在する場合の請求権と請求方法について／148　(3)受取人の不存在／148

Ⅱ　生命保険契約に基づく支払 …………………………………………… *149*

Ⅱ-1　通知義務、請求書類、事実の確認 ………………………………… *149*

Ⅱ-1-1　保険事故の発生と通知義務……………………………… *149*

Ⅱ-1-2　保険金等請求時の必要書類……………………………… *150*

Ⅱ-1-3　保険金支払の履行期……………………………………… *151*
(1)改正前商法下での解釈及び運用／151　(2)保険法における規律／152

Ⅱ-2　死亡保険金の支払 …………………………………………………… *155*

Ⅱ-2-1　保険期間中の保険事故…………………………………… *155*

Ⅱ-2-2　死亡の証明、失踪宣告…………………………………… *155*
(1)死亡診断書と死体検案書／155　(2)失踪宣告／156　(3)認定死亡／157

Ⅱ-3　債権の準占有者への支払と代理人 ………………………………… *157*

Ⅱ-4　保険金支払と遅延利息 ……………………………………………… *159*

Ⅱ-5　保険金の支払場所と裁判管轄……………………………………… *160*

Ⅱ-6　時　効 ………………………………………………………………… *161*
(1)時効の意義と消滅時効／161　(2)生命保険契約と消滅時効／162　(3)

11

時効の中断／163

Ⅲ　保険金などの支払免責事由 ………………………………………………… *164*

Ⅲ-1　主契約にみる法定免責事由 …………………………………………… *164*

Ⅲ-1-1　保険法における免責事由 ………………………………………… *164*

(1)自殺免責／164　　(2)精神病やうつ病などによる自由な意思決定の有無／165　　(3)自殺の免責期間／168　　(4)自殺の立証責任／170　　(5)自殺免責の効果／171

Ⅲ-1-2　保険契約者の故意 ……………………………………………… *172*

(1)免責の趣旨／172　　(2)保険契約者の範囲／172　　(3)故殺の要件／172　　(4)故殺免責の効果／172

Ⅲ-1-3　保険金受取人の故意 …………………………………………… *173*

(1)免責の趣旨／173　　(2)保険金受取人の意義／173　　(3)故意に被保険者を死亡させたことの意義／175　　(4)故殺免責の効果／176

Ⅲ-1-4　戦争その他の変乱による死亡 ………………………………… *176*

Ⅳ　生命保険契約の取消し・無効 ………………………………………………… *178*

Ⅳ-1　詐欺による契約の取消し ……………………………………………… *178*

Ⅳ-1-1　詐欺による契約 …………………………………………………… *179*

Ⅳ-1-2　詐欺の構成要件 …………………………………………………… *179*

Ⅳ-1-3　詐欺の立証 ………………………………………………………… *180*

Ⅳ-2　錯誤による契約の無効 ………………………………………………… *180*

Ⅳ-2-1　錯誤による契約 …………………………………………………… *180*

Ⅳ-2-2　生年月日の相違と錯誤 …………………………………………… *181*

Ⅳ-3　告知義務違反と詐欺・錯誤 …………………………………………… *182*

第5章　その他の諸問題

<竹山　拓>

Ⅰ　モラルリスク問題 ……………………………………………………………… *187*

Ⅰ-1　判例にみるモラルリスク排除の法理 ………………………………… *188*

Ⅰ-1-1　保険契約締結時の詐欺 ………………………………………… *188*

Ⅰ-1-2　錯誤無効 …………………………………………………………… *191*

Ⅰ-1-3　公序良俗違反による契約無効 ………………………………… *192*

Ⅰ-1-4　特別解約権・重大事由による解除権‥‥‥‥‥‥‥‥‥‥‥‥‥‥ *194*

⑴特別解約権について／194　　⑵重大事由による解除権の保険約款への
導入／196　　⑶保険法における重大事由による解除権の新設と保険約款
の改定／196　　⑷解釈基準／197　　⑸反社会的勢力排除に関する重大事
由解除／200　　⑹重大事由による解除権の行使とその効力／204

Ⅰ-1-5　故意による事故招致免責‥‥‥‥‥‥‥‥‥‥‥‥‥‥‥‥‥‥ *205*

Ⅱ　保険募集人の情報提供・説明義務と保険者の責任‥‥‥‥‥‥‥‥ *208*

Ⅱ-1　保険募集における情報提供・説明義務‥‥‥‥‥‥‥‥‥‥‥‥‥ *208*

Ⅱ-2　保険募集人の情報提供・説明義務に関する規律‥‥‥‥‥‥‥‥ *209*

⑴保険法／209　　⑵保険業法／209　　⑶その他の法令による規律／212

Ⅱ-2-1　保険募集に際して情報提供・説明すべき内容‥‥‥‥‥‥‥‥ *214*

⑴特定保険契約を除く保険契約について／214　　⑵特定保険契約の募集
について／215　　⑶民事ルールとしての説明義務／215

Ⅱ-2-2　情報提供・説明の方法‥‥‥‥‥‥‥‥‥‥‥‥‥‥‥‥‥‥ *216*

⑴特定保険契約以外の保険契約について／216　　⑵特定保険契約につい
て／217　　⑶口頭での説明／219

Ⅱ-2-3　重要事項の説明の程度‥‥‥‥‥‥‥‥‥‥‥‥‥‥‥‥‥‥ *220*

Ⅱ-3　保険者の責任‥‥‥‥‥‥‥‥‥‥‥‥‥‥‥‥‥‥‥‥‥‥‥ *222*

Ⅲ　特定保険契約と狭義の適合性原則‥‥‥‥‥‥‥‥‥‥‥‥‥‥‥ *224*

Ⅳ　団体定期保険契約・事業保険契約‥‥‥‥‥‥‥‥‥‥‥‥‥‥‥ *226*

Ⅴ　生命保険カードによる取引と利用者保護‥‥‥‥‥‥‥‥‥‥‥‥ *229*

Ⅵ　約款解釈と合理的期待保護の法理‥‥‥‥‥‥‥‥‥‥‥‥‥‥‥ *232*

Ⅶ　プライバシー侵害その他‥‥‥‥‥‥‥‥‥‥‥‥‥‥‥‥‥‥‥ *234*

第6章　傷害疾病定額保険契約

<長谷川　仁彦>

はじめに‥‥‥‥‥‥‥‥‥‥‥‥‥‥‥‥‥‥‥‥‥‥‥‥‥‥‥‥‥‥ *237*

Ⅰ　高度障害保険金の支払‥‥‥‥‥‥‥‥‥‥‥‥‥‥‥‥‥‥‥‥‥ *237*

Ⅰ-1　高度障害保険金支払の趣旨と高度障害保険契約の法的性質‥‥‥ *237*

Ⅰ-1-1　高度障害保険金支払の趣旨とその受取人‥‥‥‥‥‥‥‥‥‥ *237*

Ⅰ-1-2　高度障害保険金の法的性質……………………………… *238*

Ⅰ-2　高度障害保険金の支払要件…………………………………… *239*

Ⅰ-2-1　「責任開始期以降に発生した傷害または発病した疾病によって」

……………………………………………………………………… *239*

Ⅰ-2-2　責任開始期前発病不担保条項と告知義務につい………… *240*

⑴保険約款の規定／241　　⑵「発病」の定義規定について／242

Ⅰ-2-3　「別表に定める高度障害状態に該当したとき」………… *242*

Ⅰ-2-4　該当する「高度障害状態」……………………………… *243*

⑴視力障害によるとき／243　　⑵言語機能障害によるとき／243　　⑶そ
しゃく(咀嚼)機能障害の喪失／244　　⑷終身常に介護を要するもの(要終
身常時介護状態)／244　　⑸四肢の障害によるとき／245

Ⅰ-3　高度障害保険金の支払免責事由 …………………………… *245*

Ⅰ-4　高度障害保険金請求権と死亡保険金請求権……………… *246*

Ⅱ　入院給付金等の支払……………………………………………… *248*

Ⅱ-1　入院給付金…………………………………………………… *248*

Ⅱ-2　障害給付金…………………………………………………… *249*

Ⅲ　生前給付型保険(特約)の支払………………………………… *250*

Ⅲ-1　特定疾病保障保険(三大疾病保険)………………………… *250*

Ⅲ-1-1　悪性新生物(がん)………………………………………… *250*

Ⅲ-1-2　急性心筋梗塞……………………………………………… *251*

Ⅲ-1-3　脳卒中……………………………………………………… *251*

Ⅲ-2　リビング・ニーズ特約 …………………………………… *251*

Ⅲ-3　指定代理請求人制度………………………………………… *252*

Ⅲ-3-1　指定代理請求人…………………………………………… *252*

Ⅲ-3-2　指定代理請求人の資格要件……………………………… *253*

Ⅳ　傷害保険について………………………………………………… *254*

Ⅳ-1　傷害保険における保険事故(傷害)の概念………………… *254*

Ⅳ-1-1　急激性…………………………………………………… *254*

Ⅳ-1-2　偶然性…………………………………………………… *255*

Ⅳ-1-3　偶然性の立証責任……………………………………… *257*

Ⅳ-1-4　外来性…………………………………………………… *258*

Ⅳ-1-5　軽微な外因……………………………………………… *261*

Ⅳ-1-6　外来性の立証責任……………………………………………… *262*

Ⅳ-2　「不慮の事故による傷害を直接の原因とする」の意義…………… *263*

Ⅳ-2-1　傷害事故と傷害とその結果の因果関係……………………… *263*

Ⅳ-2-2　傷害とその結果との因果関係………………………………… *263*

Ⅳ-3　傷害疾病定額保険の免責事由……………………………………… *266*

Ⅳ-3-1　被保険者の故意又は重大な過失…………………………… *266*

⑴「故意」について／267　⑵「故意」の立証について／268　⑶「重大な過失」とは／269

Ⅳ-3-2　被保険者の精神障害又は泥酔の状態を原因とする事故……… *271*

⑴精神障害中の事故を免責事由としている趣旨／271　⑵泥酔の状態を原因とする事故／272

Ⅳ-3-3　被保険者の犯罪行為によるとき…………………………… *273*

⑴犯罪行為の定義と免責の理由／273　⑵犯罪の範囲／273　⑶因果関係の存在／273

Ⅳ-3-4　被保険者が法令に定める酒気帯び運転又はこれに相当する運転をしている間に生じた事故……………………………… *274*

⑴免責の趣旨／274　⑵「酒気帯び」の状態とは／274　⑶「これに相当する」の意／275　⑷死体血中におけるアルコールの死後醸成／275

Ⅳ-3-5　被保険者が法令に定める運転資格を持たないで運転している間に生じた事故……………………………………………… *276*

⑴免責の趣旨／276　⑵「法令に定める運転資格を持たない運転」の意／276　⑶「運転している」ことの意／276

事項索引…………………………………………………………………… *279*

判例索引…………………………………………………………………… *285*

第1章

総　説

はじめに——保険法の構成

　保険法（平成20年法律第56号）は、商法（明治32年法律第48号）から独立した単行法として保険契約に関する民事法ルールを定めた法律である。

　保険法は、第1章が総則（2か条）、第2章が損害保険（34か条）、第3章が生命保険（29か条）、第4章が傷害疾病定額保険（29か条）、第5章が雑則（2か条）の5章構成となっている。条文数は、全部で96か条であり、それに経過措置についての附則の6か条をもって構成されている。

　保険法は、改正前商法第2編商行為第10章保険の構成を維持し、損害保険と定額保険としての生命保険の2類型を基本としつつ、新たに定額保険としての傷害疾病定額保険に関する規定を新設した。

Ⅰ　保険契約法の特性と法源

　保険制度の機能又は保険本質論について、従来①損害てん補説、②経済必要充足説（入要説）、③経済生活確保説等種々の説があり、歴史的に変化してきたし、今後も変化する以上、そのすべてについて普遍妥当性を持つ定義を確立するのは難しいとされる（西嶋梅治『現代法学全集26保険法』2頁（筑摩書房、1980年）。

　保険法は、保険契約を「保険契約、共済契約その他いかなる名称であるかを問わず、当事者の一方が一定の事由が生じたことを条件として財産上の給付…を行うことを約し、相手方がこれに対して当該一定の事由の発生の可能性に応じたものとして保険料（共済掛金を含む。以下同じ。）を支払うことを約する契約をいう」（保険法2条1号）と定めている。

　共済契約は、一定の地域又は職域でつながる者が団体を構成し、将来発生するおそれのある一定の偶然の災害や疾病による一定の事由が生じたときに備えて共同の準備金を形成し、現実的に発生する場合に、一定の給付を行うものと解され、有償・双務契約性を備えていることから保険と共済とは、特定多数、不特定多数を相手方とする違いがあるにしても、実質的に同一であるとされる。

　したがって、本定義規定により、その名称が共済契約であるか、その他のものであるかを問わず、共済契約も実質的に同じであることから、「保険契約」に該当し、保険法の適用対象となる。

第1章　総説　Ⅰ　保険契約法の特性と法源

Ⅰ－1　保険契約法の特性

　生命保険契約等の保険契約（「共済契約」も総称する）は、対象とする保険制度の特色を反映して、次に述べるような種々の技術的要請によって成り立っている。

　その一つが「大数の法則」である。火災・死亡等という事故は、少数の集団、企業についてみるならば、予測はほとんど不可能であるが、かかる事故は、多数の集団についてみるならば、一定期間内に発生する確率はほぼ一定している。この割合は、過去の統計からの予測が可能であり、その母体数が大きいほど数値が安定する。

Ⅰ－1－1　技術性に基づく特色

　保険制度は、支払の予想される保険金など保険給付の総額及び諸費用の合計額と徴収する保険料の合計額とが均衡を保つような仕組みで運営される極めて技術的な制度である。

　したがって、これを律する保険契約法も、制度自体のもつこのような技術的構造（収支相等の原則、給付反対給付均等の原則）に即して理解すべきところが少なくない。一方、技術的側面から保険制度みると、それ自体は社会倫理的に無色であるところから、それを律する法律もまた社会倫理的に無色のものが多い。しかし、制度が不道徳的な行為に悪用されることも決して少なくはない。保険制度上、各保険契約が公序良俗違反や信義則違反の行為に悪用されないよう十分なる防止策が準備されている所以である（大判大正15年6月12日民集5巻495頁、保険の目的物が保険期間中に不可抗力により滅失しても、保険者はその危険を負担したのであるから、保険契約者は保険料の返還を求めることができない）。

Ⅰ－1－2　団体性に基づく特色

　保険契約は、法律的にみれば保険者と保険契約者との間の個別的な契約にすぎない。しかし、保険制度は、経済的には多数の加入者をひとつの危険団体に糾合する制度であり、技術的には各加入者の危険を平均化して危険の分散を図る制度である。したがって、各契約は各別に孤立するものではなく、危険団体を構成する一要素として、危険の平均化から要請される各種の制約に服しなけ

4

ればならない。それ故、保険法を合理的に理解していくうえで制度のもつかかる団体性を無視してはならないといえよう。判例もまた、保険のもつ危険団体的性質を看過しては保険契約法を合理的に解釈することは出来ないとしている（最判昭和34年7月8日参照）。したがって、それぞれの契約は各別に孤立するものではなく、その間に団体的絆が存在し、その団体の構成員の間に衡平の原則が維持されなければならない（最判昭和34年7月8日民集13巻7号911頁「保険契約関係は、同一の危険の下に立つ多数人が団体を構成し、その構成員の何人かにつき危険の発生した場合、その損失を構成員が共同してこれを充足するといういわゆる危険団体的性質を有するものであり、従つて保険契約関係は、これを構成する多数の契約関係を個々独立的に観察するのみでは足らず、多数の契約関係が、前記危険充足の関係においては互に関連性を有するいわゆる危険団体的性質を有するものであることを前提としてその法律的性質を考えなければならないのである」）。

Ⅰ-1-3　公共性及び社会性に基づく特色

　保険制度は多数加入者の拠出金に基礎を置く一種の社会的貯蓄制度であり、彼ら加入者の経済生活の安定に資する制度として社会経済上重要な機能を果たしているものである。したがって、制度運営の適否が国民経済や社会全般に与える影響は決して小さなものではない。このため、法は社会公共の利益保護の見地から、保険契約の一方の主体である保険者の資格に関して厳しく律する一方（保険業法3条～8条の2）、加入者の保護を図る上からも多くの強行規定（片面的強行規定）を設け、保険約款の内容についても厳重な監督を加えている（保険業法5条等）。

Ⅰ-2　保険契約法の法源

　法源とは、一般的には法律が示される形式をいう。保険契約法の法源としては、その適用順に以下のものがある。

　保険法が挙げられる。平成20年に公布された保険法は、商法第2編商行為第10章保険（629条から683条まで）を保険法として単行法としたものである。

　保険法1条は、「保険に係る契約の成立、効力、履行及び終了については、他の法令に定めるもののほか、この法律の定めるところによる」とし、例えば、

第1章　総説　Ⅰ　保険契約法の特性と法源

自動車損害賠償保障法11条から23条の3までが優先的に適用されることとなるから、これら特別法も保険契約法の法源として挙げられる（自動車損害賠償保障法23条（保険法の適用）「責任保険の契約については、この法律に別段の定めがある場合を除くほか、保険法第1章、第2章（第5節を除く。）及び第5章の規定による。」）。

さらに、保険業法283条（所属保険会社等及び保険募集再委託者の賠償責任）、同309条（保険契約の申込みの撤回等）、商法、金融商品取引法、民法、消費者契約法なども保険契約法の法源と考えられる。

なお、保険契約当事者間の法律関係については、保険契約の内容となる保険約款が全てに優先して適用される（なお、特別約款がある場合は、普通保険約款に優先して特別約款が適用される）。しかし、この事実をもって、保険約款を一種の法源とみることは困難のようである。多数説も、約款の内容が実質的には法規範としての適格性を備えているとしても、「そのことから直ちにこれ（保険約款）を実定法的な意味での法規と同視し、約款の規定自体に法源性をみとめることは困難であろう」（大森忠夫『保険法』48頁注4（有斐閣、1964年）としている。

また、判例についても多数説はその法源性を認めず、判例の蓄積に対して慣習法としての法源性を認めるにとどまっている。条理についても、条理に従うべしとする法規範は認めるも、条理そのものに独立した法源性を認めないとするのが通説である。

Ⅰ-2-1　保険法

保険法は、改正前商法は第2編商行為第10章保険の構成を維持し、損害保険と定額保険としての生命保険の2類型を基本としつつ、定額保険としての傷害疾病定額保険に関する規定を新設した（改正前商法では、火災保険と運送保険が損害保険としてそれぞれ独立の規定が定められているが、保険法では、それらにつき独立のグループとしては規定されていない。その理由については、運送保険は、保険法36条4号の片面的強行規定の適用除外による（落合誠一「新しい保険法の意義と展望」落合誠一＝山下典孝編『新しい保険法の理論と実務』（別冊金融商事判例、2008年）5頁）。

(1)　保険法と他の法律との関係

(a)　商法及び民法との関係

商法（明治32年法律第48号）から独立した単行法としての保険法（平成20年法律第56号）は、保険契約に関する民事法ルールを定めた法律である。

　保険法が保険契約に関する民事法ルールを定めたものとして、民法の分野に属するとの立場をとるとしても、それが民法の特別法であるとする位置づけである（萩本修一「保険法現代化の概要」落合＝山下（典）前掲書24頁）。すなわち、保険法は、他の種類の契約にはない契約締結の際の告知義務や被保険利益の問題が存在しているため、それに則した特殊の民事法ルールが必要とされるわけである。

(b)　消費者契約法との関係

　消費者契約法（平成12年法律第61号。平成13年４月１日施行、平成19年６月施行消費者団体訴訟制度が導入、平成29年６月施行不実告知による取消権についての「重要事項の拡大」、過量契約による取消権の新設等）は、消費者の利益保護を図る法律であり、契約締結過程における情報提供規制（同法４条～６条）と、契約内容に関する不当条項規制（同法８条～10条）の２つの部分からなっている。

　保険法の規定は、絶対的強行規定（保険法の規定を一切変更できない条項）、片面的強行規定（保険法の規定につき保険契約者に不利に変更できない条項）及び任意規定に分類されるが、任意規定に基づいて制定される保険約款、又は保険法に規定がない事項について定める保険約款に関しては、消費者契約法の契約内容に関する不当条項規制のうち、同法８条、８条の２、９条１号及び10条の規定が問題となる。

　消費者契約法９条１号は、違約金条項等について、「当該消費者契約と同種の消費者契約の解除に伴い当該事業者に生ずべき平均的な損害額」を超える部分を無効としている。債務の不履行に関する損害賠償額の予定又は違約金の定めは、契約の当事者の合意に委ねられており、裁判所もその額を減額できないのが原則であるが（民法420条、なお、改正民法では「裁判所は、その額を増減することができない。」の文言は削除）、高額な損害賠償額の予定により、消費者に不利益を強いることがあることから、消費者契約法９条１号はこのような過大な違約金の条項等について、平均的な損害の額を超える部分を無効とした。

　また、消費者契約法10条は、民法、商法その他の法律の公の秩序に関しない規定の適用による場合に比し、消費者の権利を制限し、又は消費者の義務を加

重する消費者契約の条項であって、信義誠実の原則（民法1条2項）に反して消費者の利益を一方的に害するものは、無効とする。なお、ここでいう「民法、商法その他の法律の公の秩序に関しない規定」は、民法でいう任意規定を指すが、この「任意規定には、明文の規定のみならず、一般的な法理等も含まれる」と解するのが相当である。

最判平成24年3月16日民集66巻5号2216頁・判時2149号135頁・判タ1370号115頁は、保険料不払いによる生命保険契約の失効を定める約款条項について、猶予期間の設定、自動貸付制度や未納保険料の督促通知の発信を確実に運用していれば簡単に失効しないように保険契約者保護が図られていることから、失効条項が信義則に反して消費者の利益を一方的に害するものに当たらないと判示した。

(c) 共済契約への適用

先に記述したとおり、農業協同組合法や消費生活協同組合法、中小企業等協同組合法などの各種の協同組合法に基づいて、いわゆる共済事業が行われている。同法に基づく共済契約は、保険契約と定義される要件と何ら異なるところはない。そこで、保険法は、共済契約についても、保険契約と同様の規律を及ぼすこととなった。すなわち、保険法2条1号は、保険契約の定義として、「保険契約、共済契約その他いかなる名称であるかを問わず、当事者の一方が一定の事由が生じたことを条件として財産上の給付（生命保険契約及び傷害疾病定額保険契約にあっては、金銭の支払に限る。以下「保険給付」という。）を行うことを約し、相手方がこれに対して当該一定の事由の発生の可能性に応じたものとして保険料（共済掛金を含む）を支払うことを約する契約をいう」との規定を設けた。

この定義規定に該当する双務・有償契約性を具備する契約は、その名称が共済契約であるか、その他のものであるかを問わず、「保険契約」に該当し、保険法の適用対象となる。

(2) 保険契約の類型

改正前商法では、損害保険契約と生命保険契約の2類型であった。保険法は、損害保険契約と生命保険契約という2つの契約類型を基本としつつ、傷害疾病定額保険契約を新たに設けて、保険契約を3類型に分類している（保険法2条6

号、8号、9号、なお、7号傷害疾病損害保険契約は後述）。

損害保険契約とは、保険契約のうち、保険者が一定の偶然の事故によって生ずることのある損害を塡補することを約するものをいう（保険法2条6号）。

また、生命保険契約とは、保険契約のうち、保険者が人の生存又は死亡に関し一定の保険給付を行うことを約するもの（傷害疾病定額保険契約に該当するものを除く）をいう（保険法2条8号）。

さらに、傷害疾病定額保険契約とは、保険契約のうち、保険者が人の傷害疾病に基づき一定の保険給付を行うことを約するものをいう（保険法2条9号）。

他方、傷害疾病保険と呼ばれるもののうち、実損塡補方式の傷害疾病保険については、損害保険契約の一種（傷害疾病損害保険契約）として整理され（保険法2条7号）、人保険としての性質を考慮して、特則が設けられている（保険法34条・35条）。

なお、保険法2条1号は、保険契約の定義として、「当事者の一方が一定の事由が生じたことを条件として財産上の給付（生命保険契約及び傷害疾病定額保険契約にあっては、金銭の支払に限る。以下「保険給付」という。）を行うことを約し、相手方がこれに対して当該一定の事由の発生の可能性に応じたものとして保険料（共済掛金を含む。以下同じ。）を支払うことを約する契約」と定めている。この定義規定において、保険会社がなすべき「財産上の給付」にはカッコ書がつけられており、「生命保険契約及び傷害疾病定額保険契約にあっては、金銭の支払に限る」とされている。これは、生命保険契約及び傷害疾病定額保険契約においては、財産上の給付は金銭の支払いに限るという趣旨であり、いわゆる現物給付は認められないということである（平成25年9月9日金融審議会金融分科会報告「新しい保険商品・サービス及び募集ルールのあり方について」①財・サービスには将来の価格変動があり、適切な保険料、責任準備金等の算定が困難であること、②将来の現物価格変動時の負担を、保険会社と保険契約者等がどう負担するかについて、規律すべきか、契約に委ねるかという問題が存在すること、現物給付にかかる継続的な役務提供などの履行確保を図るための監督手法に係る検討が必要であるとされた）。

I-2-2　民　　法

第1章　総説　Ⅰ　保険契約法の特性と法源

生命保険約款は契約当事者間の一般的標準的契約内容を定めるものであるが、通常の契約と同様、そこでの定めを欠くものについては、先の適用順位から保険法に次いで民法が適用されることとなる。

その結果、民法上の一般原則（信義誠実の原則、公序良俗違反、権利の濫用、事情変更の原則等々）が適用されることとなる。

(1)　信義誠実の原則

保険契約は最大善意の契約であると言われているとおり、当事者間における信頼関係が維持されてこそはじめて契約本来の目的が全うされるものである。したがって、信義則（民法1条第2項）に反して相互の信頼関係が損なわれた場合、当事者の一方はその事実をもって重大事由解除（保険法57条・86条）ができる（大阪地判昭和60年8月30日判時1183号153頁・判タ572号82頁「保険契約者の一連の行為（保険契約者・被保険者が替え玉殺人を犯しながら、右犯行を認められる原因として自殺したからと言って保険金の支払い求めることは、生命保険契約に基づいて信義則上保険契約者に要求される義務に違反し、信頼関係を裏切って保険契約関係の継続を著しく困難に陥らせる行為に当たると解釈すべきである。してみれば、保険者である被告に本件保険契約の解除権が発生したものというべきである」）。

(2)　公序良俗違反

契約は公の秩序、善良な風俗に反するものがあってはならない。民法はこれについて「公の秩序又は善良の風俗に反する事項を目的とする法律行為は、無効とする」（民法90条）と規定する。保険契約は射倖性の強い契約であるだけに本原則がひろく要請されるところである。なお、先の信義誠実の原則は両当事者間の問題であるが、本原則はいずれか一方の法律行為が公序良俗に反するか否かである（大判昭和9年5月1日民集13巻875頁「相手方の窮迫・軽率・無経験に乗じて、著しく過当な財産的給付を約する行為は公序良俗に反する」。佐賀地判平成28年11月6日2016WLJPCA11086009は、保険契約の射倖性を悪用して専ら不労の利益を得る目的で保険契約を締結したと認められる場合は、公序良俗に違反するものとしてその効力を否定する）。

(3)　権利の濫用

保険契約が継続されていく過程で、いずれの権利も過度に主張されてはならない。民法はその1条3項において「権利の濫用は、これを許さない。」と規定

している。

⑷ 事情変更の原則

　事情変更の原則とは、一般的社会的情勢の推移変遷の結果、長期性の強い契約についてその契約内容を維持していくことが困難になった場合、契約の特性に鑑み、当事者は契約の内容を将来に向かって修正し得る（あるいは解除することができる）とする原則をいい、わが国の民法中にも本原則の現われと認められる規定が散在している（609条・610条等）。ただし、本原則の適用にあたっては、ローマ法上に「契約締結当時の社会的事情が変更すれば、契約はその効力を失う」（Clausula Rebus Sic Stantibus）とする法諺がある一方、「契約は守らなければならない」（Pact Sunt Servanda）とする原則もあるとおり、両者間の調和が必要とされている。なお、本原則の適用を直接の争点とする保険契約上に関する判例はないが、次の参考判例は暗示的である（大阪地判昭和62年2月27日判時1238号143頁「契約…成立には瑕疵はないが、前記のごとき異常事態が発生した後にも、右保険契約につき保険金受取人をXとする契約内容に当初の約束通り拘束力を認めることは著しく信義に反して不当であり承認できない」）。

Ⅰ-2-3　約　　款

　保険約款は、保険契約の内容をなす条項であり、普通約款と特別約款（特約）とがある。普通保険約款は保険関係を定めるについて先ず第一によるべき標準となる規定ではあるが、保険契約法としての法源をなすものではないとされているところから（多数説）、約款がもつ拘束力の根拠をどこに求めるかにつき、長年にわたって種々議論が展開されてきている。

　このように、約款に基づいた契約、すなわち企業が多数の契約を定型的・画一的かつ迅速確実に処理するため、あらかじめ契約条件を定めた約款を用意し、契約の内容があらかじめ当事者の一方によって決定されており、他方はそれ以外に契約内容を決定する自由を事実上もたない契約を付合契約といわれている。これらの契約形態は、保険約款はもとより銀行取引約款、運送約款、電気ガス水道等の供給契約、宿泊約款など多くの領域において、みられる（東京高判平成7年11月29日生保判例集8巻307頁「保険契約は、多数の加入者の拠出金により、所定の保険事故の発生した場合、その事故に対して同一内容で備えることを目的とす

第1章　総説　Ⅰ　保険契約法の特性と法源

るものであるから、当該保険契約の加入者全員が同一条件の下に保険契約がされることが要請され、そのような実質的な公平を確保するために、保険契約にあたっては、あらかじめ作成された保険約款を使用して、これにしたがった内容を合意をする必要があるものとされている」）。

　このように企業が消費者に対し契約内容となる約款を一方的に定める場合が多いことから、その内容は単に企業に有利なものであってはならず、公平、合理的であることが求められる。

　そこで、現代社会において約款による契約が大規模にあるにもかかわらず、約款の拘束力の根拠やその変更の際の取扱いについて、民法典に何らの規定がない状態であったことから、約款の概念を民法典に規定するとともに、消費者に一方的に不利益な約款の変更を制限することとされた。

　これらの要請を受け、改正民法548条の2以降に定型約款につき規律された。改正民法によれば、定型約款を「ある特定の者が不特定多数の者を相手方として行う取引であって、その内容の全部又は一部が画一的であることがその双方にとって合理的なもの」（定型取引）において「契約の内容とすることを目的としてその特定の者により準備された条項の総体」と定義した（改正民法548条の2第1項）。これによれば、保険契約、共済契約における約款は「定型約款」に該当することになる。

(1)　約款の拘束力

　改正民法では、定型約款を契約内容とするための要件を、①契約当事者が定型約款を契約の内容とする旨の合意をしたとき、又は、②定型約款を準備した者（定型約款準備者）があらかじめその定型約款を契約の内容とする旨を相手方に表示していたとき、と規定している（改正民法548条の2第1項）。

　定型約款は、事前に個別規定の細部につき当事者間の合意がなくても、契約の内容となることを前提としている。これは、定型約款を契約の内容とする旨を相手方に表示していたとき、すなわち、申込書等で約款による旨の表示がなされていることにより、定型約款を契約の内容とする意思が当事者に存在することが推定されるとする従来の判例の立場に則したものである（大判大正4年12月24日民録21輯2182頁「保険契約者は普通保険約款による意思で契約したものと推定すべきである」、最判昭和42年10月24日裁判集民88号741頁「保険契約者が、保険会

社の普通保険約款を承認のうえ保険契約を申し込む旨の文言が記載されている保険
契約の申込書を作成して保険契約を締結したときは、反証のないかぎり、たとい保険
契約者が盲目であつて、右約款の内容を告げられず、これを知らなかつたとしても、
なお右約款による意思があつたものと推定すべきである」と判示する。一方、札幌地
判昭和54年3月30日判時941号111頁は、遺族からの加害者に代位してする保険金の支
払請求において、保険会社の若年運転者制限特約に基づく免責の主張を、右の特約に
ついての合意がなかったとして約款の拘束力を否定した)。

(2) 定型約款の内容の表示

定型取引合意の前又は定型取引合意の後相当の期間内に相手方から請求があ
った場合には、遅滞なく相当な方法でその定型約款の内容を示す必要がある旨
を定めているが、定型約款準備者が既に相手方に対して定型約款の内容を記載
した書面を交付し、又は電磁的記録を提供しているときは、この限りではない
としている(改正民法548条の3第1項)。

生命保険契約の申込みの段階で当該契約の「ご契約のしおり・約款」あるい
は約款を収録した電磁的記録であるCDを交付していることから、定型取引合
意の前に定型約款の内容の表示していることとなる。

なお、近時、生命保険会社の多くは、各社のホームページで約款等を公開し
閲覧可能にしていることから、定型約款の内容表示の要件を満たしているとい
える(同条同項)。

契約締結にあたって、現在の生命保険契約申込書に大旨次のとおり、定型約
款を契約内容とする旨を表示している。「本件申込書記載事項の確認事項に被
保険者とともに同意し、貴社普通保険約款ならびに特約付きの場合にはそれぞ
れの特約条項承知のうえ、被保険者の同意を得て保険契約を申し込みます。」と
表示し、申込者側に定型約款の内容によることが表示されている。

なお、定型約款に関する規定は、改正法施行前に締結された契約についても
改正法が遡及的に適用される(改正民法附則4条・33条)。

(3) 定型約款の変更と既存契約

民法改正前においては、改正された約款内容は、原則として、既に成立して
いる既存の契約にその効力を及ぼすことはないとされ、判例も否定する(大判
大正6年12月13日民録23輯2103頁・民抄録75巻17312頁「保険契約当事者は契約締結

当時、将来普通保険約款が改正された場合には常に改正約款に従う意思を有していたものと推定することはできない」)。

(a) 定型約款の変更

改正民法548条の4に「定型約款の変更」についての規定がされている。そこでは、定型約款準備者は、次のいずれかに該当するときは、定型約款の変更をすることにより変更後の定型約款の条項について合意があったものとみなし、個別に相手方と合意することなく、契約内容を変更することができる旨を規定している。

次の①又は②の要件を満たすとき、

①定型約款の変更が、相手方の一般の利益に適合するとき、又は、

②定型約款の変更が、契約をした目的に反せず、かつ、変更の必要性、変更後の内容の相当性、定型約款に変更をすることができる旨の定めの有無及びその内容その他の変更に係る事情に照らして合理的なものであるとき、

　定型約款を変更することができる（「相手方の一般の利益」とは何かについては明らかでなく今後の課題である）。

現行保険業法施行規則11条7号（事業方法書等の審査基準）にて保険約款変更ルールにつき定めている。それによれば、保険会社が保険料率その他の契約内容の全部又は一部を変更することができることを約した保険契約にあっては、要件を満たせば保険約款を変更することができるとしている。

保険業法施行規則によれば、契約締結時の保険約款において、①保険契約の内容が変更されることがあるときの要件、変更箇所、変更内容及び保険契約者に内容の変更を通知する時期が明確に定められていること、②保険会社が保険契約者に対して、保険契約の内容の変更を通知した場合、「当該保険契約者等が不利益を受けることなく当該保険契約を将来に向かって解除できるものである」こととのいずれかの要件を充足することが求められている。

約款を変更する規定につき、医療保険約款において、支払事由を公的介護保険制度に連動させての介護商品に限って給付事由の変更権を留保していたが、現在は、第三分野商品に実際の保険事故発生率が保険契約締結時の予測と相違し又は今後明らかに相違することが予測されるため、予定発生率を変更して保険料又は保険金の額の変更を行う権利である基礎率変更権、及び給付条件の変

更権の留保につき規定している。

なお、保険契約において、定型約款の変更が相手方の一般の利益に適合するときとは、・免責条項の縮小、・高度障害保険金の支払範囲の拡大など契約者にとって有利な約款改正が行われた場合で、保険者が、改正の内容が保険団体に与える影響は少ないと判断し、旧約款により責任免除を主張する利益を放棄する旨の意思表示をなしたときが考えられる（大阪地判平成6年1月25日文研生保判例集7巻303頁「約款の変更により、保障範囲が拡大された場合の取扱いは、保険会社の取扱いとしては、廃疾給付金の支給すべき場合を新約款の高度障害の場合にまで拡張したものと解すべきで、保険契約者にとって有利な変更であるから、少なくとも保険請求の時点までに当事者の合意により契約内容が変更されたものとみることができる」）。

(b) 定型約款の変更内容と効力発生時期の通知

約款変更の場合には、効力発生時期を定め、かつ、定型約款を変更する旨及び変更後の定型約款の内容並びにその効力発生時期をインターネットの利用その他の適切な方法により周知しなければならない、とされている（改正民法548条の4第2項）。

(4) 信義則に基づく効力制限規定

民法548条の2第2項の規定は、「不意打ち条項規定」と「不当条項規定」を一本化したものである。

定型約款の条項のうち、合意をしなかったものとみなされるいわゆる信義則に基づく効力制限規定は、前段要件は、相手方の権利を制限し、又は相手方の義務を加重する条項であって、後段要件の定型取引の態様及びその実情並びに取引上の社会通念に照らして信義誠実の原則（民法1条2項）に反し相手方の利益を一方的に害するもの、この前段要件と後段要件に該当したとき合意をしなかったものとみなされる。

後段要件の基準は、一般則である信義則（民法1条2項）に反し相手方の利益を一方的に害するものかは、今後の裁判所の判断の積み重ねによって明らかにするものということになる（最判平成24年3月16日民集66巻5号2216頁・判時2149号135頁・判タ1370号115頁：無催告失効条項について「本件約款において、保険契約者が保険料の不払をした場合にも、その権利保護を図るために一定の配慮をした上記

第1章　総説　Ⅰ　保険契約法の特性と法源

イ（保険料払込み猶予期間が設定されていること、その一定の期間が、民法541条により求められている催告期間1か月とされていること、自動貸付条項が定められていること）のような定めが置かれていることに加え、上告人において上記のような運用を確実にした上で本件約款を適用していることが認められるのであれば、本件失効条項は信義則に反して消費者の利益を一方的に害するものに当たらないものと解される」）。

(5)　約款備考欄の拘束力

特別約款の多くは末尾に備考欄を設け、そのなかで国際疾病分類提要（ICD分類）を利用して給付事由の対象となる「がん」を画定するとか、対象となる不慮の事故の範囲を契約の内容として取り決めている。このような約款備考欄も、それが約款によって契約内容の一部を構成するものとされている限り、単なる備考・参考の記述にとどまるものではなく、広く拘束力を有するものと解される（東京地判昭和62年6月29日文研生保判例集5巻80頁「本件各備考欄の諸規定は本件各規定を含め当事者間の合意の内容となることが明らかである」）。

以上は、改正民法において定型約款に関する規定に照らしても同様と解される。

(6)　従来の約款の拘束力の根拠

約款のもつ拘束力の根拠をどこに求めるかについては数多くの見解が林立している。判例は、最判昭和42年10月24日裁判集民88号741頁にも見られるとおり一貫して「意思の推定説」に立っている。

一方、学説としては、「契約は慣習による」という慣習法あるいは事実たる慣習がある結果、個々の契約はその約款に支配されるとする「商慣習（法）説」が有力である。すなわち、約款そのものに拘束力を認めるのではなく、「約款による」とする商慣習（法）の成立を認めようとするものである。なお、このほかに、団体が自主的に制定する法規に法源性を認め、約款は当該取引圏という部分社会たる団体における自治法であるとする「自治法理論」も広く唱えられている。さらに、これらのほかに、「附合契約理論」、「規範契約理論」、「指定理論」及び「制度理論」などがあるが、詳しくは専門書（米谷隆三『約款法の理論』（有斐閣、1954年）ほか）を参照されたい。

(7)　ご契約のしおり

「ご契約のしおり」は、契約当事者間を法的に拘束するものではなく、約款と商品内容を分かりやすく説明しているものである。

この「ご契約のしおり」についてその作成経緯を見ておけば、まず昭和37年7月、当時の保険審議会の「営業職員が募集活動を行うに当たっては、常に保険約款の全文の印刷物を携行して契約者に提示するとともに、一般契約者大衆にも容易に理解しうるよう保険約款の重要部分を平明に解説し、かつ、契約者が契約締結に当たって熟知しておくべき事項を記載した基本的文書を交付せしめることが適当である…」とする答申に従い、各社により、約款編及び解説編の二分冊として作成されたのが最初のものであった。

そして昭和50年6月、さらに「契約者にとって保険約款が理解しやすいものとなるように、形式、内容両面における改善により、その平明化が図られることが必要である（保険約款の中の重要事項は契約のしおりで分かりやすく解説されているが、これは、全保険種類を通ずる重要事項の解説であり、個々の保険種類についての諸事項の理解は、保険約款に頼るほかないことに留意すべきであろう）。特に、従来は専門用語や法律用語の安易な使用が契約者の保険約款に対する理解を困難ならしめてきたきらいがあるので、この点の改善をも含めモデル約款の検討が行われることが必要である。…会社の定款及び約款は、契約申込後保険証券とともに契約者あて送付されているが、今後は契約のしおりと同様、契約申込時に配布すること、および、例えば契約申込書に受領確認欄を設ける等の措置によりその点を確保していくことについても検討が行われるべきである」とする審議会答申を受け、昭和52年4月、従来のものを一冊にまとめて商品別の「ご契約のしおり－定款・約款－」とし、保険契約申込みの受付時に、申込書上、それを受領した旨の確認を得て事前に申込者に配布されることとされたのである。

この「ご契約のしおり」は、今日、契約の申込者に対し、保険約款の内容をひろく知らしめるものとして重要な役割を果たしている（東京地判平成6年5月12日判時1526号109頁「変額保険の『ご契約のしおり』も『運用実績につき変動する…』と明示している。原告は、…そのリスクについて十分に認識していたものと認められる。」、和歌山地田辺支判平成4年9月1日文研生保判例集7巻147頁「保険金に対する課税処分は生命保険契約の内容となすものでなく、保険契約者に交付された

『定款と約款』と題する冊子には『税法上の特典について』という見出しの記事が掲載されており…」)。

(8) 契約概要、注意喚起情報、意向確認書

従来、契約締結時に手交していた「契約概要」、「注意喚起情報」は、保険業法300条（保険契約の締結等に関する禁止行為）の１項１号（「保険契約者又は被保険者に対して、虚偽のことを告げ、又は保険契約の契約条項のうち保険契約者又は被保険者の判断に影響を及ぼすこととなる重要な事項を告げない行為」をしてはならない）を根拠として、保険会社向けの総合的な監督指針（以下「監督指針」という）において規定されているものであり、同号の「重要な事項」の範囲は、契約概要等の内容をすべて包含すると整理されてきた（監督指針Ⅱ-4-2-2(3)②重要な事項を告げるにあたっては、重要な事項のうち顧客が保険商品の内容を理解するために必要な情報（以下、「契約概要」という）と顧客に対して注意喚起すべき情報（以下、「注意喚起情報」という）について、分類のうえ告げられているか）。

次に、適合性原則を踏まえた保険商品の販売・勧誘のあり方（平成18年３月）諮問委員会の答申を受け、監督指針が改正され、平成19年４月より、「意向確認書面」が導入され、顧客自身が、契約締結前の段階で、推奨された保険商品と自らのニーズが合致しているかについて、最終確認を行う機会が設けられた（監督指針Ⅱ-4-2-2(5)②ア　契約の申込みを行おうとする保険商品が顧客のニーズに合致しているものかどうかを、顧客が契約締結前に最終的に確認する機会を確保するために、顧客のニーズに関して情報を収集し、保険商品が顧客のニーズに合致することを確認する書面（以下、「意向確認書面」という）を作成し、顧客に交付するとともに、保険会社等において保存するものとされているか）。

平成26年に改正公布、平成28年に施行された保険業法は、保険契約の内容等（契約概要、注意喚起情報等の項目等（保険業法施行規則227条の２第３項））についての情報提供義務（保険業法294条）と顧客の意向把握義務（保険業法294条の２）が新設され、それぞれ法定化された。

Ⅱ　生命保険・傷害疾病定額保険契約の概説

Ⅱ-1　生命保険・傷害疾病定額保険契約の意義

Ⅱ-1-1　生命保険契約

　保険法は、保険契約について「当事者の一方が一定の事由が生じたことを条件として財産上の給付（生命保険契約及び傷害疾病定額保険契約にあっては、金銭の支払に限る。以下「保険給付」という。）を行うことを約し、相手方がこれに対して当該一定の事由の発生の可能性に応じたものとして保険料（共済掛金を含む。以下同じ。）を支払うことを約する契約をいう。」と定義している（保険法2条1号）（大決明治38年4月8日民録11輯475頁「生命保険契約は、当事者の一方が被保険者の生死に関し一定の金額を支払うべきことを約するものなることは商法第673条（旧商法第427条）の規定する所なりとす。而して、その生死なるものは被保険者の生存および死亡の謂にして出生を包含するものにあらず。何となれば、生命保険契約は被保険者の生命または健康を以てその目的となすべきものにして、未だ出生せざる者の生死に関し保険契約を締結することを許さざればなり。その他被保険者の結婚または就学児童の成育のごとき、いずれも皆被保険者の生死に関する事故に非らざるが故に、これらの事故の発生を条件として一定の金額を給付する契約は生命保険契約に属せざることは自ずと明らかなり」）。

　さらに保険法は、生命保険契約につき「保険契約のうち、保険者が人の生存又は死亡に関し一定の保険給付を行うことを約するもの（傷害疾病定額保険契約に該当するものを除く。）をいう。」（保険法2条8号）、また、傷害疾病定額保険契約は「保険契約のうち、保険者が人の傷害疾病に基づき一定の保険給付を行うことを約するものをいう。」と定義している（同条9号）。

Ⅱ-1-2　傷害疾病定額保険契約の保険事故（高度障害保険金について）

　高度障害保険金については、保険約款上、概ね「被保険者が、責任開始期以降に発生した傷害又は発病した疾病によって、保険期間中に…別表に定める高度障害状態に該当したときに高度障害保険金を支払う」と規定している。この高度障害保険金については、改正前商法では一般的には次のような見解、すな

19

わち「廃疾（現・高度障害。以下同じ）給付条項を含む生命保険契約は、生命
保険契約に廃疾を保険事故の一つとして加えるものであり、商法上の生命保険
契約と、これとは別個の廃疾保険契約との混合したものと解することができる。
ただし…廃疾給付条項の対象となる廃疾は、きわめて限定されており…契約全
体の中で廃疾保険がもつ比重は比較的小さく、副次的である」（大阪高判昭和51
年11月26日文研生保判例集 2 巻154頁）とする見解が支配的であった（大阪高判昭
和59年11月20日文研生保判例集 4 巻100頁「高度障害保険金は商法第673条における保
険事故ではないことから、高度障害条項は本来の生命保険契約に対する付加的要素と
しての性格が強く、いわば副次的で、沿革的には加入者に対するサービス条項として
認識される」）。

　保険法の下では高度障害保険金支払事由に関する条項は傷害疾病定額保険契
約に分類される。

Ⅱ-1-3　傷害保険契約・疾病保険契約等

　傷害保険契約とは、被保険者が急激かつ偶発的な外来の事故を直接の原因と
して身体に傷害を受け、それによって死亡し、あるいは障害状態になったとき
に所定の給付金が支払われる保険契約である。

　また、疾病保険契約は、被保険者の疾病による一定の疾病・障害状態になっ
たとき、入院、手術等に対して所定の給付金が支払われる保険契約である。現行
の生命保険会社が取り扱っている疾病関係の諸商品（特定疾病定期保険、疾病特
約、成人病特約等）では、三大疾病（がん、急性心筋梗塞、脳卒中）により所定の状態
になったとき、所定の高度障害状態になったとき、又は死亡したとき保険金を
支払い、入院については入院日額に入院日数を乗じた額が、また手術については
その種類によって定められた一定割合の金額が給付内容とするものであった。

　最近手術給付金の支払事由は公的医療保険制度における医科診療報酬点数表
に手術料の算定対象とされている診療行為に対して、それが入院を伴っている
かによって給付額を異にして支払がなされるのが一般的である。

　これらの傷害保険契約や疾病保険契約は、人を対象とした人保険であること、
また、支払われる保険金額も実損害額の大小に関係なく一定の金額であるとこ
ろから定額保険であるといえ、傷害疾病定額保険契約に分類される。

なお、損害保険ではないから保険者の代位制度は適用されない（最判昭和55年5月1日判時971号201頁「生命保険契約に付加された特約に基づいて…支払われる傷害給付金又は入院給付金については、商法第662条所定の保険者の代位の制度の適用はないものと解するのが相当である」）。

傷害疾病定額保険契約ついては、別項第6章にて詳説する。

Ⅱ-2　生命保険・傷害疾病定額保険契約の要素

生命保険契約が有効に存在し得るための要件としては、保険契約者、被保険者、保険金額、保険料、保険期間とされ、また、保険金受取人も保険法に定義されていることから、契約の要素の一つと認められる。なお、保険金受取人は契約の成立には関与せず、したがって、契約当事者となることはない。

(1)　契約当事者（保険者、保険契約者）

契約当事者とは保険者（保険会社）及び保険契約者をいう。ただし、保険契約者は代理人をして保険契約を締結せしめることもできる。もっとも、契約から生ずる効果は当然に本人である保険契約者が享受し、それが代理人に及ぶものでないことはいうまでもない（民法99条1項）。

保険法では、保険者、保険契約者などについて次のとおり定義している。

・保険者とは、保険契約の当事者のうち、保険給付を行う義務を負う者をいう（保険法2条2号）。

・保険契約者とは、保険契約の当事者のうち、保険料を支払う義務を負う者をいう（同条3号）。

・被保険者については、生命保険契約につき、その者の生存又は死亡に関し保険者が保険給付を行うこととなる者（同条4号ロ）で、傷害疾病定額保険契約について、その者の傷害又は疾病に基づき保険者が保険給付を行うこととなる者（同号ハ）とされている。

要するに、生命保険契約、傷害疾病定額保険契約における被保険者とは保険事故の生ずべき客体をいう。契約の当事者たる保険契約者自身が被保険者となる形態が多いが、保険契約当事者以外の者を被保険者とすることももちろん可能である（保険法38条「被保険者の同意」を要する）。前者を「自己の生命の保険契約」、後者を「他人の生命の保険契約」という。

第1章 総説 Ⅱ 生命保険・傷害疾病定額保険契約の概説

・保険金受取人について、保険給付を受ける者として生命保険契約又は傷害疾病定額保険契約で定めるものをいう。(保険法2条5号)。

(2) **保険事故**

保険事故とは保険者に課せられた保険金支払の義務を具体化させる偶然の事故をいう。生命保険契約における保険事故は人（被保険者）の「生存又は死亡」であり（保険法2条8号）、傷害疾病定額保険は、人（被保険者）の「傷害疾病」である（同条9号）。

(3) **保険期間**

保険期間とは、保険者が、死亡保険契約においてはその間に被保険者が死亡した場合に、また、生存保険契約においてはその間にあって被保険者が生存していた場合に、それぞれ死亡保険金、満期保険金の支払義務を負う期間をいう。なお、制度の運営にあたっては、保障開始時期の明確化の要請に応えるため、この保険期間の契約日とは異なる「責任開始期」なる概念を導入している。

(4) **保険金額**

保険金額とは保険事故が発生した場合に保険者に支払義務のある約定の金額をいう。生命保険契約にあっては当事者間においてその額を自由に約定し得るものとされている（保険者は、免許申請書類（保険業法4条2項）の一つである事業方法書にて引受限度額を定めている。なお、15歳未満の未成年者を被保険者とする生命保険契約に関しては、被保険者を保護するための保険金の限度額その他引受けに関する定めを社内規則等に設けることが義務づけられている（保険業法施行規則53条の7第2項（社内規則等））。

(5) **保険料**

保険法2条1号は保険契約を定義して、「相手方がこれに対して当該一定の事由の発生の可能性に応じたものとして保険料を支払う」と規定している。ここでは、危険を算定する期間（保険料期間）との関係から保険料可分又は不可分につき必ずしも明らかでないことから、保険法施行後の保険約款では、その取扱いを定めている（第3章Ⅰ-5を参照）。

〔付記〕

いまひとつ、ここでは損害保険契約の要素との比較において、被保険利益の

存在が生命保険契約においても必要な要素とされるか否かが問題となる。「損害保険契約は、金銭に見積もることができる利益に限り、その目的とすることができる」（保険法3条）と規定し、「損害保険契約」に必要な要素として被保険利益の存在をあげている。ところが、「生命保険契約」については、「損害保険契約のような被保険利益の有無及びその評価いかんは、契約の成立及びその効力に関して問題とならない」（大森・前掲書260頁）とみるのが大方の見解である。もっとも、判例のなかには次のような見解に立つものもある（東京地判明治39年9月19日新聞56号8頁「生命保険も人の生死を原因とする損害てん補の契約であり、損害保険契約と全くその性質を同一にするものである。したがって被保険利益あることを要し、被保険者と法律上若しくは経済上何らかの関係なき者は保険金受取人たることを得ない。よって、かかる者を保険金受取人とする生命保険契約は被保険利益なきものであり無効である」）。

Ⅱ-3　生命保険・傷害疾病定額保険契約の形態

　生命保険契約には「自己のためにする生命保険契約」と「第三者のためにする生命保険契約」の二形態がある。ともに、「自己の生命の保険契約」、「他人の生命の保険契約」と混同されることのないよう注意を要する。

(1)　自己のためにする保険契約

「自己のためにする生命保険契約」とは、自己が保険契約者兼保険金受取人となる契約で、被保険者は自己の場合も他人の場合もある。自己（契約者）が保険金受取人となり家族を被保険者とする個人契約、企業が契約者兼保険金受取人となり従業員を被保険者とする法人契約にその代表例を見ることができる。ただし、この形態の一つ、保険契約者及び被保険者と保険金受取人とを同一人とする契約については、当人が死亡して保険金の支払事由が発生した折、当該保険契約の保険金受取人は死亡した契約者の相続人となり輻輳するところから、実務上、申込みがあってもこれを受理しない保険者（保険会社）が多いようである。

　一方、これとは逆に、保険契約者が質権設定者となり自己の契約した生命保険契約の死亡・満期保険金、解約返戻金等に質権を設定するとき、第三債務者たる保険会社は無用の紛糾を避けるうえから、これを承諾し、保険契約者と同一人に死亡保険金の請求権を帰属させる実務を採用している保険者が一般的の

ようである。

　なお、保険金受取人の指定のない契約は、保険契約者自身を受取人とする自己のためにする契約と解すべきであろう。

(2)　第三者のためにする保険契約

　「第三者のためにする生命保険契約（傷害疾病定額保険契約）」とは、保険契約者が自己以外の第三者を保険金受取人とする生命保険契約をいい（保険法42条・71条）。その法律上の性質は、民法の定める「第三者のためにする契約」（民法537条）の一種であると解されている。ただし、民法上の「第三者のためにする契約」では、第三者が権利を取得するにはその者による受益の意思表示が必要とされているが（民法537条2項）、「第三者のためにする生命保険契約（傷害疾病定額保険契約）」では、当該保険金受取人が受益の意思表示をなさなくとも当然に保険契約上の利益を享受できるとされている（保険法42条・71条）。

　この「第三者のためにする生命保険契約（傷害疾病定額保険契約）」には次の三形態がある。

　①　契約者と被保険者が同一人で、保険金受取人が別人の契約

　②　被保険者と保険金受取人が同一人で、契約者が別人の契約（この契約は「他人の生命の保険契約」でもある）

　③　契約者、被保険者及び保険金受取人がそれぞれ別人の契約（この契約も「他人の生命の保険契約」である）

　なお、これらの形態による生命保険契約、傷害疾病定額保険契約については、保険金請求権の譲渡、保険金受取人の変更・撤回、あるいは変更権の留保等々が問題となるが、それらについては、項を改めて詳しく触れることとしたい。

〔付記〕

　損害保険契約においては、保険事故の発生により損害の塡補を受ける者を被保険者という。したがって、損害保険契約では、保険契約者自身が被保険者となる契約を「自己のためにする損害保険契約」といい、保険契約者以外の第三者を主体とする被保険利益につき、その第三者を被保険者とする契約を「第三者のためにする損害保険契約」という。生命保険契約にみる両形態と相違があるので留意すべきである。

Ⅱ-4　生命保険・傷害疾病定額保険契約の種類

　生命保険契約は、種々の基準に従い、いろいろに分類することができる。それらのうちの主たるものを見ておけば以下のとおりである（甲府地判昭和29年９月24日下民５巻９号1583頁・判タ42号53頁「生命保険契約においては生存、死亡、混合何れの保険たるとを問はず原則として特定の被保険者の生存することをその成立要件とするものと解す…」）。

⑴　生命保険契約

・保険事故を基準に

　死亡保険契約、生存保険契約（教育保険、学資保険、年金保険）、生死混合保険契約（養老保険）

・保険期間を基準に

　定期保険契約、定期の保険期間を細分化した更新型保険契約、終身保険契約

・保険金支払方法を基準に

　資金保険契約（保険事故発生時一時金として全額を支払う保険）、年金保険契約（終身年金保険契約、有期年金保険契約、確定年金保険契約、トンチン年金）

・一契約における被保険者の数を基準に

　単独保険契約、連生保険契約、団体保険契約（なお、同一団体に所属する多数の個別契約につき、保険料の徴収その他諸手続を団体が便宜上一括して取り扱うものに「団体取扱」なる方式があるが、これが団体保険契約と異なるものであることにつき注意すべきである）。

・保険料支払方法を基準に

　月掛保険契約、半年払保険契約、年払保険契約、一時払保険契約

・利益配当の有無を基準に

　利益配当付保険契約、無配当保険契約

・保険料積立金の運用勘定を基準に

　定額保険契約、変額保険契約（変額保険とは、保険料積立金を他の資産と分離し、特別勘定において有価証券を中心に投資・運用し、その運用実績に基づいて満期保険金額、解約返戻金額が変動するいわゆるハイ・リスク、ハイ・リターン商品である。ただし、死亡保険金については資産運用のいかんにかかわらず基本保険金額が保証されており、その限りにおいて、生命保険契約の特色をなす定額性が維持されている）

25

- 保険料の計算方式を基準に

　平準保険料保険契約、自然保険料保険契約
- 引受危険の程度を基準に

　標準体保険契約、標準下体保険契約、優良体保険契約
- 加入時における診査の有無を基準に

　診査医扱保険契約、健康管理証明書扱保険契約、告知書扱保険契約、生命保険面接士扱保険契約、無選択型保険契約、限定告知型保険契約
- 給付・反対給付に用いる通貨基準

　円建て保険契約、米ドルや豪ドル等の外貨建て保険契約
- 生命保険経営の方法、範囲を基準に

　相互保険、営利保険、旧簡易生命保険法による簡易生命保険

(2)　傷害疾病定額保険契約

「人の傷害、疾病」を保険事故とするものでその代表的なものを例示する。

　・傷害保険

　・特定疾病保障保険

　・がん保険

　・疾病・傷害等入院保障保険、手術保障保険

　・介護保険　　等々

　なお、以上のほかに、生命保険契約をひろく元受保険契約、再保険契約、再々保険契約に分類する考え方もある。再保険契約は、本来、損害保険契約の領域に属するものと理解されているが、高額保険金額等の生命保険契約につき危険の分散の観点から再保険契約を締結するものも認められる。

Ⅱ-5　生命保険・傷害疾病定額保険契約の性質

Ⅱ-5-1　有償契約性

　生命保険契約は有償契約である。

　保険契約者の負担する保険料は、保険者が保険契約者側の経済的危険を補う負担の対価としての意味を有している。すなわち、生命保険契約は、保険事故発生時に保険者が負うべき危険負担と、保険契約者がなす保険料支払とを対価的な給付・反対給付とする有償契約である（保険法2条1号）（札幌地小樽支判昭

和56年7月15日文研生保判例集3巻102頁「保険が有償的に危険を保険者に転嫁して、保険契約者に安心感を売ることを目的とする行為であることに鑑み…」)。

Ⅱ-5-2　双務契約性

生命保険契約は双務契約である。

生命保険契約は、保険者が一定の事由（保険事故）が生じたことを条件として財産上の給付を行うことを約し（保険金支払義務）、保険契約者がこれに対して当該一定の事由の発生の可能性に応じたものとして保険料を支払う義務（保険料支払義務）を負う双務契約である（保険法2条1号）。ただし、保険者の保険金支払義務は、保険事故の発生を条件とするものであるから、民法の定める双務契約における同時履行の抗弁や履行不能の効果に関する諸規定（533条以下）がそのまま保険契約に適用されることはない（最判昭和39年9月25日民集18巻7号1528頁・裁判集民75号521頁・判時385号51頁・判タ168号94頁「生命保険契約に基づいて給付される保険金は、すでに払い込んだ保険料の対価の性質を有しもともと不法行為の原因と関係なく支払われるべきものでるから、たまたま、本件事故のように不法行為により被保険者が死亡したためにその相続人たる被上告人両名に保険金の給付がされたとしても、これを不法行為による損害賠償額から控除すべきいわれはないと解すべきである」)。

Ⅱ-5-3　諾成契約性

生命保険契約は諾成契約である。

生命保険契約は当事者双方の意思表示、すなわち、両者間において申込みの意思表示と承諾の意思表示が合致することによって成立する諾成契約である。約款では、第1回保険料の払込みがあった時から保険者の責任は開始するとされているが、これは、保険料前払主義の要請に応えた保険者の責任開始のための要件にすぎない。

すなわち、生命保険契約は保険料の支払を成立要件とする要物契約ではない（大判昭和8年3月8日民集12巻340頁・法律新報329号18頁、生命保険において保険者の保険契約上の責任は最初の保険料払込の時から始まる旨普通保険約款に規定してあっても、保険契約は当事者間の意思表示だけで成立する）。

Ⅱ-5-4　附合契約性

生命保険契約は附合契約である。

生命保険契約の申込人は、保険に加入するか否かの自由を持っているが、加入の意思を決めても、保険約款をそのまま承認するのでなければ保険に加入することはできない。すなわち、保険契約の申込人は個々の取引のなかで自由に契約条項を定めることはできず、契約当事者の一方である保険者の定めるところ、すなわち約款内容に従うことによってのみ契約をなし得るものであり、これを保険契約の附合契約性という。保険事業を維持し、大量取引の迅速性・安全性を図り、かつ、全ての契約について定型性・公平性を期するために定められたのが保険約款にほかならないからである（東京地判昭和56年4月30日判時1004号115頁・判タ441号143頁「生命保険契約のごとき附合契約においては…当事者間に保険会社の普通保険約款による生命保険契約が成立したと認められる以上、契約者において、契約締結当時その内心において右約款と異なる内容の合意をするものと誤信していたとしても、これが全く表示されていない限り、かかる誤信は要素の錯誤に当たると言うことができないと解するのを相当とする」）。

なお、前述のとおり改正民法にて第2章契約第1節総則第5款定型約款（548条の2～548条の4）にて規律される

Ⅱ-5-5　射倖契約性

生命保険契約も射倖契約である。

射倖契約とは、「一方または双方の当事者の契約上の具体的な給付義務が発生するか否かまたはその大小いかんが偶然な出来事によって左右され、従って当事者のなす具体的な給付相互間の均衡関係が偶然によって左右される契約」（大森・前掲書84頁）をいう。人の生死を保険事故とする生命保険契約において、保険者が負う保険金支払いの義務は保険事故の発生という偶然の事情にかかっている。すなわち、生命保険契約は偶然の事情に依存している射倖契約である（大阪地判昭和60年8月30日判時1183号153頁・判タ572号82頁「生命保険契約は、本質的に当事者の一方または双方の契約上の給付が偶然な事実によって決定される射倖契約であるため、第一に、偶然による不労の利得そのものを目的とする賭博的行為に悪用されたり、公序良俗違反の行為に随する危険を有し、さらに、国民経済的に不利

益を生ぜしめるような事態を加入者側が誘発させ、または放任する危険が内在しており…」)。

Ⅱ-5-6　善意契約性・信義則性
　生命保険契約は善意契約であり信義誠実性が強く要請される契約である。
　生命保険契約は、先に述べたとおり、射倖契約性を深く内包しているため、契約関係者には特別の善意と信義誠実性が強く要請される契約である（1906年「英国海上保険法」はその第17条において「保険契約は最大善意にもとづく契約である」としている）（前掲大阪地判昭和60年8月30日「生命保険契約は…問題となる事実の偶然性ないし不可測性により相手方のおかれた不利な地位に不当に乗じたり、自己のおかれた有利な地位を不当に利用したりする危険が存するのであって、公正ないし公益維持の原則と、信義誠実の原則の適用がことに要請されているものということができる」）。

Ⅱ-5-7　継続的契約性
　生命保険契約は継続的契約である。
　生命保険契約は、契約両当事者の負う義務（保険料支払義務、保険金支払義務）が一定期間にわたって継続する継続的契約である（東京地判昭和63年5月23日文研生判例集5巻282頁「生命保険契約は、保険契約者の保険料支払義務と保険者の保険金支払義務とが一定期間継続する、いわゆる継続的契約であるから、契約当事者には信義則にしたがい誠実に契約の履行を継続することが要求されており、両者の信頼関係があって初めて成り立つものである」）。

Ⅱ-5-8　不要式契約性
　生命保険契約は理論上は不要式契約である。
　生命保険契約の申込みは、保険法上なんら特別の形式を要しない不要式の行為とされている。約款もまた、申込みについてはなんらその形式を定めていないところから、口頭による申込みも法的には有効であり、保険者がこれに対して承諾をなせば契約は成立することとなる。しかしながら、実際上は、保険者側において申込みの有無、申込みの内容等を明らかにしておく必要があり、申

込みは保険者所定の書式によってなされるのが普通である。すなわち、保険者は、生命保険契約の重要な要素となっている各事項、保険契約者は誰か、被保険者は誰か、どのような保険事故のときに保険金が支払われ、その額はいくらなのか、また、保険料はいくらで支払期間はどうなのか等々につき、後日の紛争を防ぐため、またモラルリスク防止の意味合いからも、所定の書式（申込書）に必ず申込者・被保険者の記載・署名を求めるのが通例となっている。しかし、これらをもって生命保険契約が理論上要式契約とされるものではない（保険業法4条2項、保険業法施行規則8条1項5号は「保険証券、保険契約の申込書及びこれらに添付すべき書類に記載する事項」を規定しているので実務的には要式化されているといえる）。

　また、前述の目的から、契約成立後に保険証券が作成され契約者に交付することが義務化されている。それぞれ、損害保険契約の締結時の書面交付（保険法6条）、生命保険契約の締結時の書面交付（保険法40条）、傷害疾病定額保険契約の締結時の書面交付（保険法69条）を義務づけている（大判昭和10年5月22日民集14巻923頁「商法上の保険契約は当事者間の合意のみにより有効に成立し、他に証券の作成その他の方式を要するものにあらず、従って、また該契約に関し、記名式にて発行せられたる保険証券は単なる証券たるに過ぎざるものなること多言を俟たず」）。

Ⅱ-5-9　商行為性

　生命保険契約の性質を論ずるとき、既に述べたものに加え、その商行為性が問題とされる。通常、営利保険契約は保険者にとって営業的商行為であり（商法502条9号）、保険者は商人（商法4条1項）である。したがって、彼等の取り扱う保険契約には商法の定める商行為に関する諸規定が適用されることは当然であり、その商行為性が問題とされる余地はいささかもない。ところが、相互保険における保険関係は法形式的には商行為でなく、従来そこに、商行為一般に関する商法の規定は準用されていなかったが、平成8年の保険業法改正により、相互会社が行う行為についても商法504条から同521条まで（商行為）の規定が準用されることとなった（保険業法21条2項）。

第2章

生命保険契約の成立

Ⅰ　成立に関わる要点

Ⅰ-1　生命保険契約の申込みと承諾

　既に述べたとおり、生命保険契約は、契約成立に関する民法上の一般原則に従って、保険契約者（申込人）からの申込みと、それに対する保険者（保険会社）の承諾によって成立する（前章Ⅱ-5-3「諾成契約性」参照）。

Ⅰ-1-1　生命保険契約の申込み

　(1)　生命保険契約の申込みは、それが保険会社に到達したことによってその効力を生ずる（民法97条1項）。生命保険契約の申込みは、保険法上なんら特別の形式を要しない不要式の行為であり、約款もまた申込みの形式を定めていないことから、口頭による申込みも法的には有効であることは既に述べたとおりである。しかし、先に見たとおり、申込みの有無、その内容などを明らかにしておく必要から、実務上は会社所定の申込書の提出が求められている。

　生命保険契約の申込みに対する承諾について、法的には特に承諾期間は設けられていないが（民法524条）、通常、保険会社では、申込みを受けてから2ヶ月間に保険診査が終了しないなど保険契約引受可否の判断ができない状態のままであるときは申込みの効力を失わせ、後にあらためて申込みの意思あるときは申込書を新たに作成させ、申込み意思の確認を再度行っている。このような取扱いとなっている理由は次のように考えられる。すなわち、申込みに承諾期間の定めがない場合にいつまで承諾を有効に行うことができるか（承諾適格期間）との点について民法上に明文の規定がないところ、学説では商法の規定と同様に「隔地者の間において承諾の期間を定めないで契約の申込みを受けた者が相当の期間内に承諾の通知を発しなかったときは、その申込みは、その効力を失う」（商法508条1項）と解されている。したがって、保険会社は相当の期間内に承諾の通知を発することを要し、保険会社がこの期間内に承諾の通知を発しなかったときは、申込みは当然にその効果を失うこととなる。ここにいう相当の期間とは、取引慣行と信義誠実の原則によって決すべきものであろう。以上を踏まえて、保険会社では上記の取扱いがとられているのである。

第2章　生命保険契約の成立　Ⅰ　成立に関わる要点

(2)　申込みは、承諾と合致することにより契約を成立させようとする意思をあらわすものであることを要し、かつ契約の要素をなす各事項（当事者・被保険者、保険事故、保険期間、保険金額及び保険料）は当然として、剰余金の支払方法（定期保険買増、相殺、積立など）も契約の要素として申込みにおいて定めることを要する（浦和地判昭和57年5月26日判タ477号146頁参照）。

　生命保険契約の申込みの意思表示の相手方は保険会社であるから、受領能力のある保険者の機関に到達したとき、その効力が生じることになる（民法97条1項）が、保険者と雇用・委任契約関係にあり、使用人である保険募集人に届いたときは、保険者の支配圏に到着したものとみなされるので、保険募集人は保険者に代わって保険契約の申込みを受領する権限（申込みに対して承諾する権限ではない）を有していると解される。したがって、保険契約者となるべき者が生命保険募集人に申込書を手渡したときに申込みの効力が生じると解される。

(3)　保険契約の申込みと承諾に関し保険法は規定していないことから民法・商法の一般原則に従うことになる（民法521から528条、商法507から509条）ところ、申込みの撤回についても同様である。本来、申込みはその到達によって効力を生じた後は、相手方の保護の観点から、申込者は任意に申込みを取り消すことができなくなる（改正民法525条1項）。すなわち、生命保険契約の申込みは承諾期間を定めていない場合が一般的であるので、隔地者に対してした申込みの申込者は「承諾の通知を受けるのに相当なる期間」その申込みに拘束されことになる（民法524条）。ただし、クーリング・オフにより申込みを撤回することができる例外がある（後述）。

Ⅰ-1-2　申込みの撤回－クーリング・オフ制度－

(1)　クーリング・オフ制度とは、一定の期間又は一定の条件で契約の申込みの撤回又は契約の解除をなし得る制度である。

　同制度は昭和48年の改正割賦販売法によってはじめて採用されたものであるが、直接生命保険契約に適用されるものではなかった。ところがその翌年2月、大蔵省（当時）の生命保険に関する「保険約款改正」に関する諮問のなかでその導入が示唆された後、昭和49年9月からクーリング・オフ制度が業界の自主制度として採用され、生保各社は保険業法への規定導入を待たずにクーリング・

オフを約款に導入した（導入当初の熟慮期間は4日間）。

導入の趣旨は、生命保険等についての知識が乏しい申込者等が契約内容を十分理解せずに、あるいは営業職員による訪問勧誘に対して十分な検討をなさないまま申込みをなし、第1回保険料充当金の払込みをなした際に、当該申込人を保護するという点にある。

(2)　クーリング・オフ制度は保険業法上も平成7年改正で導入された（保険業法309条）。同法のもとでのクーリング・オフは、契約成立前の申込みの撤回も認める点で要件面における民法・商法に対する特則となり、契約解除については保険料の返還と損害賠償の禁止の点で効果面における保険法に対する特則となるものである。クーリング・オフに関する事項は、①注意喚起情報、②契約締結前交付書面、③契約のしおり及び約款、④第1回保険料充当金領収証などに記載がなされる。

(3)　保険契約のクーリング・オフにおいては、クーリング・オフの書面発信までは保険者が危険を負担し、保険契約者はその対価の日割保険料を支払うとともに、保険事故が発生した場合にはクーリング・オフを認めず保険金を支払うことにしている点で、クーリング・オフの書面発信までの期間は保険契約を有効として扱っている。

(4)　クーリング・オフ、すなわち、保険契約の申込みの撤回又は解除は、保険契約の申込みの撤回等に関する事項を記載された書面を交付された場合において（多くの生命保険会社は、第1回保険料（充当金）領収証に記載している）、その交付された日と申込みをした日とのいずれか遅い日から起算して8日以内（保険会社によって10日、15日、30日等延長している場合がある）に、定められた要件のもとでの保険契約の申込みの撤回又は解除をすることができる（保険業法309条）。

なお、この「保険契約の申込みの撤回等」の規定に反する特約で申込者等に不利となるものは無効とされており、これは強行規定である（保険業法309条10項）。

そして、申込人が同撤回等を行うには、他の申込人（保険契約者）との公平性の観点から、書面によることを要するとしている（保険業法309条1項柱書）。

書面によるとした理由は、口頭による通知は意思の明確性と客観性の点で問題があるほか、権利行使の期間である8日以内に行われたか否かを明らかにし

ておく趣旨であると解される。

なお、申込みを撤回する旨の書面は、実務上は郵便（はがき、手紙）によることとしている。

次の場合は、保険業法では、クーリング・オフの対象外とされており、申込みの撤回等はできない。

① 書面交付の日から起算してから8日を経過した場合（保険業法309条1項1号）

② 営業・事業のために締結された保険契約、営業・事業として締結された保険契約（同2号）、法人等の保険契約（同3号）

③ 保険期間が1年以下のとき（同4号）

④ 法令により加入が義務づけられているとき（同5号）

⑤ 申込者等が、特定保険募集人又は保険仲立人に対し、あらかじめ日を通知してその営業所、事務所その他これらに準ずる場所を訪問し、かつ、当該通知し、又は訪問した際に自己の訪問が保険契約の申込みをするためのものであることを明らかにした上で、当該営業所等において当該保険契約の申込みをした場合（保険業法施行令45条1号）

平成19年以前は、申込み者等が自発的に保険会社の営業所を訪れて保険契約の申込みをするような場合は、契約意思が明確であり、保険会社等の強引な募集ということはないから、クーリング・オフを認める必要がないとされていた。しかしこれは消費者保護の観点から問題視されており、たとえば、銀行が、保険商品に関連する話題について触れることなく別件で顧客を支店の店頭に呼び出し、その場で初めて保険商品の勧誘を行って申込みに至ったような事例において、クーリング・オフが認められないことへの問題が提起された。

平成19年改正後の保険業法施行令（以下「保険業令」という）では、申込み者があらかじめ日を通知して営業所等を訪問し、かつ、自己の訪問が保険契約の申込みをするためであることを明らかにした場合でなければ、営業所等における申込みであってもクーリング・オフの対象とするように改められた。

⑥ 申込み者等が、自ら指定した場所（保険業者の営業所等及び当該申込者等の居宅を除く）において保険契約の申込みをすることを請求した場合において、当該保険契約の申込みをしたとき（同令45条2号）

Ⅰ-1　生命保険契約の申込みと承諾

⑦　申込み者等が、郵便その他の内閣府令で定める方法により保険契約の申込みをした場合（同令45条3号）

⑧　申込者等が、保険契約に係る保険料又はこれに相当する金銭の払込みを保険業者の預金又は貯金の口座への振込みにより行った場合（当該保険契約の相手方である保険業者若しくは当該保険契約に係る保険募集を行った保険業者又はこれらの役員若しくは使用人に依頼して行った場合を除く）（同令45条4号）

なお、平成19年改正後の保険業令により、保険料振込によるクーリング・オフ適用除外の要件について括弧内の限定を行った。

⑨　医師の診査を必要とする保険契約の申込み後、診査を終了した場合（同令45条5号）

⑩　保険契約がいわゆる財形貯蓄契約であるとき（同令45条6号）

⑪　保険契約が、金銭消費貸借、賃貸借契約その他の契約にかかる債務の履行を担保するための保険契約であるとき（同令45条7号）

⑫　既に締結されている保険契約の更改（保険給付の内容又は保険期間の変更にかかるものに限る）・更新・変更にかかる保険契約であるとき（同令45条8号）

⑸　保険契約におけるクーリング・オフについては、民法の規定とは異なる特有の規定がいくつかある。

①　申込みの撤回等は、その旨の書面を発信した時にその効力を生じる（保険業法309条4項）。

②　保険責任開始後であっても、申込撤回等の要件を満たしていればそれも可能である。

　　そして、保険会社は、これに伴う損害賠償等を請求することができないものとされている（同5項）。

　　ただし、撤回ではなく解除のときに限っては、保険契約者は責任開始日から解除日までの期間について、日割り計算で保険料を支払うことを要する（同5項ただし書、保険業規242条）。

③　保険会社は、既に受領している金銭があるときは、これを速やかに申込み者に対して返還することを要する（保険業法309条6項）。

37

第 2 章　生命保険契約の成立　Ⅰ　成立に関わる要点

Ⅰ-1-3　生命保険契約の承諾と契約成立の時期

　生命保険契約は申込みに対して保険会社が承諾することにより成立する。承諾は承諾権限を有する者によってなされなければならないが、保険会社は通常の場合承諾権限を本社機構に留保しているので、隔地者間の承諾に関する民法526条1項が適用されることとなる。

　一般に保険会社は普通保険約款で「会社が保険契約の申込みを承諾した場合にはその旨を保険契約者に通知します。ただし、保険証券の交付をもって承諾の通知に代えることがあります」と規定し、保険契約締結上の実務は書面による承諾通知をすることはなく、生命保険契約締結時の書面の交付（保険法40条・69条）によっているので、保険契約の成立時期はこの書面を発送した時となる（民法526条1項。なお、改正民法では同規定は削除され、隔地者間の契約の成立時期については到達主義とされている）。

　なお、保険会社の諾否通知の期間が問題となる。民法526条2項は「申込者の意思表示又は取引上の慣習により承諾の通知を必要としない場合には、契約は、承諾の意思表示と認めるべき事実があった時に成立する」と規定し、商法509条（保険業法21条2項で相互会社についても準用されている）1項は「商人が平常取引をする者からその営業の部類に属する契約の申込みを受けたときは、遅滞なく、契約の申込みに対する諾否の通知を発しなければならない」とし、2項で「商人が前項の通知を発することを怠ったときは、その商人は、同項の契約の申込みを承諾したものとみなす」と規定している。生命保険契約は「申込者の意思表示又は取引上の慣習により承諾の通知を必要としない場合」には該当しないから、上記の民法規定の適用はないし、また、「平常取引」にも該当しないから、上記商法規定の適用もないと解されるので、保険会社が承諾の意思表示を長期間しなかったとしても、保険契約が成立したものとみなされることはない。

　承諾しなかった場合の申込みと同時に受領した第1回保険料充当金の返還については、本充当金は金銭消費寄託契約（民法666条）と解され、さらに一般に第1回保険料充当金の領収証に利息は付加しないことが印字されているので、利息は付加しないとの合意が成立しているということができる。

Ⅰ-1-4　承諾をなし得る者（承諾権者）

I-1　生命保険契約の申込みと承諾

　生命保険契約の申込みにつき、それを承諾するか否かの権限は、前記のとおり、通常保険会社の本社機構に留保されていて、営業職員（生命保険募集人）には承諾権限は与えられていない。

　旧募取法では生命保険募集人に承諾権限がないことを前提としていたが（2条1項「この法律において『生命保険募集人』とは、生命保険会社の委託を受けて、その保険会社のために生命保険契約の締結の媒介をなす者で、その保険会社の役員又は使用人でないものをいう。」）、平成8年4月1日施行の保険業法では保険募集人に契約を締結する権限を与えることができることを規定した（保険業法2条19項の、「この法律において『生命保険募集人』とは…その生命保険会社のために保険契約の締結の代理又は媒介を行うものをいう」）。しかし、現在でも生命保険募集人に契約を締結する代理権を与えている生命保険会社はない。

　なお、生命保険会社は保険募集代理店にも承諾権限を与えていないが、代理店名義で仮領収証を作成交付した場合について、申込み人が代理店に代理権があると信じるにつき正当な理由があったとした古い判例がある（大判昭和10年2月28日）。

I-1-5　申込みの拒絶と変更承諾

　保険会社が契約の申込みに対して承諾できないと判断したときは、申込人に対してその旨を通知しなければならない。申込人が、申込み後に死亡したとしてもその申込みの効力は失われていないので（民法97条2項、改正民法では97条3項）、その相続人に対して不承諾の通知をなさなければならない。なお、契約の申込みに対し、保険会社がなす不承諾の意思表示は、通常、書面によってなされることは少なく、当該生命保険契約の申込みを勧誘した営業職員を経由して口頭で通知されるのが通例である。

　ところで、保険会社が契約締結の承諾をなすか否かは、生命保険契約の申込書、告知書、検診書、その他例えば心電図の検査結果等々から被保険者が保険適格体であるかどうかが検討され、その結果によって判定されるのであるが、結果次第では一概に拒絶することなく、危険の程度に応じて一定の条件付で、あるいは申込み内容に一部変更を加えて（保険料増額、保険金額の減額等）、申込みに応じるケースもある。このように、保険会社が申込みに条件を付したり変

更を加えたりして行った承諾は、保険会社から申込人に対する、当初の申込みを拒絶してなされた新たな申込みであると解されている（民法528条）。したがって、保険会社が変更を加えた承諾（新たな申込み）に対しては、申込人が承諾しない限り契約は成立しないこととなる。

Ⅰ-2　契約者資格

　保険契約者とは、自己の名をもって保険者と保険契約を締結する者をいう。ところが、生命保険契約の契約者が誰であるかが争われるケースがある。

　この点、預金の出捐者、預入行為者、名義人が異なる場合等において、誰が預金者であるかについて、定期預金に関して最高裁判所は特段の事情のない限り出捐者を預金者と認めるとしている（客観説。最判昭和53年５月１日判時893号31頁、最判昭和57年３月30日金法992号38頁）。他方で、普通預金については①預金開設者、②預金口座名義、③預金通帳及び届出印の保管状況、④預金原資の帰属先等の諸要素を勘案したうえで預金債権の帰属を判断するとのアプローチを採用し、預金者を出捐者（預金原資に実質的な利益を有する者）としていた原判決を破棄した判例が相次いで出されている（最判平成15年２月21日民集57巻２号95頁、最判平成15年６月12日民集57巻６号563頁）。

　生命保険契約においては、保険契約者の認定に関する裁判例の多くは、保険契約（保険契約申込書、保険証券・証書）における名義上の保険契約者を保険契約者とは判断せずに、保険契約締結手続を行った者・申込みの作成者、保険料原資の出損関係（負担者）、保険証券・証書、印鑑等の保管者、関係者の保険契約についての認識・関与（保険契約締結手続を行った者の動機、名義上の保険契約者の関与の程度、保険者側の担当者の認識等）などの個々の事例にみられる諸事情を考慮のうえ、実際に契約手続を行い、保険料を出損し払込みをするなど、実質的に保険契約に関与した者を保険契約者と判断している（事例研レポ276号７頁）。

　ところで、保険契約者の資格に制限はなく、原則として自然人、法人、行為能力者、制限行為能力者も保険契約者となり得る。

　ここでは、実務上その資格をめぐって問題となりがちな点について触れておきたい。

I-2 契約者資格

I-2-1 保険契約者が未成年者の場合

民法4条は年齢20歳をもって成年とすると定めているので、未成年者が契約者となる場合には、法定代理人である親権者あるいは後見人の同意を必要とする（民法5条1項）。

未成年者は法律上は制限行為能力者とされており、自分の権利について正常な判断能力を欠き、あるいは不利益な行為を行うことにより損失を受けないよう、法により保護されているのである。なお、この法定代理人に誰がなるかはその親族関係により様々である。以下、その就任関係を一覧表として掲げておく。

〔未成年者の法定代理人就任関係一覧〕

親族関係	法定代理人	備考
父母が婚姻関係にあり ①父、母とも生存 ②父、母の一方が死亡のとき ③父、母とも死亡のとき	親権者＝父母 親権者＝ 　父又は母 後見人	他の親族、利害関係人が家庭裁判所に後見人選任の審判の申立てをする。後見人が就職しているか否かは、戸籍、家庭裁判所の審判書にて確認できる。
父母が離婚したとき	親権者＝ 　父、母の一方	父母が離婚するときは、その間の協議によりあるいは家庭裁判所の審判により父、母の一方が親権者と定められ未成年者の子の戸籍に記載される。
養子縁組で ①養父母生存 ②養父母の一方が死亡のとき ③養父母ともに死亡のとき	親権者＝養父母 親権者＝ 　養父又は養母 後見人	子と養父母の戸籍に養子縁組した旨が記載される。 実親の親権が回復するのではなく、後見が開始するので注意を要する。

41

| 父と母の間に婚姻関係がないとき（非嫡出子） | 親権者＝母 | 父が子を認知した後、父母間の協議により、あるいは家庭裁判所の審判によって父が親権者になる旨定められた場合は父が単独親権者となる。 |

- 連れ子がある場合、婚姻相手方とは養子縁組をしない限り親子（親族）関係は生じない。
- 未成年者であっても、婚姻しているときは成人とみなされ、その未成年者が婚姻後離婚したときは、なお20歳未満であっても成人とみなされる。

なお、わが国民法は、単独で取引を行う能力の不十分な者を定型化し、一定の画一的な基準をもって制限行為能力者を定め、それら制限行為能力者のなした行為を意思能力の有無にかかわらず取り消し得るとしている（「制限行為能力制度」）。このような画一的基準を設けることは、取引の相手方を保護する作用も含んでいる。よって、民法上、制限行為能力者である未成年者のなした保険契約の申込みは、法定代理人の同意のない場合は、当然に取消しの対象とされる。

(注) わが国でも未成年者が就職して働いていること（例えば高校卒業後に就職するなど）も通常のことである。これらの未成年者の保険契約の申込みは親権者等の同意がなければ取り消し得るであろうか。民法の一般原則からは取り消し得るということになろう。それでもよいのであろうか。

わが民法は満20歳をもって成年と定める一方で、一定の場合には未成年者に財産の処分権を与え（民法5条3項）、営業を許された未成年者にその営業に関しては成年者と同一の行為能力を認め（民法6条1項）ている。さらに男は満18歳、女は満16歳になれば父母の同意を得て婚姻することができ（民法731条・737条）、婚姻者は成年に達したものと見なされる（民法753条）。また、労働基準法59条は未成年者に独立して賃金の請求権を認めるとともに親権者又は後見人に対して未成年者の賃金を代理受領することを禁じている。さらに諸外国では成年年齢を20歳としているとは限らない（例えば18歳を成年とする国・州として、アメリカ合衆国のニューヨーク州、カリフォルニア州ほか、イギリス、フランス、ドイツ、イタリア等がある）し、わが国においても成人年齢を現行の20歳から18歳に引き下げる民法改正案が国会に提出される見通しである（平成29年10月現在）。

これらのことを参考にすれば、意思能力の存在が大前提であるが、親許を離れて働いている満18歳以上の未成年者の保険契約の申込みは、支払保険料の額が月収の一定割合以下である等の一定条件のもとでは取り消すことができない有効

な申込みと解する余地もあろう。

　なお、告知については法律行為ではなく事実の告知にすぎないので契約の申込みとは別の観点からの検討を要するが、これは告知義務者の項で触れることとする。

Ⅰ-2-2　保険契約者が成年被後見人、被保佐人、被補助人の場合

　成年被後見人、被保佐人も未成年者の場合と同様に、成年後見人あるいは保佐人の同意に基づき保険契約者になり得る。成年被後見人の場合は、後見人の同意を得て行為をしても取り消せるものと解されている（民法9条）。ただし、長期間にわたる保険契約の継続的性格から、心神喪失、心神耗弱の常況にある者が債権・債務を履行するには支障が生じることもあることから、各社とも彼らを保険契約者としては認めず、実質的に保険料を負担する者に保険契約者となるよう変更を求めている。

　(注)　被後見人とは、家庭裁判所から後見開始の審判を受けた者をいう。後見開始の審判は、精神上の障害により事理を弁識する能力が欠く常況にある者に対し、その者を保護するため、本人、配偶者、四親等内の親族等からの請求によって行われる。

　　被保佐人とは、家庭裁判所から保佐開始の審判を受けた者をいう。保佐開始の審判は、精神上の障害により事理を弁識する能力が著しく不十分である者に対し、本人、配偶者、四親等内の親族等から請求があった場合に行われる。

　　なお、心神喪失者であっても後見開始の審判を受けていない者が多い。このような状態にある者を保険契約者としても、契約者としての意思能力がないことから契約の効力は生じない（意思無能力者との契約が無効となることについては、改正民法3条の2で明文化された）。

Ⅰ-2-3　保険契約者が法人の場合

　保険契約者が法人の場合、法人を代表して行為ができるのはその代表者であるので、保険契約の申込みも法人の代表者を通じて行われる。したがって、申込書の契約者欄には、法人名とその代表者の署名が必要である。

⑴　法人の種類と代表者

第2章　生命保険契約の成立　Ⅰ　成立に関わる要点

以下、法人種類別にその代表者を整理しておく。

法　人	代表者	備　　　　考
株式会社	代表取締役	• 代表取締役が数人いてもそれぞれの代表取締役が代表権を有し単独で請求行為ができる。 　取締役会を設置している会社においては、取締役の中から代表取締役を選定しなければならない（会社法362条3項）（2006年5月施行の会社法において、共同代表取締役の制度は廃止された。現会社法下においても、定款で数人で共同代表権の行使を定めること自体は可能であるが、善意の第三者には対抗することができない（会社法349条5項）。
合同会社	原則として、社員全員が会社を代表する権限を有す	特定の社員を業務執行社員として定款に定めた場合は、その業務執行社員が合同会社（LLC）を代表することになる。 • 業務執行社員が2人以上定款に定められている場合には、業務執行社員の各自が合同会社（LLC）を代表する。 • 業務執行社員の氏名と、代表社員の氏名及び住所が登記事項となり、会社の登記事項証明書（登記簿謄本）に記載 • 代表社員を決めず、業務執行社員の全員が会社を代表する場合は、業務執行社員全員の氏名と住所が登記される。
合資会社	無限責任社員	無限責任社員の地位は、合名会社の社員と同様であり、会社債務について会社債権者に対して直接に連帯無限の責任を負い、原則として会社の業務執行権、代表権を有する。
合名会社	無限責任社員	原則として、会社の業務を執行し会社を代表する権限を持つ（会社法590条、同591条）。
医療法人	理事長	• 理事長に事故があるとき、又は理事長が欠けたときは他の理事が代理する。1人理事でその理事が欠けたときは改めて選任する。
宗教法人	代表役員	• 責任役員3人以上のうちから互選された役員
学校法人	理事	• ただし、寄付行為によりその代表権が制限されている場合がある。

• 株式会社について、指名委員会等設置会社の場合には、代表執行役が代表者となる（会社法420条）。
• 合同会社について、業務執行社員が2人以上定款に定められている場合には、定款や定款の定めに基づく社員の互選によって業務執行社員の中から会社を代表する社員（代表社員）を定めることもできる。
• 無限責任社員とは
　会社の債務に対し、直接無制限に責任を負わなければならない構成員のことで、経営に関与する権利がある出資者のこと。

44

• 有限責任社員とは
　会社の債務に対し、出資額までの責任を負う構成員のことで、原則として経営に関与する権利がない出資者のこと。

⑵　法人格のない団体

　ここでは「法人格のない団体」が問題となる。個人経営の商店、病院、協同組合、労働組合等で法人格を持たず、あたかも代表権を有しているかのごとく院長、理事長、組合長等の名称が使用されていても法律上代表権を持っているとは認められない場合がある。このような団体は、本来、権利能力を持たず保険契約の当事者足り得ないもので保険契約者としての資格はないと考えられる。

　しかしながら、「権利能力なき社団」といえるほどの要件を備えている団体については、法人と同一に扱おうとする見解がある。すなわち、法律上の人格は欠くが団体としての組織を備え、多数決の原則が行われ、構成員の変更にもかかわらず団体そのものが存続し、代表者の選定方法、総会の運営、財産の管理等団体として主要な点が確定している団体（最判昭和39年10月15日民集18巻8号1671頁）は、社団法人と同様、社会生活の一単位として活動しているところから、社団自体がその名において権利を有し、義務を負うことができるのではないかとし、その権利能力を認めるべきであるというのである。さらに、民事訴訟法29条（権利能力なき社団に当事者能力を認めている）を根拠としてその権利の主体性を承認しようとする見解もある。

I-3　被保険者の同意

I-3-1　同意の必要性

　被保険者の同意は、保険契約の効力発生要件と規定され、被保険者の同意がない契約は効力を生じない（保険法38条）。契約者が同時に被保険者である契約は問題ないが、他人を被保険者とし、その被保険者以外の者を保険金受取人とする保険契約では、被保険者の生命に危害が加えられ、反社会的行為（賭博行為）が誘引されるなどの危険が生じる恐れがあり、このような弊害を防止する必要があること、また、人格権の尊重の観点から、生命保険契約の当事者以外の者を被保険者とする死亡保険契約では、被保険者の同意を必要としている。

また、傷害疾病定額保険契約の当事者以外の者を被保険者とし、その被保険者以外の者を保険金受取人とする傷害疾病定額保険契約においても、当該被保険者の同意がなければその効力を生じない（保険法38条・67条。これを同意主義と言う。ちなみに、明治32年までの旧商法では、保険金受取人が被保険者の親族であることを必要とする親族主義が採られていた）。これによって、その保険には反公序良俗性がないものと推認できるというのが法の趣旨であろう。

なお、生存保険については、その性質上賭博的行為に利用される危険もないので、被保険者の同意は必要とされていないが、当該契約の申込書上は被保険者を特定する意味から被保険者の署名欄が設けられ、同欄に「本保険契約に加入することに同意します」と印字されているのが通例である。

昭和54年、従業員を保険加入させた法人の代表者が保険金取得を目的に被保険者を殺害する事件が愛知県で発生し、世間の話題をさらった。この事件を契機として、生命保険会社では生命保険の付保目的を把握し、同時に担当営業職員も被保険者と必ず面接して契約内容、契約形態を十分に説明し、契約加入の同意を得る等事件の再発防止に努めている。

また、平成10年、夏祭りに作ったカレーにヒ素を混入し、それを食した人が死亡する事件が発生した。その事件を調べる中で、ヒ素を混入した人物の周りで、保険に加入していることを知らない状態で生命保険契約に加入させられている事実が判明した。

これらを背景として、保険業令は、被保険者の同意の確認強化として、被保険者の同意確認の方法が、書面により同意する方法等によるものであることを事業方法書の審査基準とする。また、保険会社による被保険者同意の確認の強化を図る観点から、被保険者の署名・捺印による同意確認の方法等を示すとともに、被保険者の同意確認の方法の適否について、監督上の視点として監督指針に規定する（Ⅳ-1-16　他人の生命の保険契約に係る被保険者同意の確認）。

(1)　被保険者が未成年の場合の同意

被保険者が未成年者のときの生命保険契約への同意について、保険法は特段の定めを設けていない。

被保険者の同意は、その生命保険契約に対する異議のないことの意思の表明であるので、その行為は準法律行為である。したがって、法律の一般原則を準

用し、法定代理人の同意によってその効力は生じると見られる。

　被保険者に意思能力があると認められる15歳以上（民法797条では養子になる者が15歳未満の場合に法定代理人の代諾が要件とされている）の場合には本人の同意とともに法定代理人による同意（民法5条）によることとするが、人格権の尊重の趣旨から法定代理人による同意は人格権侵害に当たるとする見解も見られる。また、15歳未満の被保険者であるときは、幼少の子に保険を掛け保険事故招致の危険があることから、法定代理人による同意は利益相反行為にあたり、特別代理人の選任（民法826条）が必要であるとする見解も認められる。

　しかしながら、未成年者を被保険者とする死亡保険契約について、モラルリスクを防止するという観点から、これを禁止したり、保険金の額を制限したりすべきであるという指摘がされた（法制審議会保険法部会審議）が、そのような保険契約の禁止ないし制限は過剰な規制となり妥当ではないとして、保険法では規律が設けられなかった。

　「15歳未満の未成年者を被保険者とする死亡保険契約」について、保険の不正な利用の防止を図るため、業界の自主規制として、（一時払いや団体保険等を除き）1,000万円を引受上限金額とすることなどが確認され、保険会社においては保険金の引受限度額及び保険契約の引受けに関する社内規則等を定めるべきこととされた（保険業法施行規則53条の7第2項「保険会社が、人の死亡に関し、一定額の保険金を支払うことを約し、保険料を収受する保険であって、被保険者が15歳未満であるもの又は被保険者本人の同意がないもの（いずれも不正な利用のおそれが少ないと認められるものを除く。以下この項において「死亡保険」という。）の引受けを行う場合には、前項の社内規則等に、死亡保険の不正な利用を防止することにより被保険者を保護するための保険金の限度額その他引受けに関する定めを設けなければならない」）。

⑵　被保険者の同意を要する行為

　被保険者の同意は、上に述べてきたもののほかに、次のような場合にも必要とされている。

- 死亡保険契約の保険金受取人変更は、被保険者の同意がなければ、その効力を生じない（保険法45条・74条）。
- 死亡保険契約に基づき保険給付を請求する権利の譲渡又は当該権利を目的と

する質権の設定（保険事故が発生した後にされたものは除く。）は、被保険者の同意がなければその効力を生じない（保険法47条・76条）。保険金受取人としての権利が第三者に譲り渡されることにより被保険者の生命になんらかの危険が及ぶことを恐れて考慮されたものである。

• 保険契約者の地位が第三者に譲渡される場合、普通保険約款上、被保険者の同意が必要とされている。例えば、生命普通保険約款は「保険契約者またはその承継人は、被保険者及び会社の同意を得て、保険契約上の一切の権利義務を第三者に承継させることができます」と規定する。ただし、保険契約者死亡による承継によるときは不要である。

I-3-2　同意の方式・時期

(1)　方　式

同意は、相手方のある単独行為とされている。そこで、同意は、契約当事者、すなわち保険契約者か保険者のいずれかに到着することを要する。

法律は、同意の様式を定めていないので、書面、口頭、明示、黙示のいずれの方式によってもよいとされている。包括的な同意については原則として同意として認められない（福井地判平成5年9月6日文研生保判例集7巻262頁）が、例外的に包括的同意を有効と認めた裁判例もある（東京高判昭和53年3月28日判時889号91頁・判タ369号369頁）。もっとも、実務上は、後日における紛争防止等の観点から、書面によっており、申込書の被保険者欄に「契約内容を了知し、契約締結に同意します」との文言を記載し、同欄に被保険者の署名（捺印）を求めることにより被保険者の同意を確認しているのが通例である。

(2)　同意の時期

被保険者の同意の時期は、契約締結前後にかかわらないものの、一般的には保険契約申込み時に同意を得ている。

保険契約成立後の被保険者の同意の撤回は、保険契約者の地位が極めて不安定となること、各保険契約者間での不公平な取扱いを招致すること、被保険者の生存に利益を有する保険金受取人の利益を害することになるなどの理由からできないとするのが通説である。

(3)　被保険者による解除請求権

生命保険契約は長期にわたり継続するので契約締結当時に被保険者が同意した事情状況とそれ以降の状況が著しく変化したため契約関係からの離脱（実質的には同意の撤回）を認めたほうが被保険者の意思に合致する場合も考えられる。保険法38条で被保険者の同意を要求する理由の一つは、保険金取得目的で被保険者を殺害するなどの行為が行われる危険を防止するためであるとされる。保険契約締結当時に同意したが、その後に、保険契約者又は保険金受取人による被保険者の生命に対する危険が感じられるようになった場合など、同意をした理由が損なわれたときや、被保険者が契約成立後に契約に拘束される合理的理由が認められない事由が生じたときは、被保険者は保険契約成立後でも契約関係から離脱できると解するのが適当であると思われる。そして、その事由は、被保険者に対する殺人未遂などの違法行為が生じたときのほか、婚姻関係の解消の場合なども同意を撤回する正当な事由になり得る。

かかる点を踏まえ、保険法は、契約締結後であっても「一定の事由」が発生したときは保険契約者に対し当該保険契約の解除を請求できる旨を定めている（保険法58条・87条）。

I-4　保険金受取人の指定

保険金受取人は契約の当事者ではないが、保険契約引受けに際して一定の範囲内の親族に限定して保険金受取人とすることを承諾していることからすれば、保険契約の重要な要素であるともいえる。保険契約申込み時に保険金受取人が指定されていないときは、保険契約者自身を保険金受取人として契約を有効に成立させることはできる。ただし、実際は、生命保険契約申込書の受取人記載欄に受取人名と続柄、住所を記入のうえ指定するのが通例である。保険実務上は、指定された保険金受取人が債権者や2親等内の親族以外の場合については、合理的理由がない限り契約の引受けを拒否している。生命保険契約を締結するか否かについても契約自由の原則の対象であることから、そのような引受基準も有効とされている（山下友信＝米山高生『保険法解説』289頁〔山野嘉朗〕（有斐閣、2010年））。

また、保険契約者には、保険事故が発生するまでは、何時でも保険金受取人の変更をする権利が留保されている（保険法43条1項・72条1項）。したがって、

保険金受取人の地位は必ずしも確定的なものではなく、常に不安定な状態にあるといえよう。ちなみに、保険金受取人は損害保険と同じ意味での被保険利益を有する必要はなく、また、自然人であろうと法人であろうとその資格に制限はない。また、員数においても制限はなく、一人でもよく複数人であってもよい。

なお、民法上、第三者のためにする契約（民法537条）では、その第三者が権利を取得するには受益の意思表示をなすことが必要とされている（民法537条2項）。ただし、第三者のためにする生命保険契約、傷害疾病定額保険契約では、それが民法にいう第三者のためにする契約の一種であっても、その受取人により受益の意思表示がなされる必要はなく、指定を受ければ当然に保険契約上の利益を享受できるとされている（保険法42条・71条）。

I-5　第1回保険料、第1回保険料充当金

第1回保険料（初回保険料ともいう）とは、保険契約の締結時に払い込まれる保険料のことで、契約の成立に際し、保険契約者にその払込債務が発生するものをいう。また、第1回保険料充当金とは、保険会社が契約の申込みを受ける際、その承諾に先立って収受し、承諾をなしたときに第1回保険料に充当する預り金をいう。なお、契約が不承諾となった場合には保険契約は成立せず、この預り金は申込み人に返還されなければならない。

現在の生命保険契約の募集に際しては、保険会社がその申込みを受けた際、あらかじめ第1回の保険料に相当する金額を第1回保険料充当金として収受し、申込みを承諾したときにこれを第1回保険料に充当することが広く慣行として行われている（これによる保険者の責任開始問題については次項に詳述する）。

この第1回保険料充当金は、契約の成立を解除条件とする消費寄託契約（民法666条）といえよう。保険会社がこれを収受することは、保険契約者になる者の保険加入意思を確たるものにし、申込みが撤回されることを防ごうとするもので、この収受を契約成立の停止条件とするものではない。

I-6　責任開始期
I-6-1　責任開始期とは

I-6 責任開始期

　最近の約款は、保険者の責任の開始の問題に関して、2つの規定をしているのが通常である。

　第一は、保険者が保険契約成立前に第1回保険料相当額の支払を受けず、契約成立の時以後に第1回保険料の支払を受ける場合には、保険者は第1回保険料の受領の時から契約上の責任を負う旨の規定である。以下これを「責任開始条項」という。ここにいう保険者の契約上の責任とは、保険者が保険事故が発生すれば保険金の支払をする義務を負担している状態にあることをいう。なお、責任開始条項は、第1回保険料の支払を保険契約の成立要件とするものではないし、生命保険契約を第1回保険料の支払によって成立する要物契約とするものでもない（大判昭和8年3月8日民集12巻340頁）。

　第二は、保険者が保険契約成立前に第1回保険料相当額の支払を受けた後に保険契約の申込みを承諾したときは、保険者は第1回保険料相当額の受領の時（告知がこれより後であるときは、告知の時。以下同じ）から契約上の責任を負う旨の規定である。保険者の責任の開始時期が保険契約成立前に遡るわけである。以下これを「責任遡及条項」という。昭和31年3月、生命保険協会のなした「保険約款改定に関する大蔵省諮問事項についての意見集」で、「保険会社は申し込みを承諾した以上、第1回保険料相当額を受けとった時に遡って契約上の責任を負う旨の規定を盛り込むべき」ことが提唱され、昭和31年4月、各社約款にこのような規定が挿入されたのである。

　このように、責任開始期については初回保険料払込みがいつ行われたかによって決まることになるが、社会情勢としてキャッシュレス化が進む中、初回保険料払込みにおいてもクレジットカード等を用いて行われることが多くなっている。その際、初回保険料払込みをいつと解するかについては各保険会社の約款によって定められている。例えば、モバイル端末等にクレジットカード等を通し、その有効性及び初回保険料が利用限度額内であることが確認できたことをもって初回保険料領収日としたり、デビットカードをモバイル端末等に通し、暗証番号を入力した後、口座から引き落としが完了した旨の電文が表示されることをもって初回保険料領収日とするいう取扱いが実務的には行われている。

　なお、申込みを行う者の利便性と保険者の業務の簡素化、要請という趣旨から、保険契約の申込み、告知の時点で責任を開始させ、その後保険料払込み方

51

法につき銀行口座からの振替により初回保険料を払込みする保険会社もある。

I-6-2　責任開始条項

　責任開始条項は「保険料前払の原則」の確保を目的とするものである。もし約款に責任開始条項がなく、保険契約者が被保険者の死亡後に保険料を支払った場合でも保険会社が保険金支払の義務を負うものとするならば、保険契約を締結したまま、被保険者死亡のときまで保険料の支払を見合わせる契約者が現れてこないとは限らない。これでは、保険料支払の確保は難しくなる。保険契約の場合、申込みと承諾によって契約は成立するものの、保険制度の構造上、保険料の支払があるまでは保険者の責任は開始しないとすることが必要であり、約款の責任開始条項は、保険契約におけるかかる特殊な要請を実現させるものである。

I-6-3　責任遡及条項

⑴　責任遡及条項の意義

　現在では、保険者は契約成立前に申込書とともに第1回保険料相当額の支払を受けるのが通常であり、したがって、現在の保険実務のうえでは、保険者の責任開始の問題は、責任遡及条項による場合が大多数である。

　責任遡及条項によれば、保険者が第1回保険料相当額の支払をうけた後に保険契約の申込みを承諾したときは、保険者は第1回保険料相当額の受領の時から契約上の責任を負う。したがって、第1回保険料相当額の支払の時から承諾までの間に被保険者が死亡していたときは、保険者はこの死亡について保険金の支払をしなければならない。

　責任遡及条項は、保険契約の成立時期の問題について特別の変更を加えず、保険契約が成立した場合における保険者の責任開始時期（及びその他の保険契約の効果たる権利義務の発生時期）のみを第1回保険料相当額の受領の時まで遡らせる趣旨であると解釈される。保険契約において、保険者の契約上の責任を契約成立前のある時点から開始させる旨を定めている場合を遡及保険という。生命保険契約における責任遡及条項は、一種の遡及保険を定めるものである。

　責任遡及条項の目的ないし制定理由のとらえ方については諸説があるが、保

険者が第1回保険料相当額の事前徴収を行うときは、保険加入者がその時から保険保護を受けられるという事実上の期待を持つことがある点を考慮するとともに、第1回保険料相当額の事前徴収が保険加入者にも一定の利益を与えるものとすることによって第1回保険料の事前徴収の円滑化をはかる趣旨で、保険者の責任開始時期を遡らせたものとみるのが比較的自然であろう。

(2) **責任遡及条項と遡及保険**（保険法39条・68条）

遡及保険とは、契約締結の前に発生した保険事故について保険金を支払うと定めた保険契約をいう。保険法では、遡及保険も原則として有効とし、例外的に遡及保険の悪用を防ぐ規定を設けている。なお、「責任遡及条項」を定めた保険契約も「遡及保険」に含まれるが、有効とされている。

遡及保険が無効となるものは、以下の2つである。

ア 契約締結前に発生した保険事故について保険給付を行う旨が規定されている場合で、保険事故が発生していることを知りながら、保険契約者が保険契約の申込みをした場合、少額の保険料を支払って多額の保険金の支払いを受けようとすることを防ぐため、このような場合の保険契約は無効になると定めている（保険法39条1項・68条1項、絶対的強行規定）。

イ 申込み前に発生した保険事故について保険給付を行う旨が規定されている場合で、保険契約者が保険契約を申し込んだ時点で、保険者が、保険事故が発生していないことを知っていた場合、保険者が少しでも多くの保険料を受け取ろうとすることを防ぐため、このような場合の保険契約も無効になると定めている（保険法39条2項・68条2項、片面的強行規定）。

I-6-4 責任遡及条項と保険契約申込みの諾否

約款における責任遡及条項の規定は、保険契約者が申込書を提出し、第1回保険料充当金の支払がなされ、保険契約者又は被保険者の診査・告知が終了し、保険者が保険契約者の申込みを承諾したとき、保険者の責任は、第1回保険料充当金を受領した時（告知が遅いときは、告知の時）に遡って開始するとするものである。

保険者が契約の申込みを承諾するまでの間、すなわち、締結時の書面の発送時点までの間（なお、改正民法では到達時点まで契約は成立しないが、書面発送後の

撤回は現実的に不可能であるから、実務上違いは生じないものと思われる）に被保険者が死亡し、かつ、保険者が被保険者の死亡を知った場合、保険者はこの申込みを拒絶することができるであろうか。

この点について、現在では、承諾義務を認める見解が一般的である（同見解に立つ裁判例として、東京高判平成7年11月29日生保判例集8巻303頁など）。すなわち、危険選択の見地から保険契約を承諾するか否かは保険者の自由であるものの、責任遡及条項の下で、第1回保険料相当額を申込み時に支払い、必要な告知を行っている保険契約者には保険契約による責任が開始していることに対する期待が生じており、そのような期待も尊重されるべきであり、承諾義務の問題はこのような保険契約者の事実上の期待と契約の自由に基づく保険者の承諾の自由を考慮して解決すべきであるところ、保険契約者が申込み時に第1回保険料相当額を支払い、かつ告知義務を果たしている場合、被保険者が保険適格性（＝申込みにかかる保険契約の被保険者となり得るのに適当な性質・状態を有していること）を有していたのであれば、保険者には信義則上保険契約者からの申込みを承諾する義務があると解するのである（承諾義務説）。なお、保険会社は「健康上の要件」だけでなく、「モラルリスク」も承諾可否の要件としているので、これも「健康上の要件」と同様に考えるべきであろう。

承諾義務説に対抗するものとして「即時成立説」があるが、これについてはその理論構成上に疑問があることを指摘するにとどめておきたい。

I−7　保険適格性

被保険者たるべきものが保険適格性を有する場合には、たとえ「承諾前死亡」の場合といえども保険会社は申込みを承諾して保険契約を成立させ、保険金を支払う義務を負う。

保険会社が承諾の義務を免れるためには、被保険者が保険適格性を有していなかったことを保険会社側が自ら証明しなければならないと解するのが一般的である。

I−7−1　保険者の承諾義務

承諾義務を否定する見解も認められるが、I−6−4で述べたとおり、適切で

はない。なぜなら、この見解によれば、責任の遡及ということが実質的な意味をもつ承諾前死亡の場合には、保険者が被保険者の死亡の事実を知らず承諾した場合のほかは保険者が承諾することは原則としてなく、責任の遡及が生ずることも原則としてない、という結果になり、約款の規定が形骸化される可能性があるからである。したがって、被保険者たるべき者が保険適格性を有する場合には、保険者は申込みを承諾して保険契約を成立させる義務があると解すべきである。

Ⅰ-7-2 承諾義務の要件と保険適格性

(1) 保険適格性とは

保険適格性とは、申込みにかかる保険契約の被保険者となり得るに適正な被保険者の健康状態・環境等をいい、これを有する状態を「保険適格体」あるいは「保険可能体」という。そして、保険適格性有無の判断は、保険契約申込みの当時及び診査又は告知のときを基準として保険会社が契約の諾否を決定するにあたり、基準としている査定基準（道徳危険に関する基準も含む）によってなされるのが妥当である。判断の基となる資料には、会社が被保険者の死亡を知った時までに入手していたもののほかに、その後に実施した事実の確認によって入手し得るものも含めなければならない。

保険者の承諾義務が問題となるのは、被保険者が責任遡及条項による保険者の責任開始時期以後に死亡した場合である。

最近の約款の責任遡及条項が定めている保険者の責任開始時期は、「保険者が第1回保険料相当額を受け取った時（告知前に受け取った場合には、告知の時）」である。そして、医師扱いの保険の場合の告知は身体検査（診査）の際に行われるのが通常である。したがって、医師扱いの保険の場合に保険者の承諾義務が認められるためには、通常は、被保険者死亡の当時、保険契約申込書の作成の交付、第1回保険料相当額の支払、診査及び告知のすべてが終了していることが必要である。

(2) 保険適格性の判断時期及び判断資料

責任遡及条項による責任開始の当時、被保険者が保険適格体であった場合、保険者は承諾義務を負う。

ただし、その判断の資料は、保険者がその当時入手していたものに限定されない。例えば、被保険者の死亡の通知があり、保険者が調査したところ、現症・既往症の不告知があったことが判明し、被保険者は第1回保険料相当額の支払の当時保険適格性を有しなかったとの結論になる場合には、保険者は承諾義務を負わない。

また、保険者は被保険者の健康状態には問題がない場合でも、いわゆる道徳危険を考慮して保険契約の締結を拒絶することがある。例えば、保険契約者がその収入に比較して著しく多額の保険契約を締結する場合や、同一の被保険者について多数かつ多額の生命保険契約が短期間に集中して締結されるような場合には、保険者は道徳危険の存在をおそれて、保険契約の締結を拒絶することがあり得る。

通常におけると同様に、承諾前死亡の場合においても保険適格性の有無の判断は、かかる道徳危険に関する事項も含めてなすべきである。すなわち、その保険契約の申込みが、当該保険者の道徳危険に関する契約締結基準によれば、保険者が保険契約の締結を拒絶すべき場合に該当しているときは、その被保険者は保険適格性を有せず、したがって保険者は承諾義務を負わないと解される。

(3) 保険適格性の判断基準

保険適格性の有無の判断は、各保険者の契約締結の基準によるべきか、それとも何らかの客観的基準によるべきか。客観的基準によるべきであるとする判例の立場であるが、通常の場合の生命保険契約の諾否の決定基準は、原則として各保険者が自由に決定し得ることであるから、この場合における保険適格性の基準も各保険者の基準によるとするほかはない。すなわち、この場合における被保険者の保険適格性の有無は、各保険者が契約の諾否の決定にあたり平常準拠している基準によって決するのが妥当である。

(4) 保険適格性の有無についての証明責任

保険者の保険契約締結の基準は外部に公表されているものではなく、「保険者の契約締結の基準によれば被保険者は保険適格性を有していた」ということを保険金受取人が証明するのは容易でない。

したがって、保険金受取人は被保険者の保険適格性を立証することを要せず、保険者が承諾義務を免れるためには、第1回保険料相当額支払の当時に被保険

者が保険適格性を有しなかったことを保険者が立証することを要すると解すべきであろう（反対、名古屋地判平成9年1月23日生保判例集9巻24頁「被保険者となるべき者が各個の保険契約の被保険者となるのに適する身体的、道徳的危険の状況にあったというに足りる具体的事実は、当該保険契約の成立を主張する者がこれを主張立証すべきものと解すべきである。また、保険契約の締結の諾否の判断の当否に関する挙証責任は、保険者側にあると解すべきであると主張するが、いずれも独自の見解であつて、採用の限りでない。」）。

(5) **死亡原因が諾否に影響するか**

被保険者の死亡原因の有無にかかわらず、保険者は第1回保険料相当額支払当時における被保険者に保険適格性があるか否かによって、決すべきであろう。

(6) **変更承諾をなすべき場合**

被保険者が承諾前に死亡した場合において、第1回保険料相当額支払の当時の被保険者の状況が、保険者において条件を付して変更を加えた承諾をなすべきものであるときの法律関係はどのように考えるべきか。この場合、変更を加えた承諾は保険者の申込者に対する新たな申込みとみなされることになる（民法528条）。保険者の変更を加えた承諾（新たな申込み）に対して保険契約者が承諾しても責任遡及は生じないとする見解、すなわち、保険契約者が承諾をなした時点から責任が開始するとして保険者の変更を加えた承諾をなす義務（新たな申込みをなす義務）を否定する見解が多いようである。しかし、被保険者の保険適格性の有無は第1回保険料相当額支払の当時を基準として決すべきであるという考え方によるべきであり、この場合についても責任遡及を認めるべきであるとする有力説がある（山下友信『保険法』217頁（有斐閣、2005年）。東京高判平成22年6月30日・平成21年(ネ)第4354号、原審東京地判平成21年7月29日・平成20年(ワ)第19161号は、保険契約の申込みにつき条件を付して承諾する決定をしたが、その旨通知する前に被保険者が死亡した事案につき、保険契約者が変更申込みにつき承諾がないことを理由として保険契約の成立を否定した。これについて、反対する学説（山下典孝・事例研レポ253号12頁）と賛成する学説（潘阿憲・事例研レポ247号1頁）が分かれている）。

Ⅰ-8　契約締結時の書面交付（保険証券）

保険法40条及び69条は、改正前商法679条を受け継いだ規定である。改正前商法は、保険者は、保険契約者の請求がある場合に限り、保険契約者に対し、保険証券を交付しなければならない旨規定していた。しかし、保険証券は、保険契約者にとって契約の成立及び内容を証する手段として重要な意味を有することから、保険契約者の請求を待たずに保険契約締結後直ちに交付すべきであるため、保険法は、保険者は契約締結後遅滞なく法定事項を記載した書面を交付しなければならないと規定した。

　なお、「保険証券」という名称は、改正前商法で用いられてきたが、その法的性質として、有価証券性は認められないこと、証券という名称を用いることによる誤解を避けるため、保険法では「書面」という文言に改められた。しかし、保険業法施行規則では、この書面は、従前と同様、保険証券と称されており（同規則8条1項5号）、実務ではいまだ保険証券という用語が用いられている。

　次に、保険証券（書面）は、保険契約の成立及び内容に関し、保険契約者側の証明を容易にするためのものであり、当該書面には、契約の成立及び内容に関する推定的効力が認められており、その意味で書面は、証拠証券、それが保険契約の成立を証するものであるところから「債権証書」ともいわれ、また、その所持人が他のものと併せて本人であると推認され、その者への弁済に際し（保険会社が、契約者貸付けをなす場合など）、弁済者が善意・無過失であれば、後に無権利者に対して支払をなしたことが判明しても、債権の準占有者への支払として弁済者は免責されるところから「免責証券」ともされている（民法478条に「債権の準占有者に対してした弁済は、その弁済をした者が善意であり、かつ、過失がなかったときに限り、その効力を有する。」とある）。実際は保険会社が、生命保険契約が締結された証拠としてこれを発行し、その交付をもって契約承諾の通知に代えているのが通例である（山下＝米山・前掲書225頁〔千々松愛子〕）。

Ⅱ 危険選択と告知義務

Ⅱ-1 危険選択の必要性

　危険選択の目的は、受益の公平性を害する契約の混入をできるだけ排除し、健全なる被保険者集団を作ることにある。この被保険者集団は、危険の公平性、均一性を満足させる集団でなければならない。なぜならば、生命保険は一定の死亡率や保険事故発生率を基礎として成り立つものであり（大数の法則）、それらに基づいて発生する被保険者の死亡あるいは一定の障害状態に至ったとき等について所定の給付をなす制度であるから、これら支払保険金と保険料とが相等であることが求められる（収支相等の原則）。もし、これらの被保険者集団に、予定の死亡率、保険事故発生率を越える人々が混入してくれば、保険金等の支払は著しく増加し、収支相等の原則が維持されなくなる。そこで、その人それぞれが有する危険の程度に応じた保険料の支払が求められることになる（給付反対給付均等の原則）。

　通常、健康上あるいは環境上、死亡・災害危険の発生が高いと考えられている人々は、保険加入を積極的に希望する傾向がある（「逆選択」という）。

　保険会社が保険集団を健全なものにするためには、危険の発生率を測定して、予定の死亡率、保険事故発生率を維持することが必要となる。その要請から、保険会社は、医学的、環境的、道徳的見地から被保険者の選択をなすのである。危険の公平性、均一性を維持しつつ、より大きな被保険者集団を構成し、諸給付をとおして安全確実な保険経営を継続的に遂行していくうえから、危険選択は必要不可欠である。なお、選択の対象となる主たる危険として以下のものがある。

⑴ 被保険者の身体的危険

　人の生死を保険事故とする生命保険において、被保険者の身体に関する危険（死亡、高度障害、入院等の危険）がこれに当たることは当然のことといえよう。

⑵ 被保険者を囲む外的危険

　被保険者の職業も、その種類・内容によっては、職務遂行の過程において、疾病や不慮の事故による死亡、保険事故の発生する可能性の少なくないものも

ある。その意味で、職業も被保険者の生命、保険事故の危険測定に影響あるものといえよう。契約加入時、被保険者が危険な職種に就いているか否かが問われるゆえんである。もっとも、各社においては、ひとたび契約が成立した後は、被保険者の転職につき、契約上なんらの制約も設けていないようである。

(3) 道徳的危険

生命保険契約における道徳的危険とは、保険契約者が故意に保険事故を招致したり、あるいは保険事故の発生を仮装するなどして不正に保険金の支払請求を行おうとするモラル上の危険をいう。保険契約者がその収入に比較して多額の保険契約を締結する場合や、同一の被保険者について多数かつ多額の生命保険契約が締結される場合に、この意図が徴憑されるとするのが近時の判例の立場である（もっとも、往時の判例大判明治40年10月4日民録13輯939頁は、他の会社に契約の申込みを為し又は保険契約者が保険料を継続して支払うべき資力を有するや否やは、告知義務の対象とはならないとする）。

一般には、道徳的危険については、約款上、告知事項の対象とはされていない。したがって、このような危険に対しては、①公序良俗違反による無効（民法90条）、②詐欺取消し（民法96条）、③重大事由解除（保険法57条）などを用いて、事後的に排除することとなる。

(4) 保険契約者の契約継続危険（保険料危険）

生命保険契約は長期にわたる継続契約であるところから、保険契約者に保険料を継続して支払う資力があるか否かも引受危険を測定するうえでの必要な事項となる。保険契約者にその資力がないと判断された場合、保険者は契約の引受を拒否することができる。なお、保険契約者の資力に添わない過当な申込み金額は道徳的危険の徴憑事実でもある。

Ⅱ-2　危険選択の方法　その1－医的診査－

危険選択の方法については、診査医扱い診査、健康管理証明書扱い、生命保険面接士扱い、被保険者の告知、成立前確認（調査）等々があるが、ここでは診査医扱い診査を中心に述べ、他のものについては、順次項を分かって詳しく触れることとしたい。

Ⅱ-2 危険選択の方法 その1－医的診査－

Ⅱ-2-1 診査医扱い

(1) 診査医の過失

生命保険契約の締結に際し、事前に医的診査を行うものを有診査保険という。有診査保険のうち、その医的診査を診査医が行うものを診査医扱いという。

診査医は、保険会社の「機関」あるいは「代理人」として被保険者の健康状態を診査し、危険測定に必要な資料を収集する。

なお、診査医には、保険会社と雇用契約を締結している医師（社医と呼ばれており、民法623条以下が適用される）と、保険会社の委託を受け医的診査を行う医師がいる（嘱託医と呼ばれており、民法上の準委任契約関係にある。民法656条、643条以下）。

診査医は保険会社の機関又は代理人として告知受領権を有していると解されていることから、診査医の被保険者の健康状態についての知は保険会社の知了となり、また、診査医の過失による不知は、保険会社の過失不知となる（保険法55条2項1号）。

(2) 契約引受査定時の過失

告知義務違反にかかる解除阻却事由としての保険者の知、又は過失不知について論じるとき、従来、募集時ないし診査時において過失があったか否か問題とされてきたが、保険法では保険者の知又は過失不知の判断時を「生命保険契約の締結の時において」と明文で規定したため（保険法55条2項1号）、診査医による診査時に過失がなくとも契約引受査定時に過失がある場合には過失不知と認められることが明確となった。

この点について、改正前商法下において、契約引受けするか否かの査定時に保険者の知、又は過失不知を争点の一つとした判例がある（和歌山地田辺支判平成10年3月25日生保判例集10巻152頁）。通常、査定医は、告知書、診査報状と検診書のほか、心電図検査結果、血液検査結果、成立前確認書、契約書・副申書などに基づいて、医的な面から契約の引受けが無条件で可能か、不可か、条件付きで可能かの査定を行う。事件の争点は、査定医の総合的判断として契約の申込みに対して条件を付して引き受けたことが、契約時に解除の原因を知っていたことになるのか、過失によって知らなかったのかが問題とされた。前掲和歌山地田辺支判平成10年3月25日の判旨は、契約引受けの判断が、被保険者から

61

の告知がなく、その他異常を窺わせるような事情はないとき、告知書など各種情報から被保険者の重篤な疾患に気がつかなかったことに過失は認められないとしている。

(3) 診査の範囲

診査の範囲は、保険契約締結当時における保険診査において一般的に行われている検査を標準に決定されるべきものである。

保険診査は、保険取引上、危険測定の資料を得ることを目的とするものであるから、治療を目的とする一般の開業医の場合とは、なすべき診査の範囲において差があるのは当然であり、診査医には、被保険者が有する疾患や症状を発見すべくあらゆる検査手段・診察方法を講じる義務はない（東京高判平成7年1月25日判タ886号279頁「保険診査医に過失がないというためには、一般開業医が診断を下すために行う全ての検査をすることを要するものではなく、保険診査医として、告知がなくとも告知すべき重要な事実を通常発見することができる程度の検査をすれば足りるものと解するのが相当である」、前掲和歌山地田辺支判平成10年3月25日「診査医ないし査定医として、告知がなくても告知をすべき重要な事項を発見することができる程度の検査をすれば足りる」）。

また、保険診査は被保険者の告知が真実であることを前提として行われることに注意しておく必要がある（大阪地判平成11年4月30日生保判例集11巻288頁「保険者が保険契約を締結する際に危険測定の資料について積極的に調査、収集する事とすると、保険者は多大な労力と費用を要し、最終的には、保険契約者にそれに伴う費用が転嫁されることとなり、ひいては、保険制度そのものの発展が阻害されることとなるから、危険測定の資料を容易に入手できる立場にある被保険者に告知義務を負わせ、保険者が告知を受けた事実を基礎に危険測定の資料を収集されるものとされている」）。

したがって、告知の有無、内容、程度により危険選択上重要な事実を発見することができる検査をすれば足り、通常の診査において異常値が検出されても保険医学上告知内容から許容範囲であれば、さらにその原因などを発見するための精密検査は要しないと解される。

現在の診査は、問診及び検診が一般的である。

　ア　問　　診

① 目的

診査医が保険会社の機関ないし代理人として受診者に対し質問し、受診者から回答（告知）を受領するという役割のもとで行われる。

診査医は、告知内容、手術痕、その他異常所見等を医学的知見に基づき問診し、保険適格体の適否を査定するための情報を収集し、その結果を検診書に記し、契約引受決定部門に報告する（多くの生命保険会社は、契約引受決定を一機関に集約している）。

② 問診の方法について

告知義務者が診査前に各保険者が作成した所定の告知書の質問事項の「あり」「なし」欄のいずれかに記入し告知をする保険診査方式を採用する保険者が多いようである。

それに基づき、質問事項ごとに改めて口頭で質問、確認し、告知事項に「あり」とした告知があるときは、診査医は医学的観点からその内容（発生年月日、傷病名、症状、現在の状態等）について確認する。また、保険会社の基準に従い、医学的見地から必要に応じてより詳細な情報を入手するため通常一般の検査に加え血液検査、心電図検査等を実施する場合がある。

診査医による問診につき紛争が生じることがある。診査医の質問事項が個別具体的でなく、「最近、健康状態はどうですか」、「いままで、大病にかかったことがありますか」等概括的・総括的になされたときに、質問内容が抽象的であるとして診査医の過失の有無が問題とされた裁判例がある。

診査における問診方法は、告知の聴取方法をめぐって争われた裁判例の判決内容を整理すると、①告知書に記載された質問項目に沿ってその有無と内容を確認すること、②受診者の回答を面前で告知書面に記入すること、③そのうえで記入した告知書を受診者の確認を得ることで注意義務を果たしたこととなる（大阪高判昭和53年1月25日文研生保判例集2巻166頁「約款にいう書面とは診査報状を意味することが認められ、質問自体は書面によっているわけではないが、診査医が書面に基づいて記載事項について質問を発し、被質問者の面前でその回答を記入し、そのうえでその記載の確認を得ているのであるから、質問を書面によることとした約款の趣旨を実質的に充たしているということができる（むしろ単なる書面による質問よりも正確を期し得る適切な方法ということすらできる）」、神戸地姫路支判平成7年

２月15日生保判例集８巻55頁「診査医師は、告知書を作成する際、受診者と向き合い、受診者に告知書の内容を読んでもらい、間をおいて同医師が質問事項を読み上げ、受診者の答えどおりに、診査医師が有無いずれかに○をしていく方法をとっている。診査医に過失は認められない」、東京高判昭和61年11月12日文研生保判例集４巻426頁「診査医は、被保険者に対し、病歴につき包括的に質問した上、告知書の質問事項に入っているものであり…重要な事実を発見するため通常払うべき注意は払ったものと認めるに足りる」、東京地判昭和60年５月28日文研生保判例集４巻184頁「診査医は所定の質問事項にほぼ基づいて、過去の病歴、現在の健康状態、血圧等につき質問し、被保険者の回答を診査手控えに記載している。したがって、診査医には注意義務を欠いたとはいえない」)。

　診査医による診査時の取扱いにつき、保険会社の過失があると認定された裁判例及びこれを否定した裁判例がある。

　①　診査医が、告知書欄の全項目につきいったん『いいえ』に○印を記したのに対し、受取人が「開腹手術」の告知をしていると指摘し、当該告知書欄の『はい』に○印を付け直し訂正したような場合、診査医は、手術後の経緯、現在の健康状態をあらためて告知項目の質問をやり直せば、各質問項目に沿ったより具体的な内容の記載・告知となった蓋然性が極めて高いものというべきであるとし、診査医には、少なくとも、再度質問確認しなかったことに過失があるとして、保険会社の解除権の行使はできないと判示した（東京高判平成11年３月10日生保判例集11巻150頁）

　②　受診者がいったんは、過去３か月以内に医師の治療・投薬等を受けたことを窺わせるような回答を告知書に記載したが、受診者は、診査医に対して病名等の具体的な説明を一切行わず、かえって、大したことはないなどと述べたため、診査医は撤回を求め、受診者は診査医の指示に従ってその回答（告知）を撤回したケースで、受診者には、重要な事実の不告知があるので保険会社には過失は認められないと判示した（大阪地判平成９年１月22日）。

　イ　検　　診
　診査の範囲は、保険契約締結当時における保険診査において一般的に行われている検査を標準に決定されるべきものである。

　保険診査は、保険取引上、危険測定の資料を得ることを目的とするものであ

るから、治療を目的とする一般の開業医の場合とは、なすべき診査の範囲において差があるのは当然であり、診査医には、被保険者が有する疾患や症状を発見すべくあらゆる検査手段・診察方法を講じる義務はない（東京高判平成7年1月25日判夕886号279頁「保険診査医に過失がないというためには、一般開業医が診断を下すために行うすべての検査をすることを要するものではなく、保険診査医として、告知がなくとも告知すべき重要な事実を通常発見することができる程度の検査をすれば足りるものと解するのが相当である」、和歌山地田辺支判平成10年3月25日生保判例集10巻152頁「診査医ないし査定医として、告知がなくても告知すべき重要な事項を発見することができる程度の検査をすれば足りる」）。

　また、保険診査は被保険者の告知が真実であることを前提として行われることに注意しておく必要がある（大阪地判平成11年4月30日生保判例集11巻288頁「保険者が保険契約を締結する際に危険測定の資料について積極的に調査、収集する事とすると、保険者は多大な労力と費用を要し、最終的には、保険契約者にそれに伴う費用が転嫁されることとなり、ひいては、保険制度そのものの発展が阻害されることとなるから、危険測定の資料を容易に入手できる立場にある被保険者に告知義務を負わせ、保険者が告知を受けた事実を基礎に危険測定の資料を収集されるものとされている」）。

　したがって、告知の有無、内容程度により危険選択上重要な事実を発見することができる検査をすれば足り、通常の診査において異常値が検出されても保険医学上告知内容から契約引受けの許容範囲であれば、さらにその原因など発見のための精密検査は要しないと解される。

　現在の診査は、問診と検診（視診（感覚器、運動器をも含む）、胸部及び胸背部の聴打診、腹部の触診、血圧及び脈拍の測定、測診（身長・体重等）、尿検査）が一般的で、その他として喫煙検査をする保険者もある。そのうえで、検診の結果、必要に応じて、胸部レントゲン検査、血液検査、心電図検査、眼底検査等の検査を実施している保険会社もある。保険会社は、特別な契約申込者（高額な保険金額、高年齢等）の場合以外は血液検査や心電図検査等を実施していないが、このことは保険診査において、血液検査など実施しない一般的な取扱いであると認められるところから、保険診査の制度に照らして合理性を欠くものとは認められない（同趣旨の判決、東京地判昭和61年1月28日文研生保判例集4巻285頁、大阪

地判昭和47年11月13日文研生保判例集 2 巻36頁、前橋地太田支判平成 6 年 9 月27日文
研生保判例集 7 巻423頁、京都地判平成 4 年 7 月30日文研生保判例集 7 巻120頁）。

　検診の中で往々問題とされるのが、腹部の検診方法と羞恥部の視診検査であ
る。診査医が、腹部の触診によって腹部の肝臓肥（腫）大、腫瘤等を触知できる
かである。

　触診の方法は、坐位、背臥位（仰臥位）がある。判例は、腹部の触診は背臥位
（仰臥位）で行うのが好ましいとしている（福岡地判昭和46年12月16日判タ279号
342頁「腹部の触診は坐位で足りず、背臥位で行うべきもの」、大阪高判平成 6 年12月
21日文研生保判例集 7 巻460頁「肝臓の診査について、肝臓の腫大があれば、打診や触
診により容易にこれを発見することができる。肝臓の腫大は、患者を仰臥位にしてか
ら触診を行えば、医師にとってよりその把握が容易であり…」）。

　一方、保険診査において、腹部の異常所見は、告知がない限り、個人差もあ
りその発見は困難であるとする判例もある（大阪地判平成11年 4 月30日生保判例
集11巻288頁「腹部膨満感は視診、触診によっては単なる肥満と区別することは困難
であって本人の愁訴によらなければ発見することは困難である」）。

　次に、婦人にとって羞恥嫌悪の念を生じさせるような体部（下腹部）の診査を
なす際には、被保険者からの申出その他特別の事情のない限り、問診するのみ
で足り、それ以上の検診は行う義務はないとする判例が確立していると考えら
れる（東京控判大正 5 年 5 月23日新聞1138号19頁「医師をして診査を成さしめるにあ
たりては、その羞恥部については特に申し出ない限りはこれを検査せざるも過失にあ
らず。したがって、被保人が医師をしてその局部の内診を成さしめざるため子宮腔部
及び尿道部癌腫の疾患を知らざりしとて過失なりと言うことを得ず」、同旨判決東京
控判大正 7 年10月21日評論全集 7 巻671頁、東京地判大正 4 年 1 月28日、東京地判大
正 5 年 6 月 9 日、東京控判大正 5 年11月21日新聞1204号24頁、東京地判昭和40年 3 月
30日判タ176号188頁等がある）。

(4)　診査医の注意義務の程度（範囲）

　診査医は、保険会社の機関あるいは代理人として告知受領権を有しているこ
とから、診査医の知又は過失による不知は保険会社の知又は過失による不知と
なる。

　保険法55条 2 項 1 号、84条 2 項 1 号、またこれら規定と同趣旨の普通保険約

款上の規定、すなわち、「会社が、保険契約の締結、復活または復旧の際、解除の原因となる事実を知っていたとき、または過失のため知らなかったとき」の趣旨は、取引上における衡平の観点から告知義務違反があった場合でもなお保険会社を保護するのが相当でないと考えられるような保険会社の不注意がある場合には、告知義務違反解除を認めるべきではないことにあるものと解されている。

　診査における過失が保険会社の過失となるか否かは、普通、一般の開業医が通常発見し得る病症を不注意により看過したかどうかを基準として決定すべきである（西嶋梅治『保険法』342頁（悠々社、1998年））。もっとも、被保険者が有する疾患や症状を発見すべくあらゆる検査手段・診察方法を講じる義務はないことは前述のとおりである。

Ⅱ-2-2　健康管理証明書扱い

　保険申込者（被保険者）が、衛生管理や出勤管理の十分に行き届いている官公庁あるいは企業体に所属している者である場合、そこでの定期健康診断の結果や出勤状況等、当人の健康状態に関する健康管理証明者（衛生管理証明者）からの証明をもって、診査医による保険診査に代えることができる。この方式を「健康管理証明書扱い（証明書扱い）」という。

　この健康管理証明書扱い（証明書扱い）が適用されるには、被保険者の所属する企業の従業員数が一定数以上で（一般には20～30名）、毎年一回以上、全従業員に対して法令による定期健康診断が実施されていること、及び法令にいう衛生管理者が任命されていることが必要である。また、その企業と保険会社間でその適用についての協定が取り交わされていなければならないことはいうまでもない。

　なお、この健康管理証明書扱い（証明書扱い）のほかに、企業体の事業主が契約者となり、一定以上の従業員を被保険者として一括の契約申込みがある場合、保険会社が被保険者となるべき者の定期健康診断の成績や出勤状況を自ら確認することにより、先の保険診査に代える方法もある。これを「健康管理証明書扱い（団体扱い）」という。先の健康管理証明書扱い（証明書扱い）と相違するところは、被保険者が一定数以上（一般には20名以上）の同時申込みある団体扱い

であること、被保険者個々の告知書や健康管理証明書の提出が必要とされないこと等々である。

さて、先の健康管理証明者（衛生管理証明者）の任務は、当該被保険者の健康診断結果中、保険加入に必要な医的情報を当人のカルテより健康管理証明書に転記することであり、告知事項の内容確認等は一切行う必要はない。したがって、告知内容との関連において、健康管理証明者の保険申込者（被保険者）についての知あるいは過失による不知といった問題は原則として生じない。

なお、証明する側の責任問題については、各保険会社が証明委嘱先の企業と取り結んでいる協定書中で、概ね「証明者の作成する証明書は、生命保険契約申込者の健康管理書類からその内容を転記したものであり、その転記に誤りのない限り、保険金支払等に関する責任は一切保険会社にあるものとします。したがって、証明後の健康上の変動や上記書類に記載のない事実があったとしても、健康管理証明書扱い（証明書扱い）の企業には何等責任ないものとします」と約定しているとおりである。ただ、転記するに際し、健康管理証明者（衛生管理証明者）の悪意又は過失によりカルテに記載された内容の全部もしくは一部について誤記入があった場合、その責はいずれが負うかが問題となる。このうち、証明者の過失から生じる結果については、少なくとも保険会社が協定をとおし、その相手方に、保険申込者の健康状態についての証明を委嘱し、その内容をもって契約引受けの判断材料としている以上、原則として保険会社がその責を負わざるを得ないと判断される。もっとも、健康管理証明者の悪意によるものについては、それが契約者との関係から生じたものであれば、当然に契約者がその責を負うことになる。

また、人間ドック扱いなどもある。人間ドック扱いとは受診した「人間ドック（総合健診）」の検査成績表を被保険者の告知書と一緒に提出してもらうことにより、「医師による診査」に代える制度である。

保険会社によっては、自治体や勤務先の健康診断結果通知書を利用する「健康診断結果通知書扱い」の取扱いも人間ドック扱いに準じた選択方法として行われている。

Ⅱ-2-3　生命保険面接士扱い

生命保険面接士が被保険者に面接し、種々の確認・観察をなして提出する報告内容をもって診査医のなす保険診査に代えることができる。これを「生命保険面接士扱い」という。なお、この生命保険面接士（以下「面接士」という）には保険会社は告知受領権を与えていない。

面接士の任務は、①被保険者又は契約者に対する告知書記載事項の確認、②被保険者の身長、体重の確認、③被保険者の顔色、言語、歩行、外見上の特徴等の観察（望診）及び④それら結果の「面接報告書」による報告である。しかし、この過程において、診査医のなす診査とはあくまでも一線が画されねばならず、特に医師法17条（非医師の医業禁止）、同18条（非医師の医師名称使用禁止）等との抵触は厳に避けるべきものとされている。したがって、面接士は契約者又は被保険者が記入した告知書を確認するに際し、告知が各質問事項に則してなされているかどうかを点検し、不明確・不明瞭な点があればそれを質すにとどまらなければならない。面接士には、「告知受領権」はないものとされているので、面接士が被保険者の健康状態を知っていたり、あるいは過失によってそれを知り得なかったときでも、それをもって保険会社の知、あるいは過失不知とされることはない。

Ⅱ-3　危険選択の方法　その2－被保険者の告知－

Ⅱ-3-1　告知義務制度の趣旨

危険測定上最も必要な事項は保険契約者及び被保険者が最もよく知る事項が多く、保険者が全てを調査し尽くすことは困難である。そこで、法は保険事業の合理的運営を図るため、保険契約者及び被保険者に協力を求め、危険測定上重要な事項又は事実について彼らから告知を求めることとしたのである（保険者の側の技術的要請から情報提供義務としての告知義務を保険契約者側に課している。山下＝米山・前掲書163頁〔山下友信〕）。

すなわち、保険法37条は、「保険契約者又は被保険者になる者は、生命保険契約の締結に際し、保険事故（被保険者の死亡又は一定の時点における生存をいう。）の発生の可能性（「危険」という。）に関する重要な事項のうち保険者になる者が告知を求めたもの（第55条第1項及び第56条第1項において「告知事項」という。）について、事実の告知をしなければならない」と規定しており、また、

66条は、「保険契約者又は被保険者になる者は、傷害疾病定額保険契約の締結に際し、給付事由（傷害疾病による治療、死亡その他の保険給付を行う要件として傷害疾病定額保険契約で定める事由をいう。）の発生の可能性（「危険」という。）に関する重要な事項のうち保険者になる者が告知を求めたもの（第84条第1項及び第85条第1項において「告知事項」という。）について、事実の告知をしなければならない」と規定している。

　なお、ここで述べた制度上の必要性を理由とする見解は「技術説」ないし「危険測定説」として現在の通説とされている。この通説に対し、説明が不十分であるとして、「保険契約の射倖契約性を併せ考えなければならない。保険契約者は保険事故発生の可能性の大小に影響を及ぼす事実を知っているが、保険者はこれを知らないという場合に、保険契約者がその事実を伏せたままで契約を締結するのは、公正とはいえない。保険契約者がかかる事実を知っている場合には、契約締結に先立ちてこれを保険者に開示することが信義則上とくに要請される。保険者が危険測定のために保険契約者の協力を必要とする事情があるほかに、さらに保険契約の構造自体の中に、保険契約者に告知を要求することを正当ならしめる事情が含まれている」（中西正明『生命保険入門』109頁（有斐閣、2006年））とする「射倖契約説」も有力である。また、このほかにも「善意契約説」、「合意説」、「担保説」、「暗黙契約説」等々がある。

　このように、保険会社は自ら医的診査を実施するほか、告知制度をとおして危険選択をより磐石なものとしている。

Ⅱ-3-2　告知義務者（含、未成年者の告知）

　生命保険契約における告知義務者は、保険契約者又は被保険者になる者である（保険法37条・66条、普通保険約款）。保険契約者に加えて被保険者も告知義務者とするのは、被保険者自身が自己の健康状態や過去の病歴について詳しいはずであるからである。

　告知義務者が未成年の場合、その者に行為能力がなくても意思能力があれば告知をなし得るとされている。告知義務そのものは真正の法的義務ではなく、告知をすることによって直接権利義務が生じるものではなく、自己の健康状態について告知すれば足りるところから、行為能力はなくても意思能力（事理弁

識能力）さえあればそれをなし得ると考えられている。したがって、その限り
において未成年者も告知義務者となる。なお、意思能力のない子供、例えば、
事理弁識能力のないような幼児は除かれることとなるが、事理弁識能力の程度
はそれぞれ異なる（意思能力が備わる年齢として、一般に財産行為については7歳
程度、身分行為については15歳くらいがそれぞれ基準であるとされている（谷口知平
＝石田喜久夫編『新版注釈民法(1)』246頁〔高橋公之〕（有斐閣、2002年））。そこで、
その基準は、告知行為の重要性から、例えば養子縁組における承諾年齢の15歳（民法
797条1項）、刑事責任能力ありとされる14歳（刑法41条）によっているようである。

　告知は準法律行為（観念の通知＝事実を認識して通知することにより、法律上で
定められた効果が生じるもので、当該法的効果を発生させる効果意思がないもの）と
されているので、民法の法律行為（意思表示に基づいてなされた私法上の権利義務
を発生させる行為）に準じて、告知が告知受領権を有する者へと到達することに
よって効果が生じる（民法97条）ものとされている。このことから、告知受領権
のない者に対して告知をしても、告知をしたことにならないという問題が生じ
ることになる。

　また、告知義務者の代理人も本人に代わって告知をなすことができる。すな
わち、告知行為は一身専属的な性質を持つものではないところから、代理人も
本人に代わって告知をなし得るものと解されているのである。もっとも、その
場合、代理人が本人の指図に従って告知をした場合を除き、告知義務違反の要
件である故意又は重過失は代理人について判断されることとなる（民法101条1
項2項）。

　なお、保険契約者又は被保険者は重要な事実を知っていたが、代理人がこれ
を知らなかった場合が問題となるが、代理人が不知によってこれを告知しなか
ったとしても、代理人による告知の場合には、代理人は保険契約者側に存在す
る情報については調査して告知する義務があり、その違反について重過失を認
めることもできることから、保険契約者又は被保険者は代理人の不知によって
その事実に関する告知義務を免れるものではない。

Ⅱ-3-3　告知の相手方

　通常、告知をなすべき相手方は、保険者又は保険者に代わって告知を受領す

る権限を有する者である。この点に関し、診査医と営業職員（生命保険募集人）の地位が問題となる。

(1) 診査医

普通保険約款は「告知義務」を規定するなかで、例えば、「当会社が、保険契約の締結又は復活の際、保険金の支払事由又は保険料払込免除事由の発生の可能性に関する重要な事項のうち書面で告知を求めた事項について、保険契約者又は被保険者は、その書面により告知することを要します。ただし、当会社の指定する医師が口頭で質問した事項については、その医師に口頭により告知をすることを要します」とするなど、診査医が告知受領権を有することを前提としている。これにより、診査医は告知の相手方となり、診査医の知、過失不知は保険者のそれとなる。

なお、診査医が告知受領権を有する根拠としては、「診査医とは、保険契約締結に際し会社の機関と為り被保険者の健康状況を診査する地位に在るもの」とする「機関説」と「診査医は、職務の性質上、重要なる事項について告知を受領する代理権を与えられているもの」とする「告知受領代理説」が有力であるが、多くの判例は前者の見解に立っているが、今日では後者の見解が有力となっている。

(2) 生命保険募集人の告知受領権

生命保険募集人は、診査医とは異なり、一般的に、医学上の専門知識が乏しく、被保険者の健康状態について知ったことや聞いたことを正確に認識して保険者に伝えることには限界があること、自己の営業活動等の関係から決定権限を有する者に確実に伝達されることが一般的に期待し難く、健全な生命保険制度が維持できないおそれが生じることがあることを理由として保険会社から締約代理権も告知受領権も付与されていないのが一般的である。

Ⅱ-3-4　告知すべき事項

(1) 告知事項の意義

保険法では、告知事項は、「危険」に関する重要な事項のうち、保険者になる者が告知を求めたものをいう（保険法37条・66条）。

改正前商法下における告知義務は自発的申告義務であったが、保険法では保

険者からの質問を前提とする質問応答義務に転換がなされた。①保険に関する
知識の乏しい保険契約者等が危険測定に関する事実を十分に認識しているとは
いえないこと、②告知の制度が保険契約を締結するにあたって危険を測定する
ために行われるものであることから、何が危険測定のために必要な事項である
かは、大量の保険契約を締結して危険測定についての情報処理能力を有する保
険者が判断すべきものである。そのため、保険者が重要事項のうち「告知を求
めたもの」のみを告知事項とすることとされたのである。

　告知義務が質問応答義務に転換されたとはいえ、危険に全く関係のない事項
や、危険に関係はあっても重要でない事項を告知の段階で質問したとしても、
それは保険法にいう「告知事項」には該当しない。保険者が当該事項について
の告知義務違反を理由に保険契約を解除することは許されない（告知義務の規
定は片面的強行規定。保険法7条・41条・70条）。危険測定にとって重要でない事
項の告知を求めることにつき、情報格差是正という告知義務制度の趣旨から見
て片面的強行規定に反するとする意見があるが、危険選択に使用はできないが
契約締結の参考資料としてできるとする見解も認められ、直ちに片面的強行規
定性に反することにはならないとする（潘阿憲『保険法概説』69頁（中央経済社、
2010年））。

　なお、告知義務制度は義務者に対して事実の探知義務ないし調査義務を課す
るものではなく、告知の時点で知っている事実についての告知を要求する制度
にすぎない（広島地判平成9年3月6日）。ここにいう探知義務ないし調査義務
は、告知義務者が医師から病名の告知を受けていないことから、病名を調査す
ることなどである。

(2)　抽象的な質問事項

　保険法施行に伴い質問応答義務に転換されたことから、質問する告知事項に
つき、保険契約者等が告知すべき具体的内容を明確に理解し告知できるものと
なっていることが監督指針で求められている（盛岡地判平成22年6月11日判タ
1342号211頁「過去2年以内に肝臓疾患で1週間以上、医師の指示・指導」を受けたこ
とがあるかとの質問事項につき、例示や具体的な説明もないことから、その内容は抽
象的であると指摘された）。すなわち、監督指針Ⅱ-4-2-2(17)①では、「ア．保
険法において、告知義務が自発的申告義務から質問応答義務となったことの趣

旨を踏まえ、保険契約者等に求める告知事項は、保険契約者等が告知すべき具体的内容を明確に理解し告知できるものとなっているか。例えば、『その他、健康状態や病歴など告知すべき事項はないか。』といったような告知すべき具体的内容を保険契約者等の判断に委ねるようなものとなっていないか。イ．告知書の様式は、保険契約者等に分かりやすく、必要事項を明確にしたものとなっているか。」とされている。

これを受け、生命保険協会の「正しい告知を受けるための対応に関するガイドライン（平成26年4月1日）」にて、「告知書がわかりにくいことからの告知対象外との誤認」は告知義務違反が生じる典型的な原因の一つとして挙げられており、生命保険業界としては「わかりやすい告知書の作成」に向けて、「必要に応じ具体的な内容を注記する等により、解釈が分かれる余地のない表現に努める」（同ガイドライン17頁以下）としている。

Ⅱ-3-5　告知の時期

保険法は告知の時期については、「保険契約締結時」ではなく「保険契約締結に際し」と規定している。このように、時間的に幅のある定め方をしているので、契約申込み時から保険者承諾時までの間に被保険者の健康状態に変化があった場合の追加告知の要否が問題となるが、保険法上、告知義務を質問応答義務に変更したということから、保険者になる者が質問した時が告知の時期と解される以上、追加告知は告知義務の対象とはならない（ただし、保険者が追加的に質問を行うことは可能である）。

これに対し、保険約款では、保険法に比して「告知を求めた際」と限定し、告知の時間的幅を放棄している。これは、保険契約者側に不利に働くものではないので有効と解される。ただ、告知した内容に関する誤りなどに気づいたときは、保険者承諾のときまでに訂正や補充をすることは可能である（潘・前掲書68頁）。

なお、保険実務では、保険者が第1回保険料相当額を受領した後に保険契約の申込みを承諾する場合には、約款の規定により保険者の契約上の責任開始時期を第1回保険料相当額の受領の時（告知が遅いときは告知の時）まで遡らせているところ、保険契約者となる者が、告知を行ったが、保険者がさらに詳しく

告知を求める追加告知・告知補足を求めて当該申込みの諾否を決することがある。その際の責任開始日は、最初の告知の時とするのが一般的な実務である。したがって、最初の告知時後における保険事故は、保険者が保険金支払義務を負うこととなる（中西正明『保険契約の告知義務』4頁（有斐閣、2003年））。また、責任開始時期以降は、被保険者の発病又は病状の悪化の危険も保険者の負担に帰すると考えられる。

　なお、被保険者の病状が慢性的なもので、はじめは、軽微な病状を示し、これが次第に悪化するという経過をとる場合には、初期の段階では重要事実ではなく、後の段階で重要事実であるということが生じる。このような場合には、基準となる時点における病状を確定して、それが重要事実に当たるかを判断しなければならない（中西・前掲書35頁）。

Ⅱ-3-6　告知書（質問表）の効力

　保険法上、告知義務は質問応答義務であるから、保険の技術に通じている保険者は告知書に掲げられている質問事項が危険測定の判断に重要な事項とされるべき事項を網羅するよう告知書を作成するはずであり、他に「危険の可能性のある重要事項」はないこととなる。

　告知書記載の質問事項は、重要性が一応推定されるとしても（保険法において、告知を求めた事項が重要な事実と推定される旨の規定は設けられなかった。重要な事項に該当するかどうかの判断は、専門的な知識が必要とされる。推定に関する定めを設けることで、保険契約者側が重要な事項に該当しないことの証明責任を負うことになり、保険契約者保護の観点からは相当ではないと考えられたため、とされている（法制審議会保険法部会第2回議事録5頁））、保険金請求者がその重要性を否定する場合には、保険者がその重要性の証明責任を負うものと理解される。

　なお、告知事項につき質問する順序は、告知者が思い出し、告知を容易にするように最近1週間などの現在の健康状態から過去5年以内の既往症、医師に受診した事実など順次にしているのが一般的である。具体的には最近1週間とか3か月以内における医師の診察・検査・投薬の有無とその結果、検査・投薬・入院・手術を勧められた有無等から過去5年以内に入院・手術した事実、狭心症、心筋こうそく等告知を求めた病気で、医師の診察・検査・投薬・治療の有

第2章　生命保険契約の成立　Ⅱ　危険選択と告知義務

無を質問事項としている。

Ⅱ-3-7　重要な事項

　告知事項は、「危険」に関する「重要な事項」のうち保険者が告知を求めたものとされる。

　「危険」とは、保険事故の発生の可能性のことであり、生命保険契約においては被保険者の死亡又は一定の時点における生存の可能性を指す。

　そして、危険に関する「重要な事項」とは、保険事故発生の可能性に関する事項であって、保険者が当該事項を知ったならば保険契約の引受けを拒絶したか又は少なくとも同一条件（保険料）では引き受けなかったであろうと認められる事実であると解される。その意味では、改正前商法における重要な事実と同様で、「生命の危険測定上の事実」である（大判明治40年10月4日民録13輯939頁、千葉地判昭和60年2月22日文研生保判例集4巻157頁「…重要なる事実とは危険測定に関し、保険者がその事実を知ったならば保険契約の締結を拒絶したか、少なくとも同一条件では契約を締結しなかったであろうと考えられる事情を意味し、その判定は、保険の技術に照らして、当事者の主観に関わりなく客観的になすべきものと解される。」、岡山地判平成2年5月31日文研生保判例集6巻201頁「危険率を予測して、これを引受けるか否か及びその保険料などの額について判断するに際して、その合理的判断に影響を及ぼすべきことのある事実〔をいう〕。」、東京地判平成3年4月17日判タ770号254頁・文研生保判例集6巻341頁「『重要ナル事実』とは、保険者がその事実を知っていたならば契約を締結しないか、契約条件を変更しないと契約を締結しなかったと客観的に認められるような、被保険者の危険を予測する上で重要な事実をいうものと解すべきである」）。なお、判例は、危険に関する「重要な事項」について、客観的基準説、あらゆる保険者に共通する客観的基準により決まる（大判大正4年6月26日民録21輯1044頁）とする。もっとも、あらゆる保険者の危険判断に共通する客観的基準は存在しないことから、主観的基準説、すなわち各保険者の危険選択基準により決まるとする見解が有力に主張されている。

　一方、裁判例の中には、質問表に掲げられている事項はすべてが重要事項であると一応推定され、すべて質問表に網羅されていると推定されるとするものがある（東京地判平成7年1月13日生保判例集8巻1頁「ある事実が『重要な事実』

に当たるのか否かを告知義務者がすべて判断することが難しいことから、保険の技術に通じている保険者の方で、告知書に『重要な事実』に属すべき事項について質問を列記し、告知義務者にそれを回答させる方式（質問表）が多く用いられるのであって、被告（保険会社）において書面による告知を求める趣旨もここにあるということができる。したがって、被告から書面で告知を求められた事項は、右約款規定の文理（規定の体裁、趣旨）に照らして、解除の前提となる事実も含まれるものといえる上、実質的にも、その不告知が解除の原因となる重要な『事実』に該当すると推認することができる」、同旨東京地判平成３年４月17日文研生保判例集６巻341頁、津地四日市支判平成４年10月29日生保判例集７巻185頁、宇都宮地足利支判平成10年10月27日生保判例集10巻417頁「告知書は、保険技術に通暁する保険者が作成するものであるから、同書に掲げられた質問事項は、事実上全て重要なる事実であると推定される」）。もっとも、これはあくまで事実上の推定にすぎず、危険選択にとって重要であるか否かは個別に判断すべきものである。

　改正前商法下における判例において、質問表に掲げられている事項は重要事項であると一応は推定し、質問表に掲げられている疾病名等は告知書の趣旨から、限定的に質問しているのではなく、例示列挙されているものであると解するのが妥当であると判示しているものがあるが、保険法下においては質問応答義務の趣旨から見て疑問である（札幌高判昭和58年６月14日文研生保判例集３巻350頁の判旨は、悪性黒色腫は、告知事項の「エ、腫瘍」項の「がんないし肉腫」に含まれると考えるべきであるとした）。

　また、三大疾病保険等傷害疾病定額保険の告知事項について、身体的に異常な症状・兆候（睾丸腫瘍における「無痛性の睾丸の腫大」）は、「現在の健康状態の項『最近１週間以内で、からだにぐあいの悪いところがありますか』」に該当し、告知の対象となると判示するものがあるが（東京高判平成10年10月23日生保判例集10巻407頁）、質問事項が抽象的すぎると解される。

　なお、改正前商法時代の判例の中には、自己申告義務の立場から、質問表に記載された事項以外にも重要事項があるとして、それらについて積極的な告知を要するとしているものも認められたが、保険法下においては否定される（積極的な告知を求めたものとして、前掲札幌高判昭和58年６月14日「単に保険者側の質問に対して消極的に応答すれば足りるものではなく、保険者に対し被保険者の生命の

危険ないし健康に関わる重要な事実については自ら積極的に告知する必要があると解される…」、東京高判昭和61年11月12日文研生保判例集 4 巻426頁「一般に告知書（質問表）に記載の質問事項に該当しなくとも重要な事実は保険契約者又は被保険者において告知すべき義務を免れないものと解すべきである」、広島高判平成10年 1 月28日「確かに、契約法の一般法理からみて、告知義務者において、約款上の告知義務とは別に信義則上の告知義務が認められる場合があること自体は、控訴人の主張するとおりである」)。

判例で「重要性」が否定されたものとしては、扁桃腺炎（東京控判大正 4 年 5 月20日新聞1023号22頁）、軽症の気管支喘息（大判昭和 5 年12月20日新聞3216号14頁）等がある。

Ⅱ-3-8　告知書（写し）の交布（送付）

現在、告知書は複写にて作成し、控えを告知者が保管している。告知内容の確認と相違がないかどうか、あるいは告知漏れをしていないか確認を求め、告知に関わる問題の発生を事前に防止するためである。

なお、保険契約を承諾すると、「保険証券」（保険法40条・69条）と同時に保険契約申込み時の「告知書」（写し）を保険契約者あるいは被保険者に送付する方法を採用している保険会社もある。

Ⅱ-4　危険選択の方法　その 3 －成立前確認ほか－
Ⅱ-4-1　成立前確認

保険契約申込み後、保険会社の職員又は保険会社から委託された者が申込み内容と告知内容について確認を行うことがある。これを「成立前確認」といい、通常、高額契約、資力・収入等から不相応な契約と思われるもの、職業内容が疑わしいもの、申込み動機に不純が感じられるもの、契約関係者に作為が感じられるもの、既往症の隠蔽が感じられるもの等々について行われている。その目的は、いうまでもなく逆選択防止と加入後のトラブル防止にある。

なお、この確認業務は、保険制度上必要なものとして社会的にも容認されているが、実務上は、保険申込者の個人情報保護の観点から申込書の誓約文言で、「貴社の照会に対し主治医が被保険者の健康状態について事実を報告しても異

議ありません」とする同意を保険契約者と被保険者から得ている。

Ⅱ-4-2　契約内容登録制度

　近年、生命保険業界では業界ベースによる契約内容の登録制度が実施され危険選択の一手段として広く活用されている。すなわち、各社において生命保険契約の申込みがなされた段階で当該申込契約についての契約内容（被保険者名、保険金額等）が登録され、その内容が、その後、自社のみならず他社における契約引受けに際しての判断の参考とされているのである。

(1)　導入の経緯

　昭和50年代前半、入院給付金制度を悪用して多数の保険会社に重複加入し、高額な入院給付金日額とした上で軽微な疾患あるいは傷病を過大に愁訴して入院したり、入院を引き延ばしたりする等のモラルリスク、アブセンティズムが多発し、このまま放置した場合、保険制度そのものを破壊し、かつ、同制度に対する社会からの信頼感が損なわれる恐れが生じてきた。

　そこで、昭和55年10月から入院関係特約の加入状況について契約内容登録制度を実施するとともに昭和58年4月には約款を改正してその規定化を図った。

　さらに、平成元年10月には、従来、契約成立後の契約内容登録制度であったものを保険契約の申込み段階で相互に登録し、契約引受時の判断に資する制度に変更した。さらに、平成6年10月からは時代の要請に応え、主契約部分についてもその内容を登録することとし、広く保険契約の締結に際し、登録内容を引受けの参考とすることとした。また、保険金・入院給付金の支払にあたり、再度、支払判断の参考として、他社との契約状況を踏まえて事後的にモラルリスクを確認するために登録内容を参考とする規定も併せ導入した。

(2)　契約引受時の登録内容の参考方法

　生命保険契約において、保険金額・入院給付金日額をいくらにするかは当事者の自由な判断に委ねられているが、登録制度によって得た情報のみをもって、契約の引受けを恣意的に一方的に拒否することは相当でない。したがって、契約引受けにあたり、登録内容をどのように参考とするかは、各社の契約引受規準に従って判断することとなる（経営の自主性）。例えば、本制度による照会・回答の結果、短期間に他の会社に集中的に加入している事実が判明した場合に

79

第2章　生命保険契約の成立　Ⅱ　危険選択と告知義務

は、その事実を踏まえたうえで申込み内容を総合的に判断し、契約引受け可否の決定を行うとするのが一般的である。

(3)　契約内容登録制度とプライバシー

保険契約の申込み時にデータを登録すること及び入院給付金支払時の判断にあたってそれを参考とすることについては、「ご契約のしおり・約款」で申込者に事前に知らしめ、申込み時には、あらためて申込書の誓約文言上でそれらについての同意を得ている。

また、データの利用目的、保存期間等については約款に明記し、保険契約者又は被保険者に登録内容を照会する権利、登録内容が事実と相違するときはそれを訂正する権利がある旨も明記してプライバシー保護に意を尽くしている。

Ⅱ-4-3　取扱者の報告

契約者（被保険者）を最もよく知っているのが取扱者である。したがって、各社とも、取扱者が彼らと「面接」する際、被保険者の健康状態（顔色、体格等）をよく観察させ、また、健康状態や職業等についても十分に質問させ（他の保険会社で申込みを断られたり、特別条件付きになったことがないかどうか、具体的にどのような業務に従事しているのか、生命保険の加入状況とその保険金額・入院給付金日額、月収や資産の状況等々）、その結果を所定の報告書にて報告させている。保険契約申込みの引受決定部門では、その報告に基づき、契約者、被保険者、受取人関係は順当であるかどうか、加入順位はどうか（家計の中心者よりも高額加入でないか）、月収と保険料、保険金額とのバランスはどうか等々を判断し、契約の引受査定にあたっている。

Ⅲ　告知義務違反と契約の解除

Ⅲ-1　告知義務違反の成立要件

　保険契約者又は被保険者に告知義務違反があった場合、保険者はそれを理由として保険契約を解除することができる（保険法55条1項・84条1項）が、告知義務違反が成立するためには、次の客観的及び主観的要件が存在していなければならない。

(1)　客観的要件

　法はまず、告知義務違反を成立させる客観的要件として、告知事項について告げないこと、又は告知事項につき不実のことを告げること、すなわち、告知された質問事項についての不告知又は不実告知の存在を必要としている（保険法55条1項・84条1項）。また、普通保険約款も概ね「…当会社が告知を求めた事項について、事実を告げなかったか、又は事実でないことを告げた場合には…保険契約を解除することができます」と定めてこの点を強調している（ここでいわれている「事実」とは、告知書の質問事項又は保険の診査を担当する医師が口頭で質問した事項であって、先に述べた「重要事項」であることはいうまでもない）。

　不告知又は不実告知とは、客観的な事実と（告知）義務者の告知内容とが一致しないことをいう。なお、告知義務制度は告知義務者の心意の当否を問うことを主たる目的とする制度ではないから、義務者の主観的な認識と客観的な表現とが一致しない場合はこれに当たらない（大森・前掲書126頁）。

　客観的要件の存在については、契約を解除しようとする保険者の側に立証責任が課されている。

(2)　主観的要件

　次に、主観的要件として法は、不告知又は不実告知が告知義務者の「故意又は重大な過失」によってなされることを必要としている（保険法55条1項・84条1項）。純粋に客観的立場のみから告知義務違反を定めることは、告知義務者にとって酷だからである。ここでの「故意」という文言は「知っている」ということを指し、害意の意味を含むものではない。

　ここでいう「故意」とは、ある事実の存在及びその重要性ならびにこれを告

知すべきことを知りながら告知せず、又は不実の告知をすることをいい、「重大な過失」とは、①告知義務者が重要事実の存在を知りながら、(ⅰ)著しい不注意で告知を怠ったり（事実の存在及びその事実の重要性を知っていたが、これを告知しなかった）、(ⅱ)重要性の判断を誤り（その事実が重要な事実であることを知らなかった）、不告知・不実告知となった場合をいうとするのが通説・判例の立場である。すなわち、告知義務者に事実の探知義務ないし調査義務を負わせるのは酷であることなどから、告知すべき事項は、告知義務者の知っている事項に限られ、知らない事実は、その不知が過失に基づくと否とを問わず、告知義務の対象とはならないと考えられている。

そして、最判昭和32年7月9日民集11巻7号1203頁は、「失火の責任に関する法律のただし書に規定する『重大なる過失』とは、ほとんど故意に近い著しい注意欠如の状態をさすものと解すべきである。」と判示しているところ、保険法のもとでも、「重大なる過失」について「ほとんど故意に近い著しい注意欠如の状態」とする見解が有力である（潘・前掲書199頁）。

告知書との関係では、被保険者は、告知書で質問された事項については、告知を要する事実であることを知ったものと推定すべきであるとする見解もある（中西・前掲書45頁）。

被保険者が自己の病名を知らない場合においても、病名を告知することは要しないが、告知を求めた事項として該当する項目に該当事項があれば、医師から検査や入院の必要性を説明されていたなど、自身が知っていた事実は告知を要する（大判大正7年3月4日民録24輯323頁）。その後の判例もこの見解を踏襲している（東京高判昭和63年5月18日判タ693号205頁「肺癌、脳腫瘍、骨腫瘍等の病名を告知しなかったことは問題とせず、被保険者の自覚症状、病院に入院中であること、被保険者が受けた検査の種類・内容、及び医師が被保険者に対してした病状の説明の内容について告知がなかったこと。」、京都地判平成3年6月21日文研生保判例集6巻352頁「真の病名が胃癌であることを知らなかったものと推認されるものの、その余の事実（入院していた事実など）についてはなお告知義務の対象となる」など）。

したがって精神疾患も告知事項となる（大阪地判昭和54年4月13日文研生保判例集2巻226頁「自覚症状とそのため治療を受けた事実を認識していれば成立し…その際、被保険者または保険契約者がその正確な病名を認識していることは必要ではな

82

い」、東京地判平成6年3月30日文研生保判例集7巻327頁同旨）。

　故意又は重大な過失の立証責任は、解除を主張する保険者が負う（大判大正5年11月24日民録22輯2309頁「不実の告知が悪意に出たることの立証を要するにおいては、これが立証の責任は保険者たる被上告会社にあり…」）。

Ⅲ-2　告知義務違反と因果関係の不存在特則

(1)　告知義務違反による解除と保険事故

　告知義務違反による解除は将来効であるが、解除までに生じた保険事故については免責するとされている（保険法59条2項1号本文・88条2項1号本文）。ただし、保険事故が不告知・不実告知された重要事実と因果関係なく発生したときは、保険者は保険金支払義務を免れないとされる（保険法59条2項1号ただし書・88条2項1号ただし書）。

　「因果関係不存在」の立証責任は、保険契約者・被保険者・保険金受取人にあると解さる。

　この規定の趣旨は、結果として保険者は告知義務違反による不利益をなんら被っていないためであるといわれている。しかし、このような例外を認めることについては、告知義務制度の趣旨に反し、正直に告知をした保険契約者との衡平を害するなどとして批判的な見解が多い。なお、因果関係不存在の証明の特則によって解除権が消滅するわけではなく、保険金支払義務が免責されなくなるにすぎない。

(2)　因果関係不存在特則と他保険契約の存在

　告知すべき重要事実に他保険契約の存在が含まれるかという点については争いのあるところであるが、他保険契約の存在は、常に因果関係不存在の証明の特則を許すことになるため（他保険契約の存在自体は、保険事故発生の可能性を高め、又は、発生時期を早めるような事実ではないため）、告知事項に含まれるとしても、告知義務違反解除による免責という効果が発揮されない。そこで、保険契約者が短期間の間に極めて多数の保険契約に加入していたような場合には、それ自体を信頼関係破壊行為と捉え、「保険者の保険契約者、被保険者又は保険金受取人に対する信頼を損ない、当該生命保険契約の存続を困難とする重大な事由」（保険法57条3号）として重大事由解除が可能と解する有力な学説がある。

第2章　生命保険契約の成立　Ⅲ　告知義務違反と契約の解除

(3)　因果関係の不存在について

　因果関係の不存在について、正当に告知をすれば、保険者ははじめから契約を締結しないか、あるいは、より高率の保険料で契約を締結したはずであるから、証明の程度を緩やかに解することは正直な申込者とのバランスを失することとなって相当と思われず、できる限り限定的に解すべきであり、全く因果関係のないことの証明を必要とし、少しでも因果関係のあることを窺わせる余地がある限り、同条項を適用すべきものではないとするのが判例の態度である（秋田地判平成9年12月17日生保判例集9巻558頁）。これに対して、これら見解に疑問を呈する見解がある（山下・前掲書318頁）。

Ⅲ-3　解除権行使とその相手方
Ⅲ-3-1　解除権の行使とその方法

　保険契約の解除は、保険契約者などに対する意思表示によってなされる（民法540条1項）が、その意思表示の方法については民法、商法いずれも別段規定がないところから口頭でも書面によってもよい。また、通知の内容は解除という法律用語を使用しなくても同様の趣旨を通知すれば足りるとされ、また、「いかなる保険契約を解除するかを明示すれば足り、告知義務違反の具体的事実を明示する必要はない」とされている（東京地判昭和8年9月11日・青谷和夫『保険判例集』506頁（千倉書房、1962年）「保険者において解除権の行使をなすに当たりては、いかなる保険契約を解除せんとするかを明示するをもって足り、敢えてその解除権の発生原因たる告知義務違反の具体的事実を明示するの要なきものと解するのを相当とす」）。

　もっとも、実務では、保険契約者に解除理由を明示し、解除の原因を知った時から1ケ月以内とする行使要件（保険法55条4項）を担保するため配達証明付郵便にて解除通知をしている。

　保険契約者が住所を変更したときは、保険約款にて保険会社に対して通知することを義務づけている。保険契約者が住所変更したにもかかわらず保険会社に対して未通知のときは、約款にて概ね［保険契約者の住所の変更］の項で「会社の知った最終の住所に発した通知は、通常到達するために要する期間を経過したときに保険契約者に到達したもの」と擬制している。

なお、傷害疾病定額保険契約の範疇の三大疾病保障保険あるいはがん保険、生前給付型保険等では、日本におけるがんの告知問題とか「余命6ケ月以内」とする保険事故との関係で請求権者である被保険者が保険事故の発生を知らないこと、人道上の観点から病名などにつき被保険者に告げないこともあるという実態がある。そこで約款に三大疾病等の請求に伴い告知義務違反が判明し契約を解除する際は、あらかじめ指定されている指定代理人に当該通知の受領権限を付与する旨を規定するのが一般的である。

Ⅲ-3-2　解除通知の相手方

解除権行使は、それが法律行為であり形成権の行使にほかならないところから、民法の一般原則（民法540条）に従い契約の相手方たる保険契約者又はその代理人（保険契約者死亡の場合は、相続人全員又は相続財産管理人）に対する一方的意思表示によってなし、その到達によってはじめて解除の効力が生じる（民法97条1項）。

Ⅲ-4　解除権の阻却事由（不告知教唆等と保険会社の責任）

(1)　改正前商法下

生命保険募集人は、診査医とは異なり、一般的に、保険会社から締約代理権も告知受領権も与えられていない。生命保険募集人に告知受領権が付与されていない理由としては、①医学上の専門知識が乏しく、被保険者の健康状態について知ったことや聞いたことを正確に認識して保険者に伝えることには限界があり、②生命保険会社として適切な危険選択を行うためには、本社の引受部門が専門的能力に基づいて画一的に判断するのに、提供された情報の均一性が必要であると考えられていることが挙げられる。

一方で、生命保険募集人には、告知妨害、不告知教唆により保険契約を成立させるケースが見受けられるが、上述のように生命保険募集人は告知受領権を有していないために、生命保険募集人が告知義務違反の事実を知っていたり、告知妨害を行ったりした場合においても、代理権（告知受領権）の存在を前提とする民法101条1項を根拠にして、生命保険募集人の認識や態様を保険者の知了及び過失不知と同視することはできないという問題があった。

85

このような問題に対し、改正前商法下においては、前述のとおり生命保険募集人は告知受領権を有していないために直ちにその知又は過失不知が保険会社の知又は過失不知とは同視できないが、保険会社が自ら業務遂行の補助者として生命保険募集人を使用しているもので、その生命保険募集人の選任・監督について保険会社として使用者責任があり、生命保険募集人の知又は過失不知による不法行為に対する責任あるいは信義則上保険会社の知又は過失不知と同視する等で、解除権の行為を認めないとする学説、判例があった（岡山地判平成9年10月28日生保判例集9巻467頁、東京地判昭和53年3月31日文研生保判例集2巻193頁、大阪地堺支判平成15年12月24日生保判例集15巻822頁、ただし、その控訴審大阪高判平成16年12月15日生保判例集16巻985頁では否定されている。東京地判平成10年10月23日生保判例集10巻407頁は、保険会社による解除権の行使は信義則上許されないとする）。

このような判例・学説の状況の中、生命保険協会は「保険金等の支払いを適切に行うための対応に関するガイドライン」（平成18年1月27日、平成23年10月24日改定）を策定した。同ガイドラインは、生命保険募集人に告知受領権がないことを形式的に適用するのではなく、生命保険募集人の不告知教唆や告知妨害を挙げたうえで、保険契約者側の行為と生命保険募集人の行為を総合的に判断して、公平の見地から契約者保護が相当と認められる場合には解除権が行使できないとする内容であり、上述した判例・学説の立場を踏まえたものと考えられる。

(2) **保険法**

ア 解除権阻却規定

保険法では、①保険媒介者の指揮・監督は保険者が行うことが適切であり、②保険媒介者の言動を信じて告知義務の履行を行わなかった保険契約者等の信頼を保護する必要があるとの理由から、新たに以下のような規律が設けられた。

生命保険契約の締結の時において、保険者が前項の事実を知り、又は過失によって知らなかったとき（保険者の知了・過失不知）（保険法55条2項1号）のほか、①保険媒介者が、保険契約者又は被保険者が前項の事実の告知をすることを妨げたとき（告知妨害）、②保険媒介者が、保険契約者又は被保険者に対し、前項の事実の告知をせず、又は不実の告知をすることを勧めたとき（不告知教唆）を阻却事由としている（同条2項2号、3号）。

ただし、保険媒介者による告知妨害や不告知教唆の行為がなかったとしても保険契約者又は被保険者が告知義務違反をしたと認められるときは、前述の解除権阻却事由は適用しないと規定した（同条３項．解除権阻却の例外）。本規定は、立法過程において、保険媒介者の告知妨害等を解除権の阻却事由にした場合、保険契約者側の行為が悪質な場合においても解除できないとする結論は妥当ではないとの意見もあることを踏まえ、かかる場合に解除権を阻却する規定は適用されないこととした規定である。

なお、告知妨害等を行う主体である「保険媒介者」とは、保険法28条２項２号で、「保険者のために保険契約の締結の媒介を行うことができる者（保険者のために保険契約の締結の代理を行うことができる者を除く。）」と定義されている。これは、主として生命保険会社でいうところの生命保険募集人を念頭に置いた定義である。

　　イ　片面的強行規定

これらの規定（保険法37条・55条１項〜３項・59条）については片面的強行規定とされ、これらに反する特約で保険契約者や被保険者に不利なものは無効になることが明記された（保険法41条・65条１号・２号）。したがって、保険媒介者による告知妨害が故意の場合に限って解除権を喪失するとか、保険者の知了・過失不知の場合にも解除権阻却の例外規定を適用するような特約は無効になる（山下＝米山・前掲書544頁）。

保険媒介者による告知妨害等が生じた場合には、それにより告知義務者の告知に関する判断がゆがめられており、そのような場合の不利益は保険者に帰すべきというのが条文の構造からみても保険法の基本的な考え方であるとされ、解除権阻却の例外としての因果関係不存在の立証は明瞭に証明された場合に限られるとされており（山下説）、保険者側で因果関係不存在を立証するハードルは高い（条文の構造によれば、告知妨害等があれば、それが告知義務違反の原因になっていると推定したものと見ることができるという木下説も同旨）。保険者としては、告知義務者が告知妨害等を受ける以前から告知義務違反を行う意思を有していたことについて間接事実を積み重ねて立証する必要がある。

Ⅲ-5　解除権の消滅事由

第2章　生命保険契約の成立　Ⅲ　告知義務違反と契約の解除

　既に述べてきたところに従い、告知義務者に告知義務違反の事実があった場合、保険者はそれを理由に契約を解除することができるが、次の場合には解除権が消滅し、契約を解除することはできない。

Ⅲ-5-1　解除の原因があることを知った時から1箇月間行使しないとき

　保険法は、「解除権は、保険者が同項の規定による解除の原因があることを知った時から1箇月間行使しないときは、消滅する」（保険法55条4項・84条4項）と定め、普通保険約款も概ね「会社が解除の原因となる事実を知った日の翌日からその日を含めて1ケ月を経過したとき」には解除権が消滅するとしている。この期間を除斥期間といい、この期間経過後はもはや解除の効力を争うことはできない（その意味において、この期間経過後の期間を不可争期間という）。この期間を1ケ月としている趣旨は、「告知義務違反による契約の解除について保険契約者が長い期間不安定な地位におかれることを防止するため、公平上、解除の原因を知った保険者に早急に解除権の行使の有無を決定させ」（名古屋地判平成2年8月29日）ようとするものにほかならない。なお、保険法55条4項、同84条4項は絶対的強行規定である。

　判例は、法ならびに約款に定める「解除の原因を知った」とは、解除の原因が存在するのではないかという疑いを抱いただけでは足りず、保険者が告知義務違反に当たる客観的事実を証拠に基づき知ったことを意味する（東京地判平成12年9月7日「具体的には、右事実の存否を判断するに足りる資料を入手した日と解され、被告においても、診断書等告知義務違反の事実を明らかにする書類を受領した日と解釈運用」）としている。

　なお、先の約款文言に見る「会社」とは解除の権限を有している機関、部門をいい、「解除の原因となる事実を知った日」とは、解除原因の存在を確認できる書類が担当の機関、部門に到着した日をいう。また、「1箇月間」の期間の計算起算日は、特に定めがないときは初日を算入せず翌日から起算する（民法140条）が、分かりやすさの点から約款上「解除の原因を知った日の翌日から起算して」と起算時点を明定している会社も多い。

Ⅲ-5-2　契約の時から5年を経過したとき

保険法は「生命保険契約の締結（傷害疾病定額保険契約の締結）の時から5年を経過したときも、同様とする」（55条4項・84条4項）としているが、普通保険約款は概ね「責任開始の日からその日を含めて2年以内に保険金、給付金の支払事由または保険料払込免除事由が生じなかったときは、解除権が消滅する」とし、この期間を2年に短縮している（なお、復活契約については、その復活のときを期間の起算日としている）。この期間を2年間に短縮している理由は、契約締結時から2年間その告反事実と因果関係ある保険事故が発生していない以上、告反事実が事故発生率に影響を及ぼさなかったものと解され、もはや告知義務履行の有無を論ずべき必要はないとの考えや、契約関係の不安定の状態をなるべく早期に解消しようとの考えによるものである。

保険法の契約締結時から5年を経過したときは除斥期間であり、強行規定であるので、これを短縮する約款が可能かが問題となるが、保険者が自己の有する期間の利益を一部放棄し、契約者に有利に変更し、解除権を行使しないとする約款であるため有効であると解される。

なお、疾病入院契約など傷害疾病定額保険契約が生命保険契約に付帯されることが多いが、契約締結の時から保険事故が発生しないまま2年を経過したときは、傷害疾病定額保険契約及び生命保険契約ともに告知義務違反を理由として解除をすることはできないことに異論ない。傷害疾病定額保険契約につき告知義務違反があるとき、責任開始期から2年以内に保険事故が発生したときは、2年経過後でも契約を解除することができるが、契約締結時から5年経過すれば解除権は消滅する（山下・前掲書311頁）。

Ⅲ-5-3　保険者が解除権を放棄したとき

保険者が解除権を放棄した場合、以後においてこれを行使し得ないことはいうまでもない。放棄は明示的又は黙示的に行い得るが、いかなる場合に黙示の放棄があったと解すべきかは各場合の解釈問題であるとされている。

Ⅲ-6　保険契約解除の効果

保険法は、解除の効果について将来効とし（保険法59条1項・88条1項）、将来に向かってのみその効力を生ずるとする一方、解除の時までに発生した保険事

故は免責であるとした（保険法59条2項・88条2項）。

解除権の行使は、それが法律行為であり形成権の行使にほかならないところから、民法の一般原則（民法540条）に従い契約の相手方たる保険契約者又はその代理人（契約者死亡の後は、相続人全員または相続財産管理人）に対する一方的意思表示により、その到達によってはじめて効力が生じる（民法97条1項）（大阪地判平成5年11月12日判時1544号124頁「解除の効果取得」を否定、大阪高判平成6年12月21日判時1544号119頁「解除の効果取得」を肯定、最判平成9年6月17日民集51巻5号2154頁〔A有限会社に代表者が不存在のため死亡保険金請求権についての債権差押・転付命令をえた債権者が申立てによりA社の特別代理人として選任されたCを名宛人とした解除通知は有効であるとした〕）。

なお、現行の各社普通保険約款は、概ね、解除に伴う返戻金として解約払戻金と同額の返還金を契約者又はその相続人に支払うとしている。

Ⅲ-7　告知義務と詐欺取消し（民法96条）ないし錯誤無効（同95条）

告知義務違反が問題となるケースにおいて、告知義務違反解除（あるいは重大事由解除）のほかに、民法上の詐欺取消しや錯誤無効が主張されることがある（なお、以前は約款上に詐欺無効の規定が置かれていたが、保険法施行に伴い取消事由に改められている）。

この点に関して、現在では、告知義務制度が骨抜きになるおそれがあるなどの理由で錯誤の適用はないものとし、他方で詐欺については保険契約者側に一定の悪性が認められることなどからその適用を認める立場が現在では有力であり、判例も同立場に移行しているものと評価されている（山下＝米山・前掲書548頁〔山下友信〕）。詐欺取消しが認められる要件としては、①違法な欺罔行為、②相手方が錯誤に陥ったこと、③相手方が意思表示を行ったこと、④欺罔行為と意思表示との間の因果関係に加え、⑤相手方を錯誤に陥れるための故意及び錯誤により意思表示をさせることについての故意の両方、いわば二段の故意が必要と解されている。

したがって、告知義務違反のケースで詐欺取消しが認められるためには、単に告知義務違反の事実があったのみでは足りず、保険金の不正請求目的を推認させる事実まで要するものと解される。

第3章

生命保険契約の継続と異動

Ⅰ 生命保険料

Ⅰ-1 保険料の支払

　生命保険契約、傷害疾病定額保険契約における保険料は、保険者が被保険者の生死、一定の給付事由に関して財産の給付をする義務を負担したことに対する対価として、生命・傷害疾病定額保険契約の有償・双務契約性に基づき保険契約者が保険者に負担する支払債務であり（保険法2条1号）、全保険期間に対応するものとして一時払いをするものと、全保険期間を分割して保険料期間とする年払、また、その年度に対する保険料を分割払いする月払、半年払などがあり、これらはいずれも前払すべきものとされている。

(1) 保険料支払債務の性格

　保険契約者は、保険契約に基づき保険料支払義務を負う。保険料は、保険者の保険金支払に対する報酬ではなく、「危険負担」に対する対価とされている（通説）。

　現行の生命保険約款では、「保険料の支払方法（経路）」として次の方法が規定されており、保険契約者はそのいずれかの方法を選択することができると定められている。この約款は、昭和56年11月の国民生活審議会消費者政策部会による「消費者取引に用いられる約款の適正化について」の報告に基づき、昭和58年4月に生保業界統一で改定されたものである（吉田明「国民生活審議会約款適正化報告に対する生保業界の約款のモデルについて（その1）」生命保険経営51巻3号34頁）。

　　①　保険会社の指定した金融機関等の口座振替により払い込む方法（口座振替扱い）

　　②　金融機関等の保険会社が指定した口座に送金することにより払い込む方法（送金扱い）

　　③　所属団体又は集団を通じ払い込む方法（団体扱い又は集団扱い）

　　④　本社又は保険会社の指定した場所に持参して払い込む方法（店頭扱い）

　なお、保険約款改定時規定されていた「保険会社の派遣した集金人に払い込む方法（集金扱い）」の取扱いは、現行、廃止している会社が多いようである。

また、保険料の支払は小切手によることも認められているが、手形による支払は実務上取り扱われていない。

(2) 保険料払込みの猶予期間と保険契約の失効

保険料支払がその払込期月を経過しても約款で保険料払込みの猶予期間を設け、保険料の支払を一定期間猶予している。その内容は、保険料の支払方法によって異なり、月払のときは払込期月の翌月初日から末日まで、年払・半年払のときは、払込期月の翌月初日から翌々月の月単位の応答日まで（契約応答日が2月、6月、11月の各末日の場合には、それぞれ4月、8月、1月の各末日まで）とされている。

生命保険契約は長期の契約であることから、保険契約者の一時的な事情によって払込期月内に保険料が払い込まれない場合、それをもってただちに契約の効力を失わせることは保険契約者にとってはあまりにも酷となる。そこで、約款は払込期月内に保険料の払込みがない場合でも一定の保険料の支払猶予期間を設け、この期間内に保険料の払込みがあれば契約は有効に継続することとしている。この猶予期間については、文言どおり保険料の払込期月を猶予とするものであるとする見方のほか、失効の効力発生を猶予するものであるとする見方もある。なお、この猶予期間内に保険料の払込みがないときは、保険契約は猶予期間満了の日の翌日から失効することとなる。

　　ア　失効について

保険料支払義務がその履行期（払込期月内）に履行されない場合には、民法の債務不履行に関する規定が適用される。そして、民法の原則では、支払が遅滞した場合（履行遅滞）には相当の期間を定めて履行を催告したうえ解除すべきものとされている（民法541条）が、保険契約では多数の契約を処理するため便宜上、約款をもって、「相当の期間を定めた催告」に代えて猶予期間を設け、それを経過すれば「保険契約はその効力を失う」として契約の失効を定めている（近時、初回の保険料の支払につき、第2回以降の保険料と同様猶予期間の経過により効力を失うとする規定する約款も見受けられている）。

　　イ　無催告失効条項について

生命保険契約では約款上、催告は失効の要件とはせず、約款であらかじめ「相当の期間」より長い猶予期間（月払いの場合、払込期月の翌月の初日から末日まで、

I-1 保険料の支払

半年払い及び年払いの場合、払込期月の翌月の初日から翌々月の月ごとの応当日までが猶予期間とされる）が設けられており、猶予期間中は保険契約の効力が維持され、猶予期間内に保険料が払い込まれないときは当然に契約が失効することが定められている。猶予期間を経過しても解約返戻金があればこれを基礎に保険料自動貸付が行われて失効が防止されること、実務上督促のはがきを郵送する取扱いが行われ、この督促はがきは催告に準じたものと考えられること、失効しても保険契約を復活できることなどから、従来から、約款規定は有効と考えられてきた（山下・前掲書343頁ほか、東京地判昭和48年12月25日判タ307号244頁、東京地判平成9年12月22日判時1662号109頁、東京高判平成11年2月3日判時1704号71頁、大阪高判平成20年9月3日生保判例集20巻443頁）。

　しかし、近時、この「無催告失効条項」の効力をめぐって、保険料の未払いにて保険契約が失効した保険契約者が本件無催告失効条項は消費者契約法10条により無効であるなどとして保険会社に対して保険契約の存在の確認を求め、これに対し保険会社が、約定の期間内に保険料の払込みがないときは当然に約款の条項により保険契約は失効したと争った事案がある（東京高判平成21年9月30日判タ1317号72頁）。同裁判例は、消費者契約法10条に基づき無催告失効約款は無効であると判示した。これに対して、保険会社が上告したところ、最判平成24年3月16日民集66巻5号2216頁・判時2149号135頁・判タ1370号115頁は、本件約款に民法541条で求められる催告期間よりも長い猶予期間を定める条項及び自動貸付条項（以下、この二つの条項を併せて「本件配慮条項」という）が定められていることに加えて、保険料払込みの督促の実務上の運用を確実にしたうえで本件約款を適用していることが認められるのであれば、本件失効条項は信義則に反して消費者の利益を一方的に害するものには当たらない（消費者契約法10条後段該当を否定）と判示し、原判決を棄却し、保険料払込みに対する督促の実務上確実な運営をされているか確認するよう東京高裁に差し戻した（差戻審は東京高判平成24年10月25日判タ1387号266頁）。差戻審は、「本件保険契約においては、保険料の不払いにより直ちに契約が失効するものではなく、本件猶予期間条項により払込期月の翌月の末日までの1ヵ月間に債務不履行が解消されない場合に初めて当然失効すること、その猶予期間も、金銭債務の不履行について民法541条を適用する場合に通常求められる催告期間が通常は数日から1

週間程度にとどまるのに対比して、1ヵ月と長く定められていること、不払いのまま上記猶予期間が経過しても、払い込むべき保険料と利息の合計額が解約返戻金を超えない場合に本件自動貸付条項により契約の存続を図るなど、保険契約者の保護のための方策が採られているのであって、一概に履行の催告を不要としている点だけを捉えて、保険契約者の利益を一方的に害するとするのは相当ではない」、また、「保険契約者は、毎月の保険料を支払う経済力があるとの前提で保険に加入したはずであって、未納保険料が発生した場合のこれに対する督促の態勢の整備およびその実務上の運用の確実性は、保険契約者が保険料支払債務の不履行があったことに気付くことができる程度に整えられ、かつ、確実に運用されることをもって足りると解されるから、保険料の支払督促を受けてから払込猶予期間内の振替日まで7日程度の時間的余裕がある本件において、未納通知書の送付から振替日ないし支払猶予期間満了日までの期間が不当に短いとはいえない」とし、消費者契約法10条後段該当を否定した。

I-2　営業職員による保険料の立替払

　保険料の立替払には営業職員がとりあえず契約者（申込人）に代わって保険料を払い込むものと、営業職員が第1回保険料（第1回保険料充当金を含む）の割戻しを行って契約者に特別の利益を提供するものとがある。前者は生命保険契約関係とは別個の約束であるが、後者の行為は法律の禁止行為（保険業法300条1項5号「保険契約者又は被保険者に対して保険料の割引、割戻し、その他特別の利益の提供を約し、又は提供する行為」）に違反するものである。ただし、この行為によったものであったとしても、保険契約の成立が私法上否定されるものではないとされている。

I-3　保険料の払込方法（経路）と保険料の払込日

　昭和58年4月、各社とも約款を改正し保険契約者が保険料の払込方法を選択しやすいよう規定化した旨は前述のとおりである（I-1(1)）。

　従来、集金人による保険料の収受は、集金行為がサービスとみなされ持参債務であるとされていたが、上記約款改正により、保険料払込期間中は取立債務であり、猶予期間に入ると持参債務に変更されるとされた。

例えば、会社の指定した金融機関等の口座振替により払い込む方法（口座振替によるもの）は、保険会社からの振替依頼書によるものであるから取立債務に準じて考えられる。

団体扱い特約条項については明定を欠き、保険契約者側から保険料を徴求し、保険会社に収納しているので、本経路による保険料債務は持参債務であると考えられる。

次に、保険料の払込日については、口座振替による方法では振替日、団体月払等によるものでは団体の代表者による保険会社への払込日、集金人によるものは集金したとき、金融機関等の会社の指定した口座に送金する方法では保険会社の指定した口座に着金したときと解される。

I-4　保険料の前納と銀行法

保険料払込方法のひとつに保険料前納払がある。保険料前納払とは、将来発生が予定される保険料債務に充当するため、あらかじめ会社に2年分以上の保険料相当額を預けておくことであるが、ここでは、これが、銀行法2条2項1号あるいは「出資の受入れ、預り金及び金利等の取締りに関する法律」（いわゆる「出資法」）2条にいう「預金」あるいは「預り金」に抵触しないかとの問題について触れていく。

銀行法2条2項1号にいう「預金」とは、一般に、銀行を受寄者とする消費寄託（民法666条。預金者が銀行に金銭の保管を託し、銀行はその金銭を消費すること、及び預金者に同種同額の金銭を返還することを約する契約）である。また、いわゆる「出資法」2条にいう「預り金」とは、不特定かつ多数のものからの金銭の受入れ、預金、貯金又は定期積立金の受入れ及び借入金など、名義のいかんを問わずこれらと同様の経済的性質を有するものをいう。一方、保険料の前納は保険料の払込方法のひとつであり、預かる金額も、1回分の保険料の倍数（又は一定の割引率を乗じたもの）である。そして、前納期間が満了した場合、又は保険料の払込みを要しなくなった場合には払い戻されるものである。

以上から、前納された保険料は「預金」又は「預り金」とは異なるものであり、未だ払込期の到来していない保険料につき、その全部又は一部を取りまとめてあらかじめ払い込むことを便宜とする保険契約者のために認められた制度

であることから、保険会社がかかる金員の寄託を受ける行為は、会社の目的の範囲内に属する行為として銀行法及び出資法に抵触するものではないとされている。

Ⅰ-5　保険料不可分の原則

(1)　保険料不可分とする趣旨

保険料不可分の原則は、保険契約が中途で終了した場合であっても、保険料期間の未経過期間に対応する保険料を保険契約者に返還する必要がないという原則をいう。同原則の趣旨は、保険料は保険料期間内に発生する危険を統計的に測定して決定されており、保険料期間は統計の基礎となっていることから、保険料を分割することは保険技術上不可能とする保険技術的観点から説明されてきた。改正前商法下において明文の規定はないが、同法653条ないし655条の反対解釈などを根拠に、商法は保険料不可分の原則を当然の前提としているとされてきた。保険料不可分の原則について直接判示する判例として、大判大正15年6月12日民集5巻495頁があり、同判決は、火災保険の保険期間中に免責事由である地震（関東大震災）による火災を原因として保険の目的物たる家屋が消失した事案において、保険契約者からの未経過期間に対応する保険料の返還請求を斥けた。

ところが、中途における保険料期間の経過を無視して一律に保険料期間全部の保険料を保険者に与えることは不公平であることなどを理由に、保険料不可分の原則を採用することについて疑問が呈されていたところから、保険法においては、保険料不可分の原則を採用したことを前提とした規定は設けないこととし、同原則の採否は個々の保険契約に委ねるのが適当であることにつき提案がされた（法制審議会保険法部会第2回）。その結果、保険法においては、改正商法653条ないし655条に相当する条文は規定されなかったため、保険料不可分を原則とする根拠が失われたといわれる。

(2)　保険法下の実務の変更内容

2009年4月には監督指針が改正され、保険会社は「保険料の未経過期間に対応した合理的かつ適切な金額の返還」を行うための態勢の整備が求められることとなったため、多くの保険会社は解約等による契約消滅に際して解約返戻金

の支払に加え、年払・半年払の保険契約の未経過保険料を月単位に過分して計算のうえ返還するよう実務を変更している。

① 解約返戻金の計算方法

解約返戻金額を月払水準に変更のうえ、月単位の未経過保険料を加えた金額を返還することとする。月単位の未経過保険料は、年一括払（半年一括払）保険料の月割額である。

② 給付事由発生などにより契約が終了する場合の取扱い

保険金等の支払により保険給付が履行されれば、保険契約はその目的を達成したこととなり、未経過保険料も対価性を有することとなるため、中途解約の場合と同様に考えることはできず、未経過保険料を返還する必要はない（ただし、各社の判断により返還することもできる）。

③ 免責・告知義務違反による解除・重大事由による解除

告知義務違反、重大事由による解除の場合は、保険法では保険料清算に関する規律はないので、保険契約者による解除と同様、未経過保険料もあわせて返還する。

Ⅰ-6　保険料受領権者

保険料の受領権者は、保険会社の代表者及びその代理人であるが、保険料領収証によって受領する場合は、受領者の資格の有無にかかわらず受領権者の受領と同視される。この保険料領収証用紙が紛失、盗難などにより第三者によって悪用されても、それによって支払われた金銭は保険料の受取証書の持参人に対する弁済として有効になる（民法480条）。

(1)　第1回保険料充当金

現在、営業職員は、保険契約者になる者から申込書の提出を受けると同時に第1回保険料充当金を受領し、第1回保険料充当金領収証を作成して同人に交付している。そのため、保険会社は営業職員に保険料充当金領収証を携帯させており、この事実から、営業職員には第1回保険料充当金を保険者に代わって（代理して）受領する権限があると解されている（第2回以降の保険料については、当然には営業職員に代理受領の権限はない）。

(2)　第2回目以降の保険料

約款が保険料の払込方法（経路）について定める「集金人」には、第2回以降の保険料を受領する代理権が付与されていることは明らかである。なお、昭和53年4月以降は、各保険会社とも一定の営業職員に第2回以降の保険料を受領し得る代理権を与えることとし、営業職員が所持する「生命保険募集人登録証」に、彼らが受領することのできる保険料の範囲（第1回保険料充当金及び第2回目以降保険料）が明記されることとなった。

なお、集金の権限が付与されていない営業職員が第2回以降の保険料を集金したとしても、保険者が、保険料を受領したことにはならない（ただし、会社所定の正規の保険料領収証でこれがなされたときは先に述べた原則による）。もっとも、この場合でも、信用上の観点から、会社がこれを保険料と認めることは差支えない。

I-7 保険料の自動貸付

生命保険契約は長期の契約であり、その間、契約を継続していくうえで保険料払込みが困難となることも少なくない。この自動貸付の制度は、契約がそのような事態に陥り保険料の払込みができないまま猶予期間を過ぎた場合でも、当該契約に解約返戻金があるときは保険会社が解約返戻金の範囲内で保険料相当額を貸し付けて保険料の払込みに充当し、保険契約を有効に継続させようとするものである。ただし、この保険料自動貸付が有効に実施されるには、①保険契約者から保険料の自動貸付を拒否する申出がないこと、②解約返戻金額が貸し付ける保険料相当額とその利息の合計額を上回っていることが必要である。

自動貸付は金銭の授受がないことから金銭消費貸借契約には当たらないが、保険料支払債務を貸付金債務に振り替えるものであり、法律上は準消費貸借（民法588条）的性質のものとされている。なお、この名称は、会社によっては保険料立替、振替貸付、保険料貸付とも称されている。

I-8 契約の復活と復活保険料

復活とは、所定の猶予期間が経過して契約が失効した後に、一定の要件（通常3ヶ年以内）のもとでそれを復活させ、契約が失効しなかったと同様の効果を

生ぜしめる制度をいう。これには、通常、失効直後の契約を対象とする簡易復活（各社とも、概ね失効した後３ケ月以内のもの）とそれ以外の通常の復活があり、前者は復活申込書と告知書（契約が失効した後の健康状態等を中心としたもの）を、後者はこれらに加えて医師による診査（含む告知）を必要とするもので、いずれもこれらの申込みによって、会社が契約の復活を承諾したとき、契約者が会社の指定する日までの復活（延滞）保険料を払い込むことによって契約は復活する。なお、復活保険料とは、失効前の保険料払込方法（回数）によって、保険期間が既に到来している保険料と復活のための保険料払込日が属する保険料期間の保険料合計額をいう（復活保険料に利息を徴求する会社と求めない会社がある）。

　本制度は、契約者の便宜を考慮したものであるが、保険会社にとっても保険団体の安定性という観点から好ましいものといえよう。

　一方、復活の法律上の性質をどうみるかについては、新契約説、単独行為説及び特殊契約説の三つがあるが、このうちでは特殊契約説が一般的である。この特殊契約説とは、復活契約を約款（契約当事者間の合意）により契約失効前の状態に回復させることを内容とする特殊な契約とみるものである。すなわち、「失効」を契約（ないしその効力）が消滅した状態と解するのではなく、失効後といえども契約は完全に消滅しているわけではなく、単にその効力を停止しているにすぎないものとし、復活は当事者間の合意によりその停止されていた保険契約の効力を回復せしめる特殊の契約であるとするのである。

　以上のことから、復活に際し、失効前契約に内在していた解除の原因も、当然復活後の契約に引き継がれるものと考えられる。

　また、復活の効果に関しては、保険契約を復活した場合、保険契約は失効前の契約内容と同一の内容となる。また、復活が承諾された後、復活時に要する保険料が払い込まれた時から責任は再開始され、「２年間の告知義務違反」、「１年以内の自殺免責」期間の規定もそれぞれ復活の時を基準に適用される。

I-9　保険料払込みの免除

　約款で定められた保険料払込免除の制度では、三大疾病・身体障害・要介護状態などにより一定の状態になった場合、高度障害状態や不慮の事故で所定の障害状態になった場合などに、次に到来する保険料期間以降の保険料につきそ

の払込みが免除されることになる。なお、免除となる要件などは生命保険会社によって異なる。

　保険料の払込みが免除されるその対象者は保険契約者である。生命保険契約において契約者と被保険者は同一家族の者であることが多く、被保険者が上記のような状態に至ったことにより契約者にとっても医療費用等経済的負担が多くなり、保険料の払込みも困難となることから、契約者の保険料払込みを免除しているのである。

　そして、この保険料の払込免除は民法上の債務免除（民法519条）とも考えられるが、約款の「…保険料が払い込まれたものとみなします」とする定めから、保険者が保険料相当額を給付していると考えられるのが一般的である。

Ⅱ　保険契約者の変更と地位の承継

Ⅱ-1　保険契約者の変更

(1)　保険契約者の権利義務の移転

　保険契約者の変更については、保険法上は特に規定はおかれていないが、約款上は、「保険契約者またはその承継人は、被保険者及び会社の同意を得て、保険契約上の一切の権利義務を第三者に承継させることができます」と定められている。これは、生命保険契約が長期間にわたり継続するものであることから、契約者側の諸事情の変化により契約者変更の必要性が生じた場合、契約者の地位の変更、言い換えれば契約者の地位の譲渡を認めることができるとするものである。

　これにより、新保険契約者は保険契約上の一切の権利義務を引き継ぐこととなり、既に生じている契約者貸付金、保険料自動貸付金、保険料前納金等は、新・旧契約者間で特別な合意がなされていても、保険者との関係では新契約者に移転しているものとされる。

(2)　被保険者の同意

　保険契約者の変更について保険法上は被保険者の同意の要否について規定はない。

　もっとも、約款上は被保険者の同意を要するとされているところ、その理由は、保険契約者が誰であるかについては被保険者にとって重大な関心事であることから、保険契約者の変更にあたっても被保険者に同意を求めることとしたものであろう。

(3)　保険契約者の変更と保険者の同意

　保険会社にとっても、契約者の変更は、新保険契約者が保険契約上の一切の権利義務を承継し、保険会社に対して、保険料の支払義務を負う等利害関係があることから、それについての同意を必要なものとしている。

　生命保険契約の買取りを目的とする保険契約者名義変更の請求がなされたのに対し、保険者が同意を拒絶した事案がある（東京高判平成18年3月22日判時1928号133頁）。

なお、相互会社の場合、契約者の変更は社員の地位の交替になるので、旧保険業法48条により生命保険会社の社員の権利義務の承継として会社の承諾を要するものとされていたが、平成8年4月の保険業法改正により当然のこととの理由で削除された。

Ⅱ-2　保険契約者の死亡による法定承継

保険契約者が死亡した場合、生命保険契約も保険契約者の相続財産に含まれるので、契約者としての権利義務も民法の相続規定にしたがい、保険契約者の相続人によって相続され、その者に承継される。

保険契約者の相続人が複数人いる場合の取扱いについては、各社とも「保険契約者の代表者」によることとしてその内容を約款で規定している。それによれば、保険契約者が2人以上の場合には代表者を1人定めてもらうこととし、その代表者が他の保険契約者を代理するものとされている。

また、代表者が定まらないとき、あるいはその所在が不明のときは、会社が1人に対してなした行為は、他の保険契約者に対しても効力が生じることとされている。さらに、保険契約者が複数人いる場合は、その責任を連帯するとしているが、保険契約者の義務のうち最も重要なもののひとつである保険料支払については、保険会社は保険契約者の1人に対してその支払（全額）を求めることができるとしている。

Ⅲ　契約者貸付金

⑴　契約者貸付金

　契約者貸付金とは、保険契約者がその契約の解約返戻金の範囲内で保険者から金銭の貸付を受ける制度で、約款上、契約者にとってはこれを受け得る権利があるものとして、保険者にとってはこれをなす義務を負うものとして規定されている。この制度は、会社によっては、保険証券貸付、証券担保貸付とも呼ばれているものであるが、契約者に金銭の必要が生じた場合、現に有効中の契約を解約させることなく、その積立金を利用してその用に充てさせようとする趣旨から導入されたものであろう。

　これによる貸付金は、約款では解約返戻金の範囲内とのみ規定されているが、通常、各社では保険種類にしたがって一定の割合で貸付を行っている。例えば、生死混合保険である養老保険の場合では、その解約返戻金の範囲内での一定率（例えば、保険会社によって異なるが解約返戻金の７〜８割とする）を限度としてその範囲内での貸付を行っているようである。これは、解約返戻金の限度額を全額貸し付けると、利息算入の際に超過となり、契約が失効する恐れが高くなるからであろう（オーバーローンによる保険契約の失効）。

　なお、この貸付には返済限度額についての定めがなく、いつでも一部あるいは全額の返済をなすことができ、その精算は、会社が支払うべき保険金（給付金、減額返戻金等も含む）あるいは解約返戻金等の金額と相殺されるものとしている。また、貸付金に付される利率は会社によって定められるとされているが、金融情勢の変化その他相当の事由がある場合には毎年二回（１月及び７月）に限ってそれが見直され、期中において変更される余地も残されている。そして、貸付金には１年経過ごとに上記利率による利息が付され、その利息が払い込まれない場合にはそれが元本に算入される。

⑵　契約者貸付の性質

　契約者貸付の法的性質については種々の見解があるが、一般的には、これを「将来、保険金請求権や解約返戻金請求権が具体化された場合に貸付金の元利金と相殺することによって弁済することを予約して行う、特殊な相殺予約付金

銭消費貸借契約」であるとみるのが通説とされており、保険会社の実務も保険監督上の取扱いもこれによっている。なお、通説以外の諸説としては、例えばこれを、保険金額又は解約返戻金の一部払戻しとみる前払説（最判平成9年4月24日民集51巻4号1991頁）などがある。

⑶　「契約者貸付」の貸付条項

本制度による貸付に際し、会社は契約者の署名・捺印ある「契約者貸付申込書」の提出を求めている。なお、この「契約者貸付申込書」は第1回目の貸付時においてのみ提出を求め、以降においては反復してこれにより貸付請求ができるものとされている。これについては、当該契約が継続している限りにおいて、解約返戻金の範囲内での金銭消費貸借が締結されたものと解されている。

なお、その際の契約者貸付申込書には、その取扱いに関して、①追加貸付の取扱い、②貸付金の利息、③利率の見直しと変更、④貸付金の返済、⑤利息の払込み、⑥利息の繰り入れ、⑦配当金による返済、⑧貸付の限度超過による失効、⑨貸付金の精算、⑩保険契約者が破産した場合、⑪変額保険についての特別取扱い、⑫「契約者貸付申込書」の有効期間、等々の条項が定められており、細部についての取扱いが特約されている。

⑷　債権の準占有と契約者貸付

かつて、保険証券を携帯し契約者本人であると詐称して来店してきた者に契約者貸付金を貸し付けるというケースが発生し、貸付契約の成立をめぐり、その有効性が争われた事案で、裁判所は審理にあたり、事実関係を詳細にたどった後、これを民法にいう「債権の準占有者に対する弁済」を類推適用し（民法478条「債権の準占有者に対してした弁済は、その弁済をした者が善意であり、かつ、過失がなかったときに限り、その効力を有する」）、その有効性を認めている。

最判平成9年4月24日民集51巻4号1991頁は、民法478条の類推適用の可否について以下のとおり肯定した。

「本件貸付けは、このようないわゆる契約者貸付制度に基づいて行われたものである。右のような貸付けは、約款上の義務の履行として行われる上、貸付金額が解約返戻金の範囲内に限定され、保険金等の支払の際に元利金が差引計算されることにかんがみれば、その経済的実質において、保険金又は解約返戻金の前払と同視することができる。そうすると、保険会社が、右のような制度

に基づいて保険契約者の代理人と称する者の申し込みによる貸付を実行した場合において、右の者を保険契約者の代理人と認定するにつき相当の注意義務を尽くしたときは、保険会社は、民法478条の類推適用により、保険契約者に対し、右貸付けの効力を主張することができる」

第3章　生命保険契約の継続と異動　Ⅳ　保険契約の解除（解約）と解約返戻金

Ⅳ　保険契約の解除（解約）と解約返戻金

Ⅳ-1　解除（解約）

(1)　生命保険契約の解除（解約）とその効果

　生命保険契約は長期にわたる契約であり、保険契約者は、その間、継続して保険料を払い込まなければならない。しかし、契約後、契約を取り巻く環境の変化により、保険料を継続して支払えなくなる契約者も少なくない。そこで、保険法では、保険契約者がいつでも保険契約を解除することができる旨の規定が設けられている（保険法54条・83条）。また、その効力については、保険法59条にて、「将来に向かってのみその効力を生じる」とされている。これを受けて、普通保険約款で「保険契約者は、いつでも将来に向かって、保険契約を解約し、解約返戻金を請求することができます」としている。なお、この権利も、保険契約者による保険金受取人の変更権と同様、保険契約者の一方的な意思表示によって行使することのできる一種の形成権であるとされている。

　契約者はこの権利を行使することにより、解約返戻金を請求する権利を取得し（積立配当金及び保険料前納金の残額についても、それらの返金を請求し得る）、保険料の支払債務からも解放されるが、その一方で、事後に生じるやも知れない保険事故につき、その保障を受けることができなくなる。

　保険契約者以外に、差押債権者などによる解約権の行使ができるかについて議論があった。最判平成11年9月9日民集53巻7号1173頁・判時1689号45頁は、生命保険契約を差し押さえた債権者は、これを取り立てるため、債務者の有する解約権を行使することが認められるとしていたところ、保険法で導入された介入権制度の中で、差押債権者及び破産管財人については、保険法60条1項が明文で解除権者であることを規定している。また、保険契約者の債権者が債権者代位権（民法423条）に基づき保険契約者の解除権を行使することも認められる（東京地判平成10年7月28日生保判例集10巻279頁）し、解約返戻金請求権に質権設定を受けた質権者も取立権（民法366条1項）に基づき保険契約を解除することができるものと解されている。

(2)　解除（解約）の効力発生時期

108

解除（解約）は、先にも述べたとおり、保険契約者の一方的な意思表示によってなされるものであるが（形成権）、その効力発生時期については、約款上特に定められていない。したがって、これについては民法の原則に従うべく、同法97条1項が「隔地者に対する意思表示は、その通知が相手方に到達した時からその効力を生ずる」としているところから、これにより、会社で解約の意思表示を受領する権限がある機関（本社・支社など）に解約権者から解約請求する意思が認められる書類が届いた時点で、当該契約につき解約の効力が生じるものと解される。

解除の効力が生じた時点以降における保険事故については保障は得られない。

Ⅳ-2　解約返戻金

解約返戻金とは、契約が解約された場合に契約者に還付される金額のことをいい、契約者は、先にも述べたとおり、解約権を行使することによってこれを請求する権利を取得する（その額は保険種類、契約年齢、経過年数等によって異なるが、当該契約分についてのそれは保険約款と共に説明書によって例示されるのが通例である）。この請求に対し、保険者は本来、保険料の中から積み立てられる貯蓄部分と将来の危険部分についての準備金（責任準備金）を返戻してもよいわけであるが、もしそうすれば、生命保険販売においては初期費用（主に新契約費）が当初の保険料に占める事業費以上にかかることから、契約が早い時期に解約されると初期費用が未償却状態のまま残されることとなり、問題が少なからず発生する。そこで、この未償却部分の負担につき、解約者と残存者とのバランスを保つうえから、解約者へも一定の経費負担を課すこととしたのが今日の解約返戻金制度である。すなわち、契約してから一定期間は責任準備金から初期費用の未償却部分あるいは残存グループの死亡危険の増加に対処するための経費等を控除したものが解約返戻金とされているのである（大阪地判平成13年3月16日・平成12年(ワ)6117号「解約返還金は、その計算の要素が多く、その算出方法も複雑であることに照らすと、すべての事例についての例表を保険約款等に記載することは現実的でなく、また、解約返還金の算出方法はあらかじめ定まっているもので、後に変更されるものではないことに照らすと、保険会社は、保険約款等にその算出方法によって計算した例を例表として表示することで足りる」）。

第3章　生命保険契約の継続と異動　Ⅴ　生命保険契約上の権利の処分と差押え

Ⅴ　生命保険契約上の権利の処分と差押え

　通常、生命保険契約に基づき保険契約者や保険金受取人が有する諸権利（保険金請求権、解約返戻金請求権、配当金請求権等）は、いずれもそれが身分法上の権利ではなく、財産法上の権利であるところから、別段の規定がない限り、一般の財産上の権利と同様に処分（譲渡、質入等）の対象となり、債権者による差押えの対象－民事執行法、あるいは国税徴収法に基づく滞納処分による差押えの対象となり得る。

　しかし、生命保険契約上の諸権利をこれらの対象とすることが、はたして、生命保険制度の趣旨に適うものであるかどうか、立法政策上問題なしとしない。すなわち、「生命保険制度は保険契約者自身の老後やその被扶養者等のための配慮として利用されることが多く、この点にかんがみ、これらの者の権利を保護し、とくに債権者からする干渉を排除する制度が政策的には要請される。…しかし、他方では、生命保険制度が保険契約者の資産運用の方法として利用される場合も少なくないことを考えれば、保険契約上の権利に対する債権者の利益をも全然無視することはできない。これらの点をいかに調整するかは、立法政策上慎重な考慮を要する問題である」（大森忠夫『保険法』304頁（有斐閣、1976年））といわれてきた。

　そして、現に、国民健康保険法（67条）、労働者災害補償保険法（12条の52項）、国家公務員災害補償法（7条2項）等が保険金請求権の処分及び差押えを全面的に禁止し、恩給法（11条3項）、厚生年金保険法（41条1項）、国民年金法（24条）、国家公務員共済組合法（49条）、地方公務員等共済組合法（51条）等が滞納処分等による差押え等以外の処分・差押えを禁止していることは注目されよう。

　以上のとおり問題点の指摘に対応して、保険法では生命保険契約、傷害疾病定額保険契約については当事者以外の者による解除権を前提とした介入権制度が創設された（保険法60条1項・89条1項）。介入権制度は項を改めて説明する。

Ⅴ-1　質　入
⑴　質入とは

110

ここでの質入とは、債務者又は第三者がその債務の担保として、自己が保有する財産上の権利に質権を設定することをいう。また、質権とは、債権者がその債権の担保として債務者又は第三者から受け取った物を債務の弁済があるまで留置し、その弁済を間接的に強制するとともに、弁済のない場合には、その物から優先的に弁済を受け得ることを内容とする、当事者間の契約によって成立する約定担保物権をいう（民法342条以下）。この契約が有効に成立するためには、当事者間において質権設定についての合意がなされることのほかに、目的物の引渡しを要する（民法344条）。ただし、債権質については、目的物の引渡を要せず質権設定契約は成立する（民法363条）。

質権には、動産を目的とする動産質、不動産を目的とする不動産質、債権その他の権利を目的とする権利質があるが、生命保険契約上の諸権利は、この権利質の対象となる。ただし、これら質権の目的となるものは質権設定者の所有に属するものであることを要し、譲渡性のないものについてはこれを設定することはできない。

(2) 生命保険契約と質権

生命保険契約上の諸請求権（保険金請求権、解約返戻金請求権、配当金請求権等）が質入の対象となることについては、保険法においても保険給付請求権の譲渡、当該権利を目的とする質権設定をすることができることを前提とした規律を規定していることから明らかである（これらの行為は被保険者の同意を要するとした。保険法47条・76条）。ただし、これらの請求権は、いずれも条件付ないし期限付の権利であり不確定要素が多く、質権の実効性からいえば必ずしも万全のものであるとはいい難い。

質権設定者はこれら請求権の帰属者であるが、実務上はこれを保険契約者としているのが通例のようである（他人の死亡を保険事故とする場合には、その被保険者の同意を必要とする。保険法38条・67条）。また、保険契約者と保険金受取人が別人の契約、いわゆる第三者のためにする生命保険契約の場合は将来の紛争を予防するため、保険金受取人を保険契約者に変更のうえ質権設定契約の取扱いをしている例が多い（もっとも、保険契約者と保険金受取人が別人である場合、保険金受取人を変更しなくとも保険契約者が質権設定者として契約を締結した場合、被担保債権の範囲内で受取人変更があったものとみるべきであるとする見解があり、

また、質権者の権利を優先させ、保険金受取人は残額ある場合に残額についてのみ請求できるとする考え方もある）。

(3) 質権設定の第三者対抗要件

質権設定の第三者対抗要件は、指名債権譲渡の場合の対抗要件（民法467条）と同様に、第三債務者に質権の設定を通知すること、又は第三債務者がこれを承諾することであり、これを欠けば第三債務者その他の第三者に対抗することができないとされている（民法364条）。指名債権とは、特定人を債権者とする債権のことである。したがって、生命保険契約上の保険金請求権あるいは解約返還金請求権等を目的とする質権の第三者対抗要件は、上記の「通知」又は「承諾」ということになる。

なお、対抗要件としての「通知」又は「承諾」は、確定日付のある証書をもってしなければ、これをもって債務者以外の第三者に対抗することができないとされている（民法364条・467条）。したがって、保険会社は承諾（証券裏書）後に、質権者をしてこの確定日付を公証人役場から受けさせている（確定日付とは、証書に対しその作成された日付について完全な証拠力を与えたものと法律上認められる日付をいう。例えば、内容証明郵便の日付、公証人の確定日付印が押印された文書等）。

ところで、保険会社からする「承諾」については、各社とも所定の書式を準備している。それによれば、質権者は被担保債権額を越える金額についても受領できるとされているようである。また、当該契約が失効したとき、あるいは約款に規定する免責事由・解除事由に該当するときは質権者に対しても保険金の支払事由が生じない旨も明示されている（この場合、当然に第三債務者には保険金支払債務は生じないことから、質権者は弁済を受けられないことになる）。

一方、「第三者のためにする生命保険契約」の保険契約者が質権を設定する際に、死亡保険金請求権を質権の目的とするときは、第三者のためにする契約から自己のためにする契約に変更することを要するか、又は保険金受取人の同意を要するかをめぐっては、裁判所の判断が分かれている。

V-2 差押え

既に述べたとおり、生命保険契約に基づく満期保険金請求権、解約返戻金請

求権、配当金請求権等々の諸権利は、民事執行法上、あるいは国税徴収法に基づく滞納処分による差押えの対象となる。

(1) 民事執行法上の差押え

民事執行法によれば、金銭の支払等を目的とする債権に対する強制執行は、執行裁判所の差押命令により開始されることになっており（143条）、「執行裁判所は、差押命令において、債務者に対し債権の取立てその他の処分を禁止し、かつ、第三債務者に対し債務者への弁済を禁止しなければならない」（145条）とされている。

(2) 差押えの対象

金銭に換価し得る財産は、差押禁止財産（民事執行法152条1項、2項参照）を除いて、差押え当時、債務者がそれを有するかぎり、その種類のいかんを問わず全てが差押えの対象となる。将来取得すべき財産も、その基礎をなす法律要件が現存し、いわゆる期待権と認められる程度にその発生が確実で特定可能なものは差押えに服するとされている（民法129条参照）。したがって、生命保険契約についていえば、満期到来後の満期保険金請求権はもちろん、満期到来前の満期保険金請求権も差押の対象となる（保険事故の発生により保険金受取人が取得する保険金請求権も、保険金受取人自身の固有の権利として、当然に保険金受取人の債権者による差押えの対象となる）。また、解約返戻金請求権は契約者が解約権を行使して初めて具体的な債権となるのであるが、いまだ具体化していない解約前の解約返戻金請求権についても、その差押えは可能となる。さらに、上記各請求権に加え、形成権も差押え可能とされているので、契約者の行使する解約権もその対象となる。もっとも、この解約権については単独での差押えは認められず、解約返戻金請求権とともにのみ認められるとする見解もあり、学説は対立している。なお、他人の死亡を保険事故とする保険契約の場合、その差押えにつき被保険者の同意は必要としない。

(3) 差押えの効力

債務者は、差押命令において債権の取立が禁止されるだけでなく、譲渡・質入その他一切の処分が禁止されている（民事執行法145条1項前段）。また、第三債務者は、差押えの効力によって債務者への弁済が禁止されている（同条1項後段）。

最高裁判所判決（昭和45年6月24日民集24巻6号587頁・裁判集民99号399頁）は、第三債務者は、差押え後に債務者との間で代物弁済、更改、相殺契約、債権額の減少・弁済期の延期など債務の消滅又は変更を目的とする契約をすることは許されないとしている。このことから、諸権利について差押命令を受けた当該契約につき、保険者からなす任意の契約者貸付は許されないものと判断される。けだし、差押え後に保険者が任意に契約者貸付をなし、これを解約返戻金から控除できるとすれば、解約返戻金請求権の差押えは、実質において効力のないものとなるからである。なお、第三債務者は、差押え前に取得していた債務者に対する債権と被差押債権とが、差押え前に既に相殺適状にあれば、たとえ差押え後であってもそれらを有効に相殺することができるとされている（判例通説）。

(4) 差押えの効力発生時期

民事執行法によれば、差押えの効力は差押命令が第三債務者に送達されたときに生ずるとされている（145条4項）。また、金銭の支払を目的とする債権を差し押さえた債権者は、債務者に対して差押命令が送達された日から1週間を経過したときは、その債権を取り立てることができるとされ（155条1項）、差押債権者が第三債務者から支払を受けたときは、その債権及び執行費用は支払を受けた額の限度で弁済されたものとみなされている（同条2項）。

(5) 差押えによる取立権

最判平成11年9月9日民集53巻7号1173頁・判時1689号45頁は、次のように判示し、取立権に基づく解約を認めた。

① 解約返戻金請求権は、保険契約者が解約権を行使することを条件として効力を生じる権利であり、解約権を行使することは差し押さえた解約返戻金請求権を現実化させるために必要不可欠な行為である。

② 差押命令を得た債権者が解約権を行使することができないと、解約返戻金請求権の差押を認めた実質的意味が失われる結果となるから、解約権の行使は解約返戻金請求権の取立てを目的とする行為というべきである。

③ 他方、生命保険契約は債務者の生活保障手段としての機能を有しており、その解約により債務者が高度障害保険金請求権又は入院給付金請求権等を失うなどの不利益を被ることがあるとしても、それにより民事執行法153

条により差押命令が取り消され、あるいは解約権の行使が権利の濫用となる場合を除いて、差押禁止財産として法定されていない解約返戻金請求権につき預貯金債権等と異なる取扱いをして取立ての対象から除外すべき理由は認められないから、解約権の行使が取立ての目的の範囲を超えるということはできない。

この最高裁判決は、差押債権者の解約権行使により保険契約が消滅し、それにより債務者側が著しく不利益を被るような場合には、解約権行使を権利濫用により封じる方法等により債務者側の利益にも考慮しつつ、債権者保護を優先したものであるといえる。

V-3　破　産

破産とは、「ある者が経済的に破綻して、その弁済力をもっては、総債権者に対する債務を完済することができなくなった状態、またはかかる状態に対処する法律的手段として、強制的にその者の全財産を管理換価して、総債権者に公平な金銭的満足を与えることを目的とする裁判上の手続」をいう（中田淳一『破産法・和議法』（有斐閣、1959年））。後半部分は裁判所の破産手続開始の決定による法律上の制度である。

保険契約において最も問題となるのは、保険契約締結後に破産手続きが開始し、その後に保険事故が生じた際の保険金請求権が、「破産者が破産手続開始決定前に生じた原因に基づいて行うことがある将来の請求権」（破産法34条2項）として、破産財団に属するか、あるいは新得財産となるかである。

一般的に、保険金請求権は保険契約締結とともに、保険事故の発生を停止条件とする債権として発生しており、保険事故発生前における保険金請求権（抽象的保険金請求権）も、差押えや処分が可能であると解される。このように、抽象的保険金請求権が、差押えや処分が可能であるとされている以上、破産者の財産に対する包括的差押えの性質を有する破産手続についても別異に解する理由はなく、保険契約が締結された時点で、抽象的保険金請求権は破産手続開始決定により破産財団に属させることが可能な財産として発生しているものとみるのが合理的である。したがって、破産手続開始決定前に締結された保険契約に基づく抽象的保険金請求権は、破産法34条2項の「破産者が破産手続開始決

定前に生じた原因に基づいて行うことがある将来の請求権」として、破産手続開始決定により、破産財団に属する財産になるものと解するのが相当であるとするのが一般的である（札幌地判平成24年3月29日判時2152号58頁）。本理論によれば、入院等給付金請求権についても同様の取扱いとなる。

一方で、第三者のためにする保険契約の受取人が有する保険金請求権は当該第三者の固有権であること、入院等給付金は入院日毎に請求権が発生するので新得財産に当たるとして否定的見解も有力である。

なお、保険契約者について破産手続きが開始したとき、保険契約に対する契約者としての一切の権利義務の管理処分権は破産管財人に移行し、契約の処分行為（解約権の行使等）は破産管財人に帰属する（最判平成28年4月28日民集70巻4号1099頁・判時2313号25頁「破産手続開始前に成立した第三者のためにする生命保険契約に基づき破産である死亡保険金受取人が有する死亡保険金請求権は、破産法34条2項にいう『破産者が破産手続開始前に生じた原因に基づいて行うことがある将来の請求権』に該当するとして、上記死亡保険金受取人の破産財団に属すると解するのが相当である。」）。

Ⅵ 介入権——契約当事者以外の者による解除の効力等(保険法60条・89条)

　生命保険契約や傷害疾病定額保険契約において、保険契約者はそれらの契約を解約することで解約返戻金を受領する権限が生じ、その処分権を有する。

　保険契約者に帰属する財産的処分権が生じる権利については、保険契約者の債権者がその財産権に対して差押えをしたり、あるいは滞納処分に付されたりし、さらには保険契約者が破産すると保険契約も含め破産財団を構成し、また、質権設定契約の対象として解約返戻金も含めその対象とされることも多い。

　差押債権者などが生命保険契約の解約権を行使すると生命保険契約の保障機能を喪失することから、保険契約者側が生命保険契約の継続を強く希望することがある。従来、当事者間の話し合いで、保険契約者の親族等が差し押えられた保険契約の解約返戻金相当額を差押債権者に払い込み差押えの取下げを図ってきた。

　これらを踏まえ、保険法では、さらに一歩進め差押債権者や破産管財人等、契約当事者以外の第三者で保険契約を解約(解除)できる者(「解除権者」)が、保険契約を解除しようとした場合にあっても、一定の条件のもと、保険金受取人が保険契約を存続させることができるよう規律した(60条・89条、絶対的強行規定)。いわゆる介入権の制度である。

　それによれば、死亡保険契約又は傷害疾病定額保険契約(いずれも保険料積立金のあるものに限る)について、解除権者から通知を受けた日から、1か月の期間内に、①保険契約者の同意を得て、②解除権者に解約返戻金相当額を支払い、③保険者にその旨を通知することにより、保険契約を存続させることができる(60条2項・89条2項)。

　保険契約が存続すれば解除の効力は生じず、一方、解除権者は解約返戻金相当額を取得することができる。

　なお、契約当事者以外の者とは、破産管財人による保険契約の解除(破産法53条1項)、差押債権者による取立権(民事執行法155条1項)に基づく保険契約の解除、解約返戻金請求権の質権者による保険契約の解除(民法366条1項)、保険契約者の債権者による保険契約者の任意解除権の代位行使(民法423条)、税務

117

署の差押債権の取立権（国税徴収法67条（差し押えた債権の取立））、国民年金保険料の差押えによる取立（国民年金法96条（督促及び滞納処分）4項「…徴収金を納付しないときは、国税滞納処分の例によってこれを処分し、…」）がある。

第4章

生命保険契約に基づく給付

I 保険金受取人

I-1 生命保険契約の受取人

(1) 受取人の地位

　保険金受取人は保険給付を受ける者として生命保険契約又は傷害疾病定額保険契約で定める者をいう（保険法2条5号）。

　生命保険契約上の一方の当事者たる保険契約者は、生命保険契約に基づく保険料の支払義務者であり、保険料を支払うことによって生命保険契約による利益を享受することができる。したがって、保険契約は、保険契約者みずからが保険金受取人となるのが通常の契約形態といえよう（「自己のためにする生命保険契約」）。しかし、生命保険契約は、保険契約者自身の生活設計のためになされるもののほかに、遺族の生活安定を図るために利用されるものでもあるため、法は、死亡保険金を受け取るべき者を保険契約者以外の第三者とすることを認めている。

(2) 保険金受取人の権利と義務

　保険金受取人は、保険金の取得につき受益の意思表示を必要とせず当然に保険契約の利益を受けることができる（保険法42条・71条、主たる内容は保険金を請求する権利を有することとなる）（大森忠夫「保険金受取人の法的地位」大森忠夫＝三宅一夫『生命保険契約法の諸問題』24頁（有斐閣、1958年））。しかしながら、保険事故が発生するまでの間、保険契約者は受取人の変更権を留保しているため（保険法43条・72条）、保険金受取人の地位は常に不安定な状態にある。したがって、保険事故が発生して初めてその地位は確定し、保険金請求権が具体化する。

　なお、保険契約者が保険金受取人を特に定めていない場合には、自分自身を保険金受取人とする趣旨と考えるのが一般的であり（一部約款にて「被保険者の遺族」とするものもある。その場合は、遺族を保険金受取人とする「第三者のためにする保険契約」ということになる）、その契約は「自己のためにする生命保険契約」となる。また、受取人が抽象的保険金請求権を放棄した場合もこれに準じ、受取人の指定のない契約、すなわち契約者が自己のためにする契約となると解される（東京高判平成24年7月10日事例研レポ284号12頁「共済契約者以外の第三者を

受取人とする場合とは異なるいわゆる自己のためにする共済契約における死亡共済金請求権は、…この場合には、共済契約に基づき受取人が取得すべき死亡共済金請求権は、受取人の死亡により開始する相続によって、その法定相続人が承継取得することになるものと解するべきであり、かつ、このように解することが共済契約の当事者の合理的意思に合致すると解される」、高松高判平成26年9月12日事例研レポ298号14頁「本件共済契約は、Aを被共済者兼共済金受取人としたものであったから、契約に基づきAの死亡という共済金支払事由により生じる死亡共済金請求権は、いったん共済金受取人であったAの遺産を構成すると認めることができるのであり、その後、相続によって、その相続人に前記請求権が承継されるものと解するのが相当である。すなわち、Aの相続人は、相続法理に従って、Aのもとに発生した死亡共済金請求権を承継し、これを行使するものと認めることができる」)。

　保険金受取人に指定された者は、契約当事者ではないから、指定されたことによって保険料支払の義務を負うことはない。

　保険金受取人の義務としては、被保険者が死亡したことを知ったときにはその事実を保険契約者とともに遅滞なく保険者に通知する義務がある（保険法50条・79条）。この通知義務の目的は、保険者の保険金支払義務の有無の決定をするにあたっての調査機会の付与にあり、この義務の法的性質は保険契約上の債務であり、この通知義務につき保険契約における信義誠実の原則上許されない目的のもとに懈怠した場合には、保険金支払義務を免れ得ることも有り得る（損害保険について、改正前商法658条に関する最判昭和62年2月20日民集41巻1号159頁、東京高判平成8年10月30日生保判例集8巻685頁）。保険金受取人の義務としては、保険契約者とともに「保険者が前二項に規定する確認をするために必要な調査を行うに当たり、保険契約者、被保険者又は保険金受取人が正当な理由なく当該調査を妨げ、又はこれに応じなかった場合には、保険者は、これにより保険給付を遅延した期間について、遅滞の責任を負わない」と定められており（保険法52条3項・81条3項）、調査協力義務を負う。このことは保険約款上の「4項及び5項に掲げる必要な事項の確認に際し、保険契約者、被保険者または保険金の受取人が、正当な理由がなく当該確認を妨げ、またはこれに応じなかったときは、これにより当該事項の確認が遅延した期間の遅滞の責任を負わず、その間は保険金を支払わない」との規定と軌を一にするものと解される。

Ⅰ-2　受取人固有の権利としての保険金請求権

Ⅰ-2-1　保険金請求権と相続財産

　保険金受取人が得る保険金は、保険契約に基づいて受取人が原始的に取得する財産であり、相続人として得る相続財産ではない（最判昭和48年6月29日民集27巻6号737頁・判時708号85頁「被保険者死亡のときにおけるその相続人たるべき者のための契約であり、その保険金請求権は、保険契約の効力発生と同時に相続人たるべき者の固有財産となり、被保険者の遺産から離脱したものと解すべきである」）。

(1)　第三者のためにする生命保険契約の場合

　第三者のためにする生命保険契約においては、保険契約者とは別人である保険金受取人が保険金請求権を取得する（保険法42条・71条）。この場合、保険金受取人は、指定されると同時に受取人固有の権利として条件付きの保険金請求権を取得するとされている。すなわち、保険金請求権は保険契約に基づくものであるところから、保険金受取人は自己固有の権利として原始的にそれを取得するのである。また、保険契約者や被保険者の相続人が保険金受取人として指定された場合でも、当該相続人は、保険契約者や被保険者がいったん取得した保険金を相続によって承継的に取得するのではなく、各々の相続人が受取人固有の権利として原始的に取得するものとされている（最判昭和40年2月2日民集19巻1号1頁「本件養老保険契約において保険金受取人を単に『被保険者またはその死亡の場合はその相続人』と約定し、…右の如く保険金受取人としてその請求権発生当時の相続人たるべき個人を特に指定した場合には、右請求権は、保険契約の効力発生と同時に右相続人の固有財産となり、被保険者（兼保険契約者）の遺産より離脱しているものといわねばならない。然らば、他に特段の事情の認められない本件において、右と同様の見解の下に、本件保険金請求権が右相続人の固有財産に属し、その相続財産に属するものではない旨判示した原判決の判断は、正当としてこれを肯認し得る」、前掲最判昭和48年6月29日「『保険金受取人の指定のないときは、保険金を被保険者の相続人に支払う。』旨の条項は、被保険者が死亡した場合において、保険金請求権の帰属を明確にするため、被保険者の相続人に保険金を取得させることを定めたものと解するのが相当であり、保険金受取人を相続人と指定したのと何等異なるところがないというべきである。そして、保険金受取人を相続人と指定した保険契約は、特段の事情がない限り、被保険者死亡のときにおけるその相続人たるべき者のための契

約であり、その保険金請求権は、保険契約の効力発生と同時に相続人たるべき者の固有財産となり、被保険者の遺産から離脱したものと解すべきであることは、当裁判所の判例（前記最高裁判決昭和40年2月2日）とするところであるから、本件保険契約についても、保険金請求権は、被保険者の相続人であるXらの固有財産に属するものといわなければならない。なお、本件保険契約が、団体保険として締結されたものであっても、その法理に変りはない」）。

(2) 自己のためにする生命保険契約の場合

自己のためにする生命保険契約においては、保険契約者である保険金受取人が自己の締結した契約に基づいて保険金請求権を有することとなる。受取人の指定がないとき、指定が不明で有効な指定とみられない場合も、それが自己のためにする生命保険契約となることについては既に述べたとおりである。

I-2-2　保険金請求権と相続の限定承認・放棄

保険金受取人が「相続人」あるいは「相続人・何某」と指定されているとき、その相続人が相続財産を限定承認し、あるいはその承継を放棄したとしても、保険金請求権は受取人固有の権利であるので、その効果は受取人の取得する保険金請求権には及ばないとされている（大判昭和10年10月14日新聞3909号7頁「A（契約者兼被保険者）と訴外保険会社との間になしたる保険契約により被上告人Xを受取人とする保険金債権はAの死亡により始めて被上告人のために生じたる債権なるを以て該債権は相続財産に属せずして被上告人の固有財産なりというべく…」、大判昭和11年5月13日民集15巻877頁「案ずるに、生命保険契約において保険契約者が自己を被保険者兼保険金受取人と定むると同時に被保険者死亡のときは被保険者の相続人を保険金受取人たらしむべき旨漫然定めたるごとき場合において、右被保険者死亡したるときはこれに基づく保険金請求権は一旦相続財産に属すべきや否やに付いては解釈上疑義なき能わざるも、右と異なり、上記被保険者死亡のときは其の長男たる相続人某を保険金受取人たらしむべき旨特にその相続人の氏名を表示して契約したる場合にあっては、被保険者死亡と同時に前示保険金請求権は該保険契約の効力として当然右特定相続人の固有財産に属すべく、その相続財産たる性質を有すべきものに在らずと解するを相当とす。しからばこの場合、右相続人において家督相続開始の後適法に限定承認の手続を執りたる以上、其の被相続人に対する債権者において該

保険金請求権を差し押えこれが転付を受くることを得ざるものといわざるを得ず」、最判平成 4 年 3 月13日民集46巻 3 号188頁「…指定受取人である A の死亡によって、その法定相続人である保険契約者兼被保険者 X_1、X_2 および X_3（いずれも相続を放棄）が保険金受取人としての地位を取得する…、相続人死亡の場合は、相続人の相続人を以って、その者が生存している限りにおいて、保険金を取得し、相続人が保険契約者兼被保険者の場合も同様である…、X_1 の保険金請求権が同人の相続財産に帰属することはない」（第 4 章 I - 7 (3)参照））。

I - 2 - 3　受取人が有する損害賠償請求権と生命保険金

　保険事故が第三者の不法行為によって生じたとき、それによって支払われる生命保険金は、受取人が第三者に対して有する損害賠償の請求額から控除されるべきか否かが古くから争われた。かつては控除説をとる判例も下級審において若干見受けられていたが、近年では、判例・学説ともに非控除説の立場に立っている（最判昭和39年 9 月25日民集18巻 7 号1528頁・裁判集民75号521頁「生命保険契約に基づいて給付される保険金は、これを不法行為による損害賠償額から控除すべきいわれはない」、最判平成 7 年 1 月30日民集49巻 1 号211頁「被保険自動車に搭乗中の者がその運行に起因する事故により傷害を受けて死亡したときはその相続人に定額の保険金を支払う定めがあり、このような条項に基づく死亡保険金は、被保険者が被った損害をてん補する性質を有するものではない」）。

I - 2 - 4　死亡保険金請求権と特別受益の持戻し及び遺留分減殺請求

　保険金受取人として指定された相続人が受領した死亡保険金等を、遺産分割における具体的相続分額の算定にあたって特別受益として民法903条に基づき持戻しの対象とすべきか、死亡保険金等が民法1031条に基づく遺留分減殺の対象となるかが争われることがある。

(1) 特別受益（民法903条）として持戻しの対象となるか否か

　学説の多くは、被相続人が保険料を支払った場合、保険金請求権は保険料の対価たる実質をもち、遺贈ないし死因贈与に準ずべき財産とみられるから、遺産分割に際して共同相続人への衡平を図るため持戻しの対象とすべきであるとする。

125

最高裁は、保険金等は特別受益として持戻しの対象となるかについて、相続人が取得する死亡保険金請求権又はこれを行使して取得した死亡保険金は、民法903条1項に規定する遺贈又は贈与に係る財産には当たらないと判示した。もっとも、最高裁は、「保険金受取人である相続人とその他の共同相続人との間に生ずる不公平が民法903条の趣旨に照らし到底是認することができないほどに著しいものであると評価すべき特段の事情が存する場合には、同条の類推適用により、当該死亡保険金請求権は特別受益に準じて持戻しの対象となると解するのが相当である」と判示し、一定の例外を認めている（最決平成16年10月29日民集58巻7号1979頁・裁時1375号3頁・判時1884号41頁）。

(2) 死亡保険金等が民法1031条に基づく遺留分減殺の対象となるか

死亡保険金等が民法1031条に基づく遺留分減殺の対象となるかという点については、最判平成14年11月5日民集56巻8号2069頁は、とくに例外の余地に言及することなく、保険金受取人を変更する行為が民法1031条に規定する遺贈又は贈与に当たらないことを理由にこれを否定した。

I-3　保険金受取人の変更
I-3-1　保険金受取人の指定

改正前商法では「指定・変更」としていたが、保険法では、「指定」という概念を用いずに、「変更」のみとしている。常に保険金受取人（保険法2条5号）が存在することを前提としているからである。

実務上は、保険金受取人は、生命保険約款によってあらかじめ定められている場合（保険会社により、また法人契約形態によって例外はあるものの、高度障害保険金と入院等給付金については被保険者が、生存保険金については保険契約者が受取人とされている）、あるいは契約の申込書上事前に印字されている場合（養老保険においては、保険契約者が満期保険金受取人とされている例が多い）を除き、大方は契約申込時に保険契約者によって指定される。

I-3-2　保険金受取人の変更

改正前商法においては保険金受取人変更権を留保していないのを原則とするので、保険契約者は別段の意思表示により（保険約款の定めによる）、保険金受取

人を変更することができる（同675条1項ただし書）とされていたが、保険法では、保険契約者は、保険事故が発生するまで、保険金受取人を変更することができることとされている（保険法43条1項・72条1項）。また、保険金受取人変更に関しては、通知による保険金受取人変更（保険法43条2項・72条2項）と遺言による受取人変更（保険法44条・73条）が認められている。

(1) 保険金受取人変更について

先に説明のとおり、保険契約者は、保険事故が発生するまでは、保険金受取人を変更することができる（保険法43条1項・72条1項）。

保険法は、保険契約者は保険金受取人を変更する権利を留保することとした。保険事故発生によって保険金受取人の権利は金銭債権として具体化し、保険金受取人の固有の権利として確定し、保険金受取人の変更権は消滅することとなる。保険金受取人変更権を保険契約者に留保させる理由は、生命保険契約は通常は20年、30年という長期間にわたり継続するものであって、契約当初の諸事情も変化（指定された保険金受取人の死亡、保険契約者との属人的関係の変動等）から、保険金受取人を変更する必要が生じることが多いためであるので、保険契約者に変更する権利を留保させることを原則としている。

第三者のためにする保険契約（保険法42条・71条）は民法でいう「第三者のためにする契約」の一種と認められている（民法537条）が、保険金受取人に指定された者は当然に保険契約の利益を享受する。保険契約者が受取人の変更権を留保し、保険金受取人の承諾を得ずに何時でも変更権を行使することを可能とするため受益の意思表示を求めていない。保険契約の利益の享受、すなわち保険金請求権は、保険契約に基づく保険金受取人の自己固有の権利として原始的に取得する（最判昭和40年2月2日民集19巻1号1頁、最決平成16年10月29日民集58巻7号1979頁）。保険金受取人は直接保険者に対して保険金を請求することができることとなる。

(2) 保険金受取人変更の意思表示

ア 意思表示の相手方・方法

改正前商法下においては、受取人変更の相手方、方法について定めはなく、保険金受取人の指定・変更は保険契約者のなす一方的な意思表示によってその効力が生じ、意思表示の相手方は保険者である必要はなく、新旧受取人のいず

れであってもよいと解されていた（最判昭和62年10月29日民集41巻7号1527頁）。

保険法は、受取人変更の意思表示は、保険者を相手とする意思表示であることに限定した（保険法43条2項・72条2項）。限定する趣旨は、保険金受取人が誰であるかは保険契約の内容をなす事項であること、また、当事者間の法的確実性の観点からも要請されるからである。

保険法は保険金受取人変更の意思表示の方式については特段の定めがないから、口頭、電話による意思表示も有効であるが、保険約款で所定の書式によることを定め、その書式によるものも有効と解される。

　イ　意思表示の効力発生

「保険金受取人変更の意思表示は、その通知が保険者に到達したときは、当該通知を発した時にさかのぼってその効力を生じる」（保険法43条3項・72条3項）と規定し、保険金受取人の変更の意思表示が相手方（保険会社）に到達した時にその効力を生じる（民法97条）。

受取人変更の意思表示は、保険契約者が受取人変更請求書にその旨を記載し、発信し保険者の営業所、支店・本店の機関に到達する経過をたどる。保険者のごとき大規模な組織体においては、本店又は処理権限が委譲された支店に達したときと解することに異論はない（四宮和夫＝能見善久『民法総則〔第7版〕』224頁（弘文堂、2005年））。

ところで、隔地者に対する意思表示は、その通知が相手方に到達した時からその効力を生じる趣旨は、相手方を保護する一方、到達するまでの時間的リスクは表意者が負担することとなる（民法97条）（川島武宜『民法総則』214頁（有斐閣、1965年））。この民法の規定の趣旨を考えれば、受取人の変更の意思表示は、保険者の機関が受領したとき「到達した」とみるのが妥当である。さらに一歩進め、保険契約者の期待保護のため、保険者の営業職員への交付をもって到達と解すべきであるとする（山下友信＝米山高生『保険法解説』308頁〔山野嘉郎〕（有斐閣、2010年））。

　ウ　「当該通知を発した時に遡ってその効力を生ずる」

　　a　保険契約の概ねの取引は隔地者間によるもので、意思表示の効力発生時期は特別な規定がある場合は別として、その意思表示が到達した時に効力が生じる（民法97条1項）。

保険法は、保険者への「到達」を条件に「当該通知を発した時」に遡及して効力が生じるとして、到達前に生じた保険事故についても、新たな受取人が保険金請求権を得ることとした（大判昭和15年12月13日民集19巻24号2381頁は、受取人の変更の意思表示の相手方は保険者とし、その意思表示が発信後、保険者への到達前に被保険者が死亡した事案につき、受取人の変更の効力は生じないと判示しているが、保険契約者の意思の尊重の面から批判されている）。

このように、保険法は、民法の特則として受取人変更の意思表示の保険者への「到達」を効力発生要件として「発信時」に遡及して受取人変更の効力が生じると規定した。

　　　b　「当該通知を発した時」とは

「当該通知を発した時」とは、「受取人変更の意思表示」が保険者に対して発信されたとき、例えば、保険金受取人の変更請求書を投函したり、本人、代理人が保険者にの機関に持参したり、あるいは営業職員に手交したとき等である。

　　　c　保険金受取人を変更する通知の到達前の保険金の支払

受取人の変更通知が保険者に到達することを条件に変更の通知を発信した時に遡って効力を生じるとするが、「ただし、その到達前に行われた保険給付の効力を妨げないものとする。」とされている（保険法43条3項ただし書・72条3項ただし書）。「当該通知の発信」から「到達」までの間に保険事故が発生し、旧受取人からの請求に対して保険者が保険金を支払ったときは、保険者は新受取人に対して保険金支払の責めを負わない。

先に見たとおり保険契約者の意思表示が保険者へ「到達」したとき保険金受取人変更の効力が生じる。保険金受取人変更手続する機関に到達するまでの間になされた旧保険金受取人への弁済は、受取人変更の効力発生後のものであり、保険者に帰責事由があり有効な弁済とは認められず、債権準占有者への弁済の要件を欠き免責されない（民法478条）。

　　　d　保険法43条1項・72条1項は、任意規定であるので、例えば、こども保険などの商品特性から、保険契約者に受取人変更を留保させる必要がないものは約款で限定することに問題はない。

I-3-3　保険金受取人の変更と被保険者の同意

死亡保険契約の受取人の変更は、被保険者の同意がなければ、その効力を生じない（保険法45条・74条）。したがって、同意のない受取人の変更は効力が生じない。

Ⅰ-3-4　保険契約者の意思確認

保険契約者兼被保険者とする生命保険契約においては、保険契約者が死亡することによって受取人変更の意思表示の有効性が往々にして問題となる。これについては、裁判所は、保険契約者の意思能力につき、当時の医学的所見や、生前の言動などから、合理的であったか否かを推認し、その変更意思の有効か否かの判断をしている。

Ⅰ-3-5　遺言による受取人変更

⑴　遺言について

法律上の遺言は、①相手方のない意思表示であり、②遺言者の死亡の時から効力を生じ（民法985条1項）、③その方式（要式）は、厳格に法定された方式（自筆証書、公正証書又は秘密証書）によらなければならない（民法967条）が、一方、④いったんなされた遺言は、いつでも取り消すことができる（民法1022条～1024条）という不確定な意思表示である。

遺言はこのような特殊な意思表示であるので、保険会社は遺言によっての受取人変更を認めることには消極的であった（「全財産を○○に遺贈する」とする遺言が多いが、その遺言には生命保険契約の受取人を変更が含まれるかとする訴訟につき、保険金請求権は、保険契約の効力発生と同時に保険金受取人と指定された者の固有財産となり、保険契約者の財産から離脱しているものというべきであるから、保険契約者の遺産から離脱しており、遺言の「全財産」には含まれないと裁判所は否定している（名古屋高判平成13年7月18日生保判例集13巻573頁、大阪地判昭和56年6月26日、東京高判昭和60年9月26日文研生保判例集3巻67頁ほか））。一方で、保険契約者が遺言によってその変更権を認める裁判例がある（東京高判平成10年3月25日生保判例集10巻149頁、その原審東京地判平成9年9月30日生保判例集9巻410頁）。

高齢化社会を迎え、生命保険がより有効に機能するためには、保険契約者の多様なニーズに対応する必要があり、遺言によっての保険金受取人変更のニー

ズがあり得ることから、保険法で「遺言による保険金受取人の変更」を認める規律を設けた（保険法44条・73条、萩本修編著『一問一答保険法』85頁（商事法務、2009年））。

　　ア　「遺言」によって処分できる権利

　「遺言」によって処分ができるのは、遺言者である被相続人の財産（民法964条）であるから、保険契約者が有する保険契約に基づく諸権利（積立金・解約返戻金の払戻請求権、配当金請求権、保険契約者貸付請求権等）に対する処分権があり、これらは遺言事項の対象となる（ただし、保険金支払事由が生じたとき、保険約款上で積立金、配当金などは死亡保険金と同時に保険金受取人に支払うこととしている）。

　保険契約者の相続財産に属さないとされる保険金請求権を指定された者から他の者に帰属させようとするときは、保険契約者は受取人変更権を行使する必要がある。保険法は、「遺言」による受取人変更権を認めた。

　なお、保険金受取人の変更についての遺言は、民法967条以下が準用され、例えば、方式に欠ける遺言は無効とされる。

　　イ　効力発生について

　遺言の効力の発生時期は、遺言者死亡時となる（民法985条1項）。そうすると遺言者で被相続人である保険契約者兼被保険者が死亡したときに保険金請求権は具体化する一方、「保険事故が発生するまで」遺言による保険金受取人変更ができる（保険法43条、萩本・前掲書186頁（注2））。

　なお、遺言書に「保険金受取人を変更する」旨の記載がある場合は、変更の意思表示があったと認めることができる（神戸地判平成15年9月4日生保判例集15巻543頁）。

　問題となるのは、遺言事項が、保険金受取人を変更するかにつき不明確な場合である。不明確な遺言事項につき、最高裁は、遺言書作成当時の事情及び遺言者の置かれていた状況などを考慮して遺言者の真意を探求し遺言事項を確定すべきものであるとする解釈原則を示している（最判昭和58年3月18日裁判集民138号177頁、最判平成17年7月22日裁判集民217号581頁・判時1908号128頁も前記最判を踏襲した。）。

　しかし、遺言については、第三者の立場である保険者は、その間の事情につ

いては知り得ない。その解釈をめぐって相続人間で厳しい対立が生じ、その紛争に巻き込まれる懸念がある。そこで、保険者は債権者不確知（民法494条後段）として保険金を供託することも可能である（遺言書の真偽をめぐり争われた事案につき保険者による保険金の供託は有効とする裁判例、①大阪地判昭和60年1月29日文研生保判例集4巻146頁、②横浜地相模原支判平成9年12月24日生保判例集9巻596頁、③東京地判平成16年5月26日生保判例集16巻337頁、その控訴審東京高判平成16年10月20日生保判例集16巻828頁。供託を無効とした判例、大阪地判平成2年12月14日文研生保判例集6巻278頁）。

(2) 保険者に対する対抗要件

「遺言による保険金受取人の変更」は、その効力は遺言者である保険契約者が死亡時に生じることとなるが、その旨を保険者へ通知して、はじめて保険金受取人であることを対抗することができる（保険法44条2項・73条2項）。

そして、「遺言による受取人変更」における対抗要件の通知は、保険契約者の相続人による。その通知は、保険金の支払前であれば「対抗要件」を具備できるとされている。遺言執行者の定めがあるときは、その者による（民法1012条）。

なお、遺言事項による受取人変更があった旨の通知は保険者に対する対抗要件であり、迅速性から遺言者の相続人のうちの一人からの通知で足りる（萩本・前掲書186頁（注4）は、複数人の相続人がいるとき一人が行えば足りる。保険法の他の規定との整合性、相続人全員であるときはその旨を規定している（保険法46条・75条））。

Ｉ-3-6　受取人変更と債権者不確知による弁済供託

債務者が金銭等の給付を目的とする弁済をなす場合、債務者がそれを履行しようとしても債権者がその受領を拒むとか、債権者側の事情（債権者の住所不明等）によってそれができない場合がある。

債務者がいつまでも債務の履行ができないとすると、債務者は債務の目的物を絶えず準備しておかなければならないほか、当該債務に関する利息又は遅延損害金も発生する可能性がある等種々の不利益を被ることになる。そこで、民法494条では、このような場合、債務者が債務の目的物を供託することによって、債務の弁済をしたのと同様の効果を生じさせている。すなわち、同条は、その

供託の原因を①債権者が弁済の受領を拒んだとき、②　債権者が弁済を受領できないとき、③弁済者の過失なくして債権者を確知できないときの３事由に限定し、これらに該当すれば供託することができるとしている。

　なお、生命保険契約の場合、受取人変更が行われたが契約者（＝被保険者）が死亡した結果、保険契約者が受取人変更の意思表示をしたか否かの有無、あるいは保険契約者の受取人変更当時の意思能力の有無等について疑義があり、新旧受取人間で争いが生じた場合には、保険者は死亡保険金額等を「債権者を確知できない」として供託することがある（東京地判平成13年11月８日生保判例集13巻817頁「本件の生命保険契約について、保険金受取人をＢに変更する旨の名義変更請求書が保険会社に提出の直後に保険契約者が死亡したため、受取人の変更が真に保険契約者の意思に基づくものであるか否かの確認ができなくなり、保険会社は、債権者を確知できないとして、被供託者を原告又はＢとして、前記の弁済供託をしたことを認めることができる。」）。

Ⅰ-3-7　受取人変更と詐害行為

　第三者のためにする生命保険契約の場合、指定された保険金受取人が取得する保険金請求権は、保険契約者兼被保険者がいったん取得した権利を承継取得するものではなく、保険契約に基づき保険金受取人と指定されたことにより、自己固有の権利として原始的に取得するものである。したがって、保険金請求権は保険金受取人の固有の財産となるので、債務者である契約者が保険金受取人を他の者に変更したとしても債務者である契約者の責任財産を減少させるものとはならず、受取人変更が詐害行為（民法429条以下）に該当することはない（札幌地判昭和57年７月22日文研生保判例集３巻270頁）。

Ⅰ-4　受取人変更と対抗要件

⑴　対抗要件の具備

　改正前商法は、「保険契約者が契約後保険金額を受取るべき者を指定又は変更したるときは保険者に其指定又は変更を通知するに非らざれば之を以て保険者に対抗することを得ず」（677条１項）と定め、保険契約者は、保険契約成立後保険金受取人の指定変更を保険者に通知しなければ保険者に対抗することはで

133

きないとしていた。この通知は会社のどの機関に通知されれば到達したことに
なるかが問題となり、判例は、保険会社の支社に保険金受取人変更請求書が届
いた時点と解されていた（東京高判昭和47年7月28日文研生保判例集2巻16頁）。
なお、この受取人変更の対抗要件は被保険者の死亡後であっても、死亡保険金
支払前に通知されていれば足りると解されていた（最判昭和62年10月29日民集41
巻7号1527頁「商法第677条第1項は、保険契約者が保険金受取人を変更したときは、
これを保険者に通知しなければ、これを以て保険者に対抗できない旨規定するが、こ
れは二重弁済の危険にさらされることを防止するため、右通知を以て保険者に対する
対抗要件とし、これが充足されるまでは、保険者が旧保険金受取人に保険金を支払っ
ても免責されるとした趣旨のものにすぎないというべきである。」)。

(2)　**保険法の受取人変更の通知について**

　保険法は、保険金受取人変更の意思表示の相手方を保険者に限定するととも
に、当該通知が保険者に到達したときは、意思表示の効力が発信時に遡って生
じるので、そのため対抗要件の問題は生じない。

Ⅰ-5　受取人変更と利益相反行為

　法人契約において、法人の代表取締役が、その法人を代表して保険金受取人
変更の意思表示をなしたとき、その内容が法人の保有していた保険金請求権を
消滅させ、取締役個人（あるいは取締役個人の親族）に保険金請求権を発生させ
る効果を有するものである場合には、それが取締役と会社との間で利益相反す
る取引として会社法356条1項3号の規制を受けるか否かが問題となる。一般
的には、会社法356条は、取締役と会社との利益相反取引に関して取締役会の承
認を要すると規定しているところから、これに違反する取引は会社と当該取締
役との間では無効となるが（名古屋地判昭和58年9月26日判タ525号287頁、高知地
判昭和59年9月27日文研生保判例集4巻87頁、仙台高判平成9年7月25日生保判例集
9巻353頁・判時1626号139頁「保険金受取人変更の手続については、代表取締役であ
るA自身の取引と同視し得るものとして、商法265条1項を類推適用することができ
るものと解すべきであり、XはYに対し、その無効を主張することができる」)、善意
の第三者に対しては会社はその無効を対抗できないとされており、会社が第三
者に対して無効を主張するには、第三者が取締役会の承認がないことにつき悪

意であったことを立証しなければならないとされている（相対的無効説）。

　保険金受取人の変更行為の性質やそれが保険者にとって何等経済的損得をもたらすものでないことを考慮すると、法人代表者による受取人変更行為は、会社法356条１項３号が規制の対象として予定しているところの会社と取締役あるいは会社と第三者の「取引」とは言い難く、また、保険者としても、保険金受取人の変更行為について取締役会の承認がないことを理由に変更を拒否するのは難しいとするものである。しかしながら、会社の出捐による保険料の対価としての条件付き保険金請求権である法人の財産を減少する行為である関係からみれば保険金請求権を会社から取締役に直接移転する行為であって直接取引として扱われるべきものであるとする有力説が主張されている（山下・前掲書507頁）。

I-6　保険金受取人が「相続人」と指定されているとき

　保険契約者が保険金受取人を単に「相続人」あるいは「法定相続人」とのみ指定する契約がある（この種の契約は、保険契約締結時、保険金受取人を抽象的に指定した「第三者のためにする生命保険契約」であると解されている）。この場合、「相続人」との指定は、相続によって権利を取得させるとするものではなく、「相続人」の地位を有する者を受取人とするものである。したがって、「相続人」が取得した保険金請求権は保険契約の直接の効果として「相続人」たる受取人が取得する固有の権利であり、相続財産となるものではない（東京地判昭和61年４月22日文研生保判例集４巻344頁）。

⑴　保険金受取人として指定された「相続人」について

　保険契約者が指定した「相続人」は、その地位を有する者を受取人としたものと解されるので、相続放棄・限定承認したとしても保険金受取人としての地位を失うものではないと解されている。なお、相続欠格と相続廃除の裁判が確定した場合は、相続人の地位を喪失することとなり、保険金受取人としての地位も失うこととなる（最判昭和40年２月２日民集19巻１号１頁「本件養老保険契約において保険金受取人を単に『被保険者またはその死亡の場合はその相続人』と約定し、被保険者死亡の場合の受取人として特定の氏名を挙げることなく抽象的に指定している場合でも、保険契約者の意思を合理的に推測して、保険事故発生のときにおい

て被指定者を特定し得る以上、右のごとき指定も有効であり、特段の事情のない限り、右指定は、被保険者死亡のときにおける、すなわち保険金請求権発生当時の相続人たるべきもの個人を受取人として特に指定したいわゆる他人のためにする保険契約と解するのが相当である。右のごとき保険金受取人としてその請求権発生当時の相続人たるべき個人を特に指定した場合には、右請求権は、保険契約の効力発生と同時に右相続人の固有財産となり、被保険者（兼保険契約者）の遺産より離脱しているものといわねばならない」）。

(2) 誰の、いつの相続人が受取人となるか

保険契約者の「相続人」とする考え方もあるが、前掲最判昭和40年2月2日に判示するように被保険者の死亡と関連してなされる保険金の支払であることから、被保険者の「相続人」とみるのが最も合理的であり、かつ保険契約者の意思とも合致するものである。そして、その「相続人」とは被保険者死亡の時の「相続人」と解するのが一般的である。

(3) 保険金受取人として指定された「相続人」が複数存在する場合の受取割合

民法は分割債権関係につき「数人の債権者又は債務者がある場合において、別段の意思表示がないときは、各債権者又は各債務者は、それぞれ等しい割合で権利を有し、又は義務を負う」（427条）と定めている（最判平成5年9月7日民集47巻7号4740頁・裁時1106号2頁「商法第676条第2項の規定の適用の結果、指定受取人の法定相続人とその順次の法定相続人とが保険金受取人として確定した場合には、各保険金受取人の権利の割合は、民法第427条の規定の適用により、平等の割合になるものと解すべきである」）。保険契約者が保険金受取人を「相続人」とある契約は、ここにいう「別段の意思表示」をなすもので民法の相続割合によることの意思であったとする見解がある（最判平成6年7月18日民集48巻5号1233頁「契約者は本件契約に基く死亡保険金の受取人を『相続人』と指定したものというべきである。そうすると、前に説示したところによれば、上告人は、本件契約に基く死亡保険金につき、その法定相続分である4分の3の割合による権利を有することになる」）。

また、保険約款で「保険金受取人が複数あるときは、受取割合は均等とする」と定めるものもあり、この場合は保険約款に従うことになる。

Ⅰ－7　死亡保険金受取人の死亡と保険金請求権の帰属

(1)　改正前商法の規定

　第三者のためにする生命保険契約において、保険金受取人が被保険者より先に死亡した場合は、契約者が新たに保険金受取人を指定することが望ましいが、保険金受取人の指定変更がなされる前に被保険者が死亡することも間々見受けられ、その場合の受取人が問題となることがある。

　改正前商法はこのような場合を想定して、「保険金額を受取るべき者が被保険者に非ざる第三者なる場合に於てその者が死亡したるときは保険契約者は更に保険金額を受取るべき者を指定することを得、②保険契約者が前項に定めたる権利を行わずして死亡したるときは保険金額を受取るべき者の相続人を以て保険金額を受取るべき者とす」と規定していた（676条）。

　同条は、保険契約者が保険金受取人の指定変更権を留保していない場合の規定と解されていたため、指定変更権を留保している保険契約には適用されなかった。しかし、同条2項の規定は指定変更権を留保している場合にも類推適用されると解されていた。そして、その解釈については学説上争いがあったが、通説は、同条2項を「保険契約者の再指定がないかぎり、不確定ながら最初の保険金受取人の相続人が保険金受取人の地位を有していて、保険契約者の死亡によりその権利が確定する」と解し、「保険契約者が死亡せずとも、再指定がない間に被保険者が死亡したときは、保険金受取人であった者の相続人が保険金請求権を有する」と解していた。そして、この「保険金受取人の相続人」には、保険金受取人の相続人のほか、その相続人が死亡している場合にはその相続人又は順次の相続人が保険金受取人になると解されていた。

　なお、これら相続人が保険金受取人として取得する保険金請求権は、受取人固有の権利として原始的に取得するものであって、相続によって承継取得するものではないことは既に述べたとおりである。

　また、保険金受取人の相続人が複数人存在している場合、判例では、各相続人が取得する受取割合は民法427条に基づき各人平等の割合とされている。

(2)　保険法の規定

　改正前商法においては、保険契約者が再指定をしない間に保険事故が発生した場合に、保険金請求権が誰に帰属するかは必ずしも明確ではなかったが、保

137

険法の下では、それが死亡した保険金受取人の相続人に帰属することとなることが明らかにされた（保険法46条・75条）。

保険法と改正前商法との相違点は、

①　保険法の規律は、保険金受取人が死亡した場合に一般的に適用されるものであり、保険金受取人が死亡してから保険事故が発生するまでの間に誰が保険金受取人であるかを明確にした。

②　保険法では、保険金受取人を変更する権利が特別の意思表示により放棄されていない限り、保険契約者は、保険事故が発生するまでに自由に保険金受取人を変更することができるため（保険法43条1項・72条1項）、保険金受取人が死亡した場合には保険契約者が原則として保険金受取人を変更（再指定）できるのは、言うまでもなく、このための特別規定はない。

③　改正前商法675条2項の規定（保険契約者が保険金受取人の変更権を行使しないで死亡した場合は保険金受取人の権利が確定する）の廃止により、保険契約者が死亡した場合には、その地位を承継した相続人が保険金受取人を変更することができることになっているため、保険法では、改正前商法676条2項とは異なり、保険金受取人が死亡し、その後保険契約者が死亡した場合にも、その相続人が保険金受取人を変更することができる。

したがって、保険金受取人が死亡した後、その相続人は保険法46条・75条により保険金受取人となるものの、それはまだ暫定的、一時的な地位にすぎず、保険契約者が保険金受取人を変更しない間に保険事故が発生したか、保険事故の発生前に保険契約者も死亡し、その相続人が保険金受取人を変更しない間に保険事故が発生してはじめて、最終的な保険金受取人となる。

(3)　相続人の範囲

大判大正11年2月7日民集1巻1号19頁は、改正前商法676条2項にいう保険金受取人の相続人とは、保険金受取人が死亡した当時における相続順位に従い相続人となった者をいい、保険契約者が保険金受取人を再指定しないで死亡し、その以前に保険金受取人の相続人も死亡したときは、保険金受取人の相続人もしくは順次の相続人で保険契約者が死亡した当時生存するものが保険金受取人となると判示した。この判決は、保険金受取人の範囲を弾力的に解釈し、相続人の相続人も同規定にいう相続人に含まれることを明らかにした。また、

最判平成 5 年 9 月 7 日民集47巻 7 号4740頁も、改正前商法676条 2 項にいう「保
険金額ヲ受取ルヘキ者ノ相続人」とは、保険契約者によって保険金受取人とし
て指定された者（指定受取人）の法定相続人又はその順次の法定相続人であって
被保険者の死亡時に現に生存する者をいうと判示し、大審院判決の立場を踏襲
した。さらに、最判平成 4 年 3 月13日民集46巻 3 号188頁は、保険金受取人の死
亡により保険金受取人となった保険契約者兼被保険者も死亡したときは、保険
金受取人は更にその法定相続人に変更されたものとなり、死亡した保険契約者
に保険金受取人としての地位が残らないとし、商法672条 2 項にいう保険金受
取人の相続人には順次の相続人も含まれるとの解釈が確立した。

(4)　理論構成

死亡した指定受取人の相続人又はその順次の相続人であって、保険事故発生
時に生存する者が保険金受取人の地位を取得するという結論を導くための理論
構成として、改正前商法の下では①指定失効説、②指定非失効説が主な学説で
あるが、指定失効説が有力に主張されていた。

保険法では、保険金受取人が保険事故（給付事由）の発生前に死亡したとき
は、その相続人の全員が保険金受取人となるが（保険法46条・75条）、これは、保
険金受取人が死亡してから保険事故が発生するまでの間に、死亡した保険金受
取人の相続人が保険金受取人となることを明確にしたものであり、指定非失効
説の立場を前提とした規律である。

同規定の解釈としては、指定された保険金受取人が死亡したときは、同規定
の適用によりその相続人が保険金受取人となり、同人が死亡したときも、保険
契約者又はその相続人による再指定権（変更権）の行使がない限り、同規定の適
用により、さらに同人の相続人が受取人となる。

保険法46条「その相続人の全員」とは、死亡した保険金受取人の法定相続人
又はその順次の法定相続人（その法定相続人が死亡したときはさらにその順次の法
定相続人）であって、被保険者の死亡時に現に生存する者の全員を指すものと
解される。

なお、指定保険金受取人が保険事故発生前に死亡して、保険契約者兼被保険
者が指定保険金受取人の唯一の相続人である場合には、この者が保険契約者、
被保険者、保険金受取人を兼ねることになる。指定受取人の相続人又は順次の

相続人が不存在の場合は、相続財産となり、相続財産管理人への支払となる旨を判示し、指定保険金受取人の次順位の相続人への支払を否定した裁判例がある（名古屋地判平成12年12月1日生保判例集12巻616頁）。

(5) 相続人の権利取得の割合

死亡した保険金受取人の相続人が複数ある場合においてこれらの相続人がどのような割合で権利を取得するかについては、保険法においても明文の規定はないが、保険約款において均等割合にて取得と規定するものが多く、一部約款にて相続割合によるとする。

① 保険契約者が「相続人」を保険金受取人として指定した場合については、特段の事情のない限り、民法427条にいう別段の意思表示である相続分の割合によって権利を有するという指定があったことになり、そのような指定には、相続人に対してその相続分の割合により保険金を取得させる趣旨が含まれていると解するのが保険契約者の通常の意思に合致し、かつ合理的だと考えられるため、各保険金受取人の有する権利の割合は相続分の割合になると解するのが判例・多数説である。

なお、保険金受取人を「相続人」と指定されているときは、最判平成6年7月18日民集48巻5号1233頁は、法定相続割合とする旨は、先に述べたとおりである。

② 保険契約者の指定によらず、法律の規定（商法676条2項）又は約款の定めにより死亡した保険金受取人の相続人が受取人となる場合には、民法427条の規定の適用により別段の意思表示がないときは平等の割合になると解するのが判例の立場である（最判平成4年3月13日民集46巻3号188頁・裁時1071号1頁・判時1419号108頁、最判平成5年9月7日民集47巻7号4740頁・裁時1106号2頁・判時1484号132頁）。

Ⅰ-8　同時死亡と保険金受取人

死亡保険金受取人と被保険者（兼保険契約者）が同時に死亡した場合、どのような取扱いがなされるのであろうか。これについては、死亡保険金受取人が死亡した後に保険契約者が新たに保険金受取人を指定しない間に被保険者が死亡したときの取扱いに準じ、「保険金受取人の相続人」が保険金受取人になると解

されている（最判平成21年6月2日民集63巻5号953頁、最判平成21年6月2日判時2050号148頁）。

　同時死亡とは、死亡した数人のなかで、それぞれの死亡の前後が証明され得ないとき、各死亡者が同時に死亡したものと推定されることをいう（民法32条の2「同時死亡の推定」）。そして、同時死亡が推定された者同士間においては互いに相続は開始されず、各死亡者が互いの相続人になることはない（民法882条「相続開始の原因」）。したがって、保険金受取人の相続人若しくは順次の相続人が保険金受取人となり、その受取割合は各社約款の定めるところにもよるが、特段の定めがないときは、すでに述べたとおり、均等（平等）割合によるものと解される。

　なお、同時死亡による取扱いは、地震、火事、航空機事故、交通事故等で家族の多数が巻き込まれたときにしばしばなされるものである。

　　＊　民法32条の2「数人の者が死亡した場合において、そのうちの一人が他の者の死亡後になお生存していたことが明らかでないときは、これらの者は、同時に死亡したものと推定する」、同法882条「相続は、死亡によって開始する」

I-9　保険金受取人による請求権の放棄、譲渡

　保険金受取人は、保険金請求権を放棄し、あるいはそれを第三者に譲渡することができる。

(1)　保険金請求権の放棄

　保険金受取人が保険金請求権を放棄した場合、当該契約は受取人の指定がない契約となる。すなわち、保険契約者自身が保険金受取人となる自己のためにする生命保険契約となる。

　生命保険契約は、保険契約者と保険会社とが当事者であり、保険契約者は、生命保険契約に基づく主たる義務である保険料支払義務者であり、その保険料の支払によって生命保険契約による利益を享受できるものであり、保険契約者自らが保険金受取人となることが通常の契約形態となろう（自己のためにする生命保険契約）。

　しかし、生命保険契約は、保険契約者が自己の生活設計のためのものと自己の死後の遺族の生活安定を図るために利用されているため、死亡保険金を受け取るべき者を保険契約者以外の第三者とすることが認められている（保険法42

条「第三者のためにする生命保険契約」）。

保険金受取人に受益の意思表示を必要とせず当然に保険契約の利益を享受する（保険法42条・71条）ものとされているが、保険金受取人がこれを放棄することを妨げない。

その場合には、保険契約者が保険金受取人を特に定めていない場合には、自己を保険金受取人とする趣旨と考えるのが通常であり、自己のためにする生命保険契約となる。したがって、この第三者が抽象的保険金請求権を放棄した場合も、これに準じて考え、受取人指定のない自己のためにする契約となるとされる。

ところが、保険金請求権が具体化したときは、保険金受取人が保険金請求権を取得することになり、その受取人がこの請求権を放棄すれば、保険金請求権は確定的に消滅するとした裁判例がある（京都地判平成11年3月1日生保判例集11巻140頁、大阪高判平成11年12月21日生保判例集11巻707頁、神戸地尼崎支判平成26年12月16日判時2260号76頁・事例研レポ301号「…本件保険契約において、保険契約者は、死亡保険金受取人を法定相続人と指定したというのであるから、本件保険契約に基づく保険金請求権は、保険事故である被保険者Ａの死亡により、保険事故発生時（Ａの死亡時）における同人の法定相続人であるＸ、Ｂ及びＣが各自の固有財産としてそれぞれの法定相続分（各3分の1）の割合でこれを確定的に取得し、Ｂ及びＣがその後に相続放棄ないし保険金請求権放棄等の意思表示をしたとしても、これによって上記両名の保険金請求権がＸに帰属するとはいえない」、その控訴審大阪高判平成27年4月23日判時2283号17頁、最決平成27年10月8日（上告申立不受理）（平成27年(受)第1457号））。

(2) 保険金請求権の譲渡

債権は、法律上譲渡が禁止されているものを除き（改正民法では債権譲渡制限特約に反する譲渡も原則として有効（466条））、その同一性を保ちながらこれを譲渡することができるとされている（民法466条「債権の譲渡性」）。保険金請求権は指名債権の一種であり、法律上譲渡が禁止されているものではないので、第三者に対して被保険者の同意を得て譲渡できるものとされている（保険法47条・76条）。本項では、主として保険事故が生じ具体化した保険金請求権の譲渡について触れておきたい。

Ⅰ-9 保険金受取人による請求権の放棄、譲渡

　保険事故発生後、保険金請求権が第三者に譲渡された場合、譲渡人は第三債務者である保険会社に対し、下記手続にて通知をなし、それを受けた保険会社は譲受人に対して保険金を支払うことになる。なお、債権譲渡は観念的な権利の移転現象であるため法技術上かなり複雑な構造を有しているところから、民法では債権の流通性を拡大し当事者間における取引の安全性を確保する観点から具備すべき対抗要件が規定されている（民法467条1項、2項）。

　　ア　債権譲渡の対抗要件（民法467条1項）
　一般に保険金受取人（譲渡人）と第三者（譲受人）との間において債権譲渡が行われたとしても第三債務者である保険会社にこの事実が知らされていない場合には、保険会社に対して債権譲渡の主張がなされても保険会社としては困惑するだけである。そこで、民法では、譲渡人が債務者に対して債権譲渡が行われた旨通知するか、あるいは第三債務者が債権譲渡を承諾しないかぎり、譲受人は債務者その他の第三者に対し対抗することができないと定められている。

　　イ　取引安全の対抗要件（民法467条2項）
　前述のように債権は観念的権利であるので二重譲渡があっても外見上それと判明しない場合が多い。そこで、民法では、譲渡人の行う通知は必ず確定日付ある証書によらなければ債務者以外の第三者に対抗できないものとされている。

　確定日付ある証書の「確定日付」とは、公の機関によって、その日以前にその証書が作成されたことを証明する日付のことである。そして、この「確定日付の効力」は、あくまでも「その日以前にその証書が作成されたこと」を証明するものであって、その証書が「実際に作成された日」を証明するものではない。また、確定日付はその文書の内容とは関係なく、確定日付があるからといって、その文書が真正に作成されたもの、あるいはその内容が真実であることを証明するものではない。ただ、確定日付の効力として、二重に債権譲渡がされた場合、あるいは二重に指名債権質が設定された場合の優劣関係が、債権譲渡の通知・承諾又は債権質設定の通知・承諾に「確定日付ある証書」があるか否かによって決されることとなる。したがって、仮に確定日付のない通知・承諾がなされたとしても、後日「確定日付ある証書」で通知・承諾された場合は、後の債権譲受人、質権者が優先される。大判明治41年6月19日民録14輯756頁

143

第4章　生命保険契約に基づく給付　Ⅰ　保険金受取人

は、保険事故発生後の保険金請求権の譲渡の効力につき、「商法第428条第2項の規定〔「保険契約によりて生じたる権利は被保険者の親族に限り之を譲受くることを得」〕は生命保険契約に定めたる生死の条件成就若しくは期限到来以前に係る権利の譲渡を制限したるものにして、その条件既に成就し又は期限既に到来したる場合においてはこれを適用すべき限りにあらず、けだし同条において保険契約によりて生じたる権利の譲渡を制限したる所以は、その権利が被保険者の生死に繋がる場合においてその生命の安危を顧慮する必要を認めたるがために外ならず。しかるに保険契約に定めたる生死の条件成就し又は期限到来したる場合においてはその契約によりて生じたる権利は被保険者の生命に対する安危の関係既に全く去りて普通の債権と毫も異なることなきに至りたるものなれば、これが譲渡についても同条の規定により制限を加えたるものと解すべからず。本件においては、保険者たる上告人と生命保険契約をなしたる被保険者は既に死亡したるにより、その相続人が単純に上告人より保険金を受け取るべき債権を有する場合なるを以て、金銭を受け取るべき普通の債権と異なることなく何人といえどもこれを譲り受くることを得るものにして…」、水戸地土浦支判平成4年8月31日文研生保判例7巻138頁は、「同時死亡により死亡保険金請求権の譲渡効力が生じるかについて、訴外Bによる右のような保険金請求権の譲渡を第三者である原告Xらに対抗するためには、確定日付ある証書をもって、譲渡人である訴外Bから債務者である被告保険会社に対する通知もしくは同被告保険会社からの承諾がなされる必要があるところ、本件では右のような通知、承諾の存在について何等の主張立証も存しない。また、そもそも本件においては、前述の通り、保険契約者兼被保険者である訴外Aと、保険金受取人である訴外Bは同時に死亡したものとされるのであるが、このような場合は、保険事故発生時すなわち被保険者の死亡時に保険金受取人が生存していた場合と同様に扱うことはできないのであって、結果として保険事故発生前に保険金受取人が死亡した場合と同じこととなり、したがって、訴外Bに保険金請求権が発生することはないと解される」、東京地判昭和9年2月5日生命保険判例百選（増補版）46頁は、保険事故発生前の保険金請求権の譲渡につき、「保険契約者が保険契約において保険金受取人を自己以外の第三者と定め、しかも保険金受取人を指定変更する権利を留保したるときは、保険契約者死亡に至ま

144

では保険金受取人の権利は確定せざるものというべく、したがって、確定せざる間においては、保険金受取人は自己の保険金請求権を他に譲渡し得ざるものにしてその譲渡は当然無効なりと解するのを相当とす」と判示するも、保険法の下では、被保険者の同意の下保険金請求権等の譲渡は可能であるとする（保険法47条・76条）。

(3) 保険金受取人の指定行為の無効

第三者のためにする生命保険契約（保険法42条・71条）の保険契約者が指定した保険金受取人が、不倫関係を維持継続を目的とするものは、要約者である保険契約者と第三者である保険金受取人との間に対価性を有するものとは認められず、無効とする（東京地判平成 8 年 7 月30日金判1002号25頁「不倫関係を維持継続を目的する保険金受取人の指定は、公序良俗に反し無効」、東京高判平成11年 9 月21日金判1080号30頁「生命保険契約において不倫相手を死亡保険金の受取人に指定したことが公序良俗に反し無効であるとされる」、その原審東京地裁平成11年 3 月11日金判1080号33頁）。ただし、婚姻関係が破たん状態であるものか等の事情を十分斟酌する必要がある（岡山地判平成16年 8 月 5 日生保判例集16巻602頁、その控訴審広島高判岡山支判平成17年 5 月24日生保判例集17巻414頁）。

Ⅰ-10　法人契約と受取人

(1) 保険金請求権者

先に述べたとおりであるが、簡単に説明する。保険金受取人を法人とする契約では、当該法人の代表者が保険金請求権を行使することとなる。株式会社では代表取締役が数人いてもそれぞれの代表取締役が代表権を有し単独で請求行為ができる。平成18年 5 月施行の会社法において、共同代表取締役の制度は廃止された。現会社法下においても、定款で数人で共同代表権を行使することを定めること自体は可能であるが、善意の第三者には対抗することができない（会社法349条 5 項）。

その他、合同会社は、原則として、社員全員が会社を代表する権限を有する。合資会社、合名会社は無限責任社員が代表者となる。代表取締役が任期の満了又は辞任によって、代表取締役が欠けた場合又は定款で定めた代表取締役の員数が欠けた場合には、従前の代表取締役は、引き続き権利義務を有し（会社法

351条1項)、退任の登記はできないと解される。死亡や解任などの場合はすぐに登記される。後任の代表取締役の選任が長期間放置されれば、株主などの利害関係人が裁判所に一時代表取締役の選任を求めることができる（会社法351条2項)。

(2) 法人格のない団体

　法人格を持たない個人経営の商店、病院、あるいは協同組合、労働組合等で院長、理事長、組合長等があたかも代表権を有しているかのごとき観を呈している団体も少なくない。

　このような団体は、本来、法人としての権利能力を持たず保険契約の当事者たり得ないとも考えられるが、実際にはこの種団体を契約者とする法人契約が成立していることも少なくない。したがって、このような法人格のない団体が受取人となっている場合、その請求方法については問題が生じる。

　一口に法人格のない団体といっても実態は様々であり、具体的案件にあたっては、個別にその実態を確認する必要がある。団体としての組織をまったく備えておらず、個人商店にすぎない形態のものについては到底これを団体とみることはできず、そこでの保険契約は事業主個人による契約とみざるを得ない。一方、一定の目的のもとに結合した集団でありながら、営利を目的としていないため会社になれず、また未だ一般社団法人化していない町内会、学友会、懇親会のような団体については、それらが「権利能力なき団体」といえるものであればその実質から、できる限り法人に近い取扱いをなすことが適当であろう。一般に「権利能力なき社団」といいうるには、団体としての組織を備え、代表者の選定方法、総会の運営、財産の管理等社団としての主要な点が規則によって定められていることが必要であるが、これらについては、法律上の代表権者を定めることはできないものの、その団体の構成員（又は主要構成員）の承諾を得て代表者を定め、その者が代表者として行動することは認められていると解される（東京地判昭62年2月6日文研生保判例集5巻8頁「実在しない法人を保険金受取人と指定したときは、本件保険契約締結時においては、自分自身が保険金受取人であることを十分認識していたものというべく、…Aは、保険金をAの相続財産に帰属させる意思を有していたものと考えられる」。名古屋地判昭和58年11月21日文研生保判例集3巻421頁「法人格なき法人を受取人とする生命保険契約につき、契約者

兼被保険者であるＡは、自分が万一のことがあった場合には保険金を企業体であるＹ
工業所をして受け取らせるつもりであり、これを被保険者の相続人に直接取得させる
つもりでないことは明らかである。本件保険契約における保険金請求権は、被保険者
であるＡ死亡時のＹ工業所の代表者個人に帰属する」)。

Ⅰ-11　保険金受取人の指定に伴う営業職員の行為

　保険者は保険契約の引受けに際し、通常、保険金受取人が親族以外の第三者
に指定されているときは、申込引受規準にしたがい保険金受取人を親族以外の
第三者とすることの合理性を確認している。これは、保険制度が悪用されるこ
とを防ぎ、かつ、将来、受取人をめぐって起こるかもしれない紛争を事前に回
避するうえから、保険者として当然にとるべき手段であるといえよう（東京地
判平成22年7月8日事例研レポ253号1頁）。

　ところで、保険金の支払に際し、次のような事例に遭遇することがある。す
なわち、契約者は保険契約の申込み時、受取人を第三者とする意向が強かった
にもかかわらず、営業職員から説明を受け、諸般の事情を慮ってとりあえず親
族を受取人として契約を成立させたこと、後に契約者としての受取人指定変更
権を行使して、受取人を本来受取人とすべきであった第三者に変更する予定で
あったこと、しかし、その間に保険事故が発生し、申込書上に指定した当初の
受取人が自己固有の権利として保険金請求権を取得したこと、そのため当初受
取人として予定されていたと主張する第三者より、営業職員の説明・取扱いが
不十分であったとして損害賠償請求がなされるというケースである（名古屋地
判平成8年1月19日生保判例集8巻329頁「内縁の妻は保険会社の内規により受取人
となり得ないと誤った説明をしたことによる損害賠償請求契約者の死亡後、契約者と
実母との間で、本件死亡保険金を内縁の妻に譲渡する旨の合意が成立し、内縁の妻は
自ら管理する実母名義の銀行口座からいつでも右保険金を引き出しうる状態になっ
たにもかかわらず、契約者の姉らの右通帳等の引渡要求に対し内縁の妻が任意にこれ
に応じたため、内縁の妻が本件死亡保険金4000万円を受領できなくなったものと認め
られる。したがって、内縁の妻の本件損害は、契約者の姉らからの要求に応じて右通
帳等を任意に交付したことによるものであり、本件損害と本件誤回答等との間には相
当因果関係を認めることができない。」)。

I-12　保険金受取人に関わるその他の諸問題

(1)　受取人の「続柄」の意味するもの

　保険金受取人として被保険者との「続柄」が氏名に併記されている場合、その「続柄」は何を意味するものであろうか。一般的には、受取人を特定する補助的意味合いを持つにすぎないと解されている（最判昭和58年9月8日民集37巻7号918頁・裁時872号1頁「生命保険契約において被保険者の『妻何某』とのみ表示してした保険金受取人の指定は、当該氏名をもつて特定された者を保険金受取人とする趣旨であり、それに付加されている『妻』という表示は、それだけでは、その者が被保険者の妻である限りにおいてこれを保険金受取人として指定する意思を表示した趣旨であると解することはできない。」）。

(2)　受取人が複数存在する場合の請求権と請求方法について

　保険金受取人が複数人いる場合、各社の約款は受取人につきその代表者を定めることを求め、その代表者は他の受取人の代理権を有するものとしている。本規定は、保険金の請求・支払手続の簡明さと迅速性を確保し、紛争や二重払いの危険を回避するうえから便宜的に設けられたものであるとされている（東京地判平成28年1月28日金法2050号92頁「複数の保険金受取人間において代表者の選定が困難なことも稀ではないことに照らすと、複数の保険金受取人がある場合に、Yが、保険金支払事務の簡明さと迅速性の要請の下、窓口における保険金支払手続において代表者の選定を要請することは許されるとしても、それを超えて代表者を選定しないことを理由に各保険金受取人の権利行使を制限することまでは許されないものと解される」、同旨の判決として、東京地判昭和61年4月22日文研生保判例集4巻344頁、福岡地小倉支判平成20年3月13日判タ1274号221頁）。

(3)　受取人の不存在

　保険金の指定受取人が実在せず、あるいは保険金受取人の指定がなされていない契約は、先にも述べたとおり、保険金受取人の指定のない「契約者が自己のためにする契約」となる。したがって、そこでは契約者自身が請求者となる。

Ⅱ 生命保険契約に基づく支払

Ⅱ-1 通知義務、請求書類、事実の確認

Ⅱ-1-1 保険事故の発生と通知義務

　保険者は、保険事故の発生により保険金支払義務を負担することになるが、保険事故が発生したか否かについては、通常、これを知る手段がない。そこで、保険契約者又は保険金受取人は、被保険者の死亡などの給付事由の発生を知ったときは、遅滞なく、保険者に対し、その旨の通知を発することを要する（保険法50条・79条）。そして、各社普通保険約款もこれに基づいて、例えば、「保険金の支払事由が生じたときは、保険契約者または保険金受取人は、速やかに会社に通知してください」と規定する。もっとも、通知を怠った場合の効果につき、保険法、約款には特別な定めはなく、保険会社はこれにより責めを当然に免がれるものではないが、通知があるまでは給付義務を履行しなくとも履行遅滞におちいることはない。ただ、そのために会社が何らかの費用の支出を余儀なくされたときは、債務不履行の一般原則にしたがって、違反者に損害賠償責任が生ずるにすぎないと解される（最判昭和62年2月20日民集41巻1号159頁「事故通知義務は保険契約上の債務と解すべきであるから、保険契約者又は被保険者が保険金を詐取し又は保険者の事故発生の事情の調査、損害てん補責任の有無の調査若しくはてん補額の確定を妨げる目的等保険契約における信義誠実の原則上許されない目的のもとに事故通知をしなかった場合においては保険者は損害のてん補責任を免れうるものというべきであるが、そうでない場合においては、保険者が前記の期間内に事故通知を受けなかったことにより損害のてん補責任を免れるのは、事故通知を受けなかったことにより損害を被ったときにおいて、これにより取得する損害賠償請求権の限度においてであるというべきであり…」）。

　なお、各生命保険会社は、保険契約者、保険金受取人等から保険事故発生の通知を受けるとその請求に必要な書類の案内をするとともに、この通知をもとに保険業法の定める保険金の「支払備金」を積み立てることとなる（保険業法117条）。

第4章　生命保険契約に基づく給付　Ⅱ　生命保険契約に基づく支払

Ⅱ-1-2　保険金等請求時の必要書類

　支払事由が生じたとき、通常、保険約款では、「支払事由の生じた保険金の受取人は、当会社に、請求に必要な書類（別表）を提出して、その保険金を請求してください。」と規定する。保険金受取人は保険会社に請求に必要な書類（例えば、死亡という支払事由が生じたときは、医師の死亡診断書又は検案書、被保険者の死亡の事実が記載された住民票、死亡保険金受取人の戸籍抄本と印鑑証明書等）を提出することが求められている（札幌地判平成17年9月16日生保判例集17巻736頁「保険金請求のために上記書類（死体検案書，保険証券，事故証明書）の提出が必要とされている趣旨は，保険金の支払事由たる被保険者の死亡の全てが無条件の保険支払事由となるものではないから，保険者としては保険金の支払にあたって，免責事由等の不存在や，災害死亡保険給付のための要件を具備しているか否かを確認する必要があるところ，被保険者の死亡という被保険者に固有の事実に関する事情については，保険金受取人（請求者）において基礎的書類の提出を義務づけている」）。

　これらの書類にて支払可否の判断を下して爾後の諸手続を迅速・円滑に運ぶためと解されている。なお、そのための書類は約款上に明定されており、以下のものとなる。

- 保険金請求書　　受取人にとっては請求の意思表示をなすための書類であり、保険金の支払債務を負う保険会社にとっては受取人による請求の意思を確認するためのものである。また、後日の紛争・照会に対する証拠書類となるものでもある。

- 死亡診断書又は検案書　　死亡の事実、死亡原因、死亡時の状況とその経過等を知る上で欠くことのできない必要書類である。必要に応じて、過去の病歴、既往症、発病（傷害発生）から保険事故発生に至るまでの経過を証明できる所定の診断書を求め、これにより、解除事由、免責事由の有無を確認することとなる。

- 被保険者の死亡の事実が記載されている住民票（戸籍抄本）　　被保険者死亡の事実の公的証明となるもので、これにより、死亡した者と被保険者の同一人性が確認できる。

- 死亡保険金受取人の戸籍抄本　　受取人の生存、親権関係、意思能力、相続関係等の確認を行うためのものであり、死亡保険金受取人が既に死亡してい

Ⅱ-1 通知義務、請求書類、事実の確認

るときは、相続関係のわかる戸籍謄本の提出を求めることとなる。

- 死亡保険金受取人の印鑑証明書 死亡保険金受取人本人からの請求であることを証するものであり、これにより、その印鑑が押印された請求書は真正のものであると推認される。日本では印鑑登録制度がひろく活用されているが、根拠となる法令は、各市町村区の条例、規則に基づいている。したがって、印鑑証明書の有効期間についても特段の定めはなく、一般商慣習法上3ケ月という期間が認知されているところから（不動産登記申請、供託申請については3ケ月以内のものとされている）、各社とも、原則としてこの慣習にしたがっているようである（公証人法は「公証人（が）嘱託人の氏名を知らず、又はこれと面識なきときは、官公署の作成したる印鑑証明書の提出その他これに準ずべき確実なる方法により、その人違なきことを証明せしむることを要す」（28条2項）として印鑑証明書のもつ意義を認めている）。なお、外国人については法令の定めるところにより、商取引その他の行為をなす場合には署名をもってすれば足りるとする特別制度があるが、いまだ普及をみていない（「外国人ノ署名捺印及無資力証明ニ関スル法律」1条）。これにより、サインが本人のものであることの確認のため、在日領事館発行のサイン証明を求めることになるが、印鑑証明に比して手数料も高く（例、在日米領事館での証明料50ドル）、また、一度登録しておけば何度でもとれる印鑑証明書に比べて不便であることがその普及を遅らせている。
- 保険証券 契約をしていることの証拠であるため、保険金の支払と引替えにその提出を求めるものである（保険法6条、40条、69条にてそれぞれ保険契約締結時に書面交付義務が規定している。）。
- その他 不慮の事故による死亡等のときは、事実確認のため、事故状況報告書（交通事故の場合は交通事故証明書）の提出を求めている。

Ⅱ-1-3 保険金支払の履行期

保険金支払の履行期は改正前商法において規定されていなかったが、保険法（21条・52条・81条）は、あらたに保険給付の履行期に関する規定を定めた。

⑴ 改正前商法下での解釈及び運用

保険金の支払時期について特別の規定が定められていないことから、保険金

151

第 4 章　生命保険契約に基づく給付　Ⅱ　生命保険契約に基づく支払

支払義務は、期限の定めのない債務であり、特約がなければ、民法の一般原則（民法412条 3 項）により請求のあった時が履行期となり、その時から保険者は履行遅滞の責任を負うことになると解されていた。

　生命保険は約款で上記民法の一般原則と異なる特約を定め、保険金請求者が所定の書類等を提出するなどの請求手続を行った日から 5 日（あるいは 5 営業日）以内に支払うと規定しているのが一般的である。この期間内に必要な調査を終えられなかったときは、ただし書において、事実の確認のために特に時日を要する場合はこの限りでない旨が定められていた。なお、この「事実の確認」猶予規定は、請求日から 5 日の猶予期間を与える部分については、保険金支払時期についての約定として有効性を認めるものの、 5 日を経過した後も調査が必要なときには更に猶予を与えるものとする部分については、保険金支払時期についての特約と解することはできず、事務処理上の準則にすぎないと判断し、 5 日の経過により履行遅滞の責任が開始すると判示された（火災保険の判例につき最判平成 9 年 3 月25日民集51巻 3 号1565頁は、保険会社は保険契約者又は被保険者が保険の目的について損害が発生したことを通知し所定の書類を提出した日から30日以内に保険金を支払う、ただし、保険会社が右期間内に必要な調査を終えることができないときはこれを終えた後遅滞なく保険金を支払う旨の火災保険普通保険約款の条項は、右30日の経過により保険金支払の履行期が到来することを定めたものと解すべきであり、保険会社は、右期間内に必要な調査を終えることができなかったとしても、右期間経過後は保険金の支払について遅滞の責めを免れないと判示、生命保険の判例につき福岡高判平成16年 7 月13日判タ1166号216頁は、生命保険金の遅延損害金は、約款に従い、保険金受取人から保険金支払に関する一件書類が提出された日の翌日から 5 日を経過した日から発生すると判示、東京地判平成17年 8 月25日生保判例集17巻631頁は、遺族が遺体検案書など提出を拒否したときの取扱いとして、「本件保険契約において、保険金の支払期限は、保険金請求書類が被告の本社に到達して 5 日以内とされているところ、原告が前項の文書提出命令の発令を得た後、死亡診断書に代わり得るものとして、死亡届及びこれに記載された死亡診断書に関する名古屋法務局民事行政部戸籍課長作成の記載事項証明書を提出したのは、平成17年 5 月19日である…」)。

(2)　保険法における規律

Ⅱ-1　通知義務、請求書類、事実の確認

　保険の本来的機能から、保険給付を迅速に行うべきことについては強い要請がある一方、保険金の支払請求があったとき、保険制度の健全性の観点から、事実の確認が必要な場合もある。そこで、保険法は、保険給付の履行期についての規定を新設し、事実の確認が終了後、免責事由等に該当しないことを確認した後、直ちに保険金を支払うこととした。この保険給付の履行期の規定は、いわゆる片面的強行規定とされ、これに反する特約で被保険者、保険金受取人に不利なものは、無効となる（保険法26条・53条・82条）。

　　ア　保険給付を行う期限を定めた場合であっても、保険事故、免責事由、その他保険給付を行うために保険契約上必要とされる事項の確認をするための「相当の期間」を経過するものであるときは、その期間を経過する日をもって保険給付を行う期限とするものとし、約定の期限が到来する前であっても、保険者は遅滞の責任を負うこととされている（保険法21条1項・52条1項・81条1項）。

　　イ　「相当の期間」については、保険事故と保険給付の請求者の提出ある必要書類をもとに、免責事由につき、個々の保険給付の請求ごとによるのではなく、契約の種類、保険事故の内容やその態様、免責事由の内容等に照らして、当該類型の契約において相当な期間を定めることが、保険契約者の保護から要請される。

　そこで、これまでに集積された保険給付の履行のために調査を要した時間を分析し、保険契約の類型ごとに保険給付のために必要な事項を確認するための相当期間を算出し、当該期間をもって履行期とすることになるものとした（井上享「保険法改正に伴う生命保険約款の改正」生命保険論集174号195頁）。

　なお、保険者が確認をするために必要な調査を行うにあたり、保険契約者、被保険者又は保険金受取人が正当な理由なく当該調査を妨げ、又はこれに応じなかった場合には、保険者は、これにより保険給付を遅延した期間について、遅滞の責任を負わないと定めた（保険法21条3項・52条3項・81条3項）。

　　ウ　保険約款の規定

　具体的な期限の定め方としては、生命保険・傷害疾病定額保険契約につき次のとおりとしている約款が多い。

「（保険金の請求、支払時期及び支払場所）

（1）保険金の支払事由が生じたときは、保険契約者またはその保険金の受取

人は、すみやかに当会社に通知してください。

⑵　支払事由の生じた保険金の受取人は、当会社に、請求に必要な書類（別表１）を提出して、その保険金を請求してください。

⑶　本条の規定により保険金の請求を受けた場合、保険金は、その請求に必要な書類が到着した日（当会社に到着した日が営業日でない場合は翌営業日。）の翌日からその日を含めて５営業日以内に、当会社の本社で支払います。

⑷　保険金を支払うために確認が必要な次の各号に掲げる場合において、保険契約の締結時から保険金請求時までに当会社に提出された書類だけでは確認ができないときは、それぞれ当該各号に定める事項の確認（当会社の指定した医師による診断を含みます。）を行います。この場合には、⑶の規定にかかわらず、保険金を支払うべき期限は、その請求に必要な書類が当会社に到着した日の翌日からその日を含めて45日を経過する日とします。（以下略)」

「その請求に必要な書類が到着した日」とは、従来は、保険金等請求書類が処理機関（支社、保険金課等）に到達した日としてきた。近時は、保険契約者保護の観点から、保険者の支配権の範囲内である営業職員もしくは営業拠点等が受領した日をもって「到着した日」として取扱う保険者が多い。なお、「必要な書類」とは完備された書類を指すことはいうまでもない。

一方、「事実の確認」等を要する場合については、保険法の趣旨に則り前述約款⑷と改訂し、事実確認を要する日数を規定した。

当該事項の事実の確認をするための相当の期間につき、概ね、次のとおり定めている。

　　　支払の期限（例）

必要書類（必要事項が完備）が会社に着いた日の翌日から起算して	
原則	５営業日以内
確認が必要な場合	45日を経過する日以内
医療機関又は医師に対する照会のうち、照会先の指定する書面等の方法に限定される照会	60日を経過する日以内
弁護士法その他の法令に基づく照会	
研究機関等の専門機関による医学又は工学等の科学技術的な特別の調査、分析又は鑑定契	

約者、被保険者又は保険金等の受取人を被疑者として、捜査、起訴その他の刑事手続きが開始されたことが報道等から明らかである場合における、送致、起訴、判決等の刑事手続の結果についての警察、検察等の捜査機関又は裁判所に対する照会	180日を経過する日以内
日本国外における調査	
災害救助法が適用された地域における調査	

Ⅱ-2　死亡保険金の支払

Ⅱ-2-1　保険期間中の保険事故

　死亡保険金の支払事由は「被保険者が保険期間中に死亡すること」である。すなわち、保険期間が満了するまでの間に、戸籍上、死亡の事実が記載されていれば死亡保険金が支払われることとなる。なお、保険期間とは保険者が保険責任を負う期間のことであり、契約日（責任開始日）から保険期間満了日の午後12時までをいう（民法140条は、期間の計算は初日不算入とするが、保険約款の規定は初日を算入して計算する旨規定する）。

　保険金が支払われる死亡には、自然死、失踪宣告及び戸籍法に基づく認定死亡の3種がある。このうち、自然死とは、法的には人間の身体に備わる諸器官の全面的永久停止（心臓の停止、呼吸の停止、瞳孔の散大等々）と解されているが、最近、臓器移植に関連して脳死問題が議論されている。ただ、脳死は死であるか否かを含め、脳死の状態、時期などが検討されているが、保険法2条8号にいう「人の…死亡」とは戸籍法86条に基づき診断書又は検案書で認められた死亡と解される。

Ⅱ-2-2　死亡の証明、失踪宣告

　死亡保険金の支払については、保険契約の解除、免責、無効と関連するところが多く、個々の問題点についてはそれらの項で述べているところに譲る。したがって、本項では、以下の諸点について触れるにとどめる。

(1)　死亡診断書と死体検案書

　死亡診断書とは、生前から診療に携わっていた医師がその患者の死亡を証明

するものをいい、死体検案書とは、医師の診察を受けないで死亡した者の死亡（不慮の事故死、自殺等々）を確認する医師の証明書をいう。そして、親族者等には7日以内にこれら死亡診断書あるいは死体検案書を添付して死亡地の市町村長にその死亡を届け出る義務が課せられている（死亡届は戸籍法施行規則49条2項により27年間法務局に保存される）。なお、この死亡届は、そこに個人の秘密にかかわる多くの事項が記載されているため秘密性を原則とし、非公開とされている。したがって、保険会社が被保険者の死亡確認のためにこれを利用することはできない。もっとも、利害関係人は特別な事由がある場合に限り、その閲覧と証明書の交付が認められている（戸籍法48条2項）（東京地判平成7年5月30日生保判例集8巻147頁「本件約款において、保険金請求のために被保険者の死亡診断書または検案書の提出を必要としている趣旨は、保険金の支払事由たる被保険者の死亡のすべてが無条件の保険金支払事由となるものではないから、保険者としては保険金の支払いに当たっては、免責、解除の事由の不存在を確認する必要があるところ、被保険者の死亡という被保険者に固有の事実に関する事情については、保険金受取人（請求者）において基礎的書類の提出を義務付け、保険者にその事実関係ひいては支払責任の存在を確認する機会を与えることにあると解される。」）。

(2) **失踪宣告**

失踪宣告とは、不在者の生死不明の状態が継続し、かつその者の死亡の蓋然性が高い場合、利害関係人からの請求により家庭裁判所が宣告をし、その宣告を受けた者はある時期をもって死亡したものとみなされる制度で、その宣告により法律関係が整理されることとなる。法律関係の不確定な状態を一定のところで打ち切り、これを確定させようとする制度にほかならない。民法はこの制度として普通失踪と特別失踪を定めている（民法30条・31条）。

失踪の種類	要　　件	死亡とみなされる時期
普通失踪	不在者の生死が7年間不明のとき	不在の時期より7年間の期間満了により死亡したものとみなされる
特別失踪 (危難失踪)	次のうち1年間その生死が不明のとき	・戦地に臨んだ者が戦争の止んだ後・沈没した船中にあった者が沈没後・その他生命の危険をともなう危難に遭遇した者が危難の去った後危難の去ったときに遡って死亡したものとみなされる

普通失踪は失踪後 7 年間の期間満了により死亡したものとみなされるので、その者についての生命保険金は、死亡の認定日が保険期間中であり、かつ、契約が有効に継続中であるとき支払われることになる（東京地判平成18年 1 月12日生保判例集18巻22頁〔夫が失踪宣告を受けた後に原告（生命保険会社）から被告（妻）が受け取った死亡保険金が、その後夫の生存が確認されて失踪宣告が取り消されたことから、不当利得返還請求をした事案において、現存利益の有無及び主張立証責任が問題となり、善意による利得が存しない旨の主張と立証の責任はともに被告にあり、本件で被告が主張する事情は、夫の生存が判明した後の支出であるかあるいは本件保険金の受領による利得が存しないとはいずれもいえないものであるとして、原告の請求を全部認容した〕）。

(3) 認定死亡

人が水難、火災、航空機事故その他の事変（例えば、震災、海難、噴火、土石流等々）によって死亡した蓋然性が高い場合、その取調べにあたった官公署（海上保安庁等）はその死亡を認定し、死亡地の市町村長に死亡の報告をしなければならない（戸籍法89条）。民法の失踪宣告を補う制度であり、この認定により、失踪宣告の場合と同様、当該人についてはその戸籍が抹消される。なお、本制度の趣旨は、通常の届出を期待することが困難な場合、事変を調査した官公署に死亡の報告をさせ、それに基づいて戸籍に死亡の記載をすることとしたものであるが、その報告は死亡の事実を100％確認できないままなされる場合もあることから、それに基づく戸籍の記載は死亡を推定させる効力しか認められない（最判昭和28年 4 月23日民集 7 巻 4 号396頁）。

Ⅱ-3　債権の準占有者への支払と代理人

保険会社が保険金等を支払うにあたっては、誰が正当な権利者なのか、その請求が正当な権利者の意思に基づいているものかどうかにつき、当然これを確かめる必要がある。しかし、保険金又は契約者貸付金の請求においては、権利者がその請求・受領手続を第三者に委任し、あるいは使者として依頼するケースがある。これには、①受領手続を含めて第三者に委託すること、②請求手続を第三者に委託すること、③請求書類の提出を第三者に委託すること、という 3 パターンが考えられる。これらの場合に、正当な権利者と誤信して受領権限者

第4章　生命保険契約に基づく給付　Ⅱ　生命保険契約に基づく支払

以外の者に保険金等が支払われたときに、その効力が問題となる。

　かかる問題に対し、法はいくつかの規定を設けて弁済者の保護を図っている。まず、民法478条は債権の準占有者への支払につき「その弁済をした者が善意であり、かつ、過失がなかったときに限り、その効力を有する」と定めて弁済者を保護している。ここに、弁済者の善意（無過失）を要件としていることの理由は、なにも責任のない債権者の犠牲のもとに過失のある弁済者を保護する必要はないからである。そして判例は、請求者が本人であると詐称するときは勿論のこと、代理人あるいは使者であることに詐称があっても、本条（民法478条）が適用されるとしている（最判平成9年4月24日民集51巻4号1991頁、生命保険会社が、いわゆる契約者貸付制度に基づいて保険契約者の代理人と称する者の申込みによる貸付けを実行した場合において、代理人と称する者を保険契約者の代理人と認定するにつき相当の注意義務を尽くしたときは、保険会社は、民法478条の類推適用により、保険契約者に対し、右の貸付けの効力を主張することができる）。

　また、同法113条は「無権代理」につき、本人の追認によって効力が生じるとし、同法110条は「表見代理」について「代理人がその権限外の行為をした場合において、第三者が代理人の権限があると信ずべき正当な理由があるとき」は無権代理人が第三者との間でした行為について、本人がその責任を負うとしている。さらに、同法761条は「日常の家事による債務の連帯責任」について定めている（福岡簡判平成12年12月7日生保判例集12巻622頁「内縁のB子は、民法761条により、原告との共同生活に関する日常の家事については、原告を代理する権限があったものと解すべきで、本件借入れ行為は日常家事に関する法律行為というべきであり、原告はその債務の負担を免れることはできない」）。

　保険金受取人である株式会社の代表取締役として保険金を請求した者の代表権の有無が問題となった事案について、保険会社は、請求者が受取人の代表取締役として登記されていることを登記簿謄本で確認し、かつ支払請求書及び保険証券紛失届に押印された受取人の代表者印の印影が印鑑証明書の印影と一致していることを確認し、請求者を受取人である法人の代表者と信じて受取人名義の指定口座に送金したことについて、保険会社の過失を認めることはできないとされた（東京地判平成9年11月5日生保判例集9巻487頁）。

　障害保険金の請求権者である被保険者が意思能力のないとき、その相続人か

ら念書の提出を求め、相続人へ保険金を支払ったことは、被保険者に対する有効な弁済ということはできず、また、保険会社が相続人に権限がないことを知っていた以上、債権の準占有者に対する弁済もしくはこれに準じるものとして有効となるものではないとされる（東京高判平成12年5月10日生保判例集12巻283頁）。

　しかし、これらの保護が図られる以前に、保険会社としては当然になすべき注意義務があることは既に述べたとおりである。この注意義務は、諸手続から支払書類の審査に至るまで、各段階において求められるもので、その範囲は広い。一例を挙げれば、請求手続及び提出された書類を通じて、又はその他の事情により、請求行為が権利者本人の意思表示に基づくものであるかどうかに疑問がある場合、保険会社は本人にその意思を確認する義務を負うというべく、確認をなさずに保険金等を支払ったときは、保険会社に過失ありとされてもやむを得ないであろう。

Ⅱ-4　保険金支払と遅延利息

　通常、生命保険約款は、「保険金は…その請求に必要な書類が会社の本社に到着した日の翌日からその日を含めて5営業日以内に、会社の本社で支払います」と定め、請求書類が会社の本社に到着した日から5営業日間を支払の履行期限としている（保険約款上「事実の確認」を要する場合は、支払期限が猶予されている旨規定されている）。したがって、支払が5営業日以内になされないとき、会社は履行遅滞（民法412条「履行期と履行遅滞」）による遅延損害金として5営業日を超える超過日数に対して利息を付すこととしている（民法419条）。すなわち、遅延利息とよばれているものがこれである。

　この利息について、平成8年4月1日施行の保険業法により相互会社の場合においても、保険業法21条2項で商事法定利息を定める商法514条が準用され、年6分の利率によることとなった（大阪地判平成11年4月30日生保判例集11巻288頁、長野地判平成11年6月9日生保判例集11巻341頁、横浜地判平成12年12月8日生保判例集12巻633頁）。また、この取扱いは死亡保険金支払に限られるものではなく、満期保険金、解約返戻金、契約者貸付金等の支払に際しても同様のこととされている。

第4章　生命保険契約に基づく給付　Ⅱ　生命保険契約に基づく支払

　なお、改正民法では法定利率5％を3％とし（改正民法404条）とし、その法定利率は、法務省令で定めるところにより、3年ごとに、3年を一期として変更される変動制の法定利率とする。適用される法定利率は、当該利息が生じた最初の時点における法定利率による。また、商事法定利率は廃止された。

　なお、保険法52条にいう「保険事故、保険者が免責される事由その他の保険給付を行うために確認をすることが生命保険契約上必要とされる事項の確認をするための相当の期間」については、Ⅱ-1-3(2)「保険法における規律」イにて説明している。

Ⅱ-5　保険金の支払場所と裁判管轄

　保険金の支払場所（弁済場所）は、保険業法21条2項及び商法516条1項の一般原則によれば債権者（保険金の受取人）の住所ということになる（持参債務）。しかし、多数契約の存在を前提とする生命保険契約においては、保険金受取人の住所にいちいち持参して支払うことは、多大な費用を必要とし、その費用は最終的には保険料に反映されてその高額化につながるなどのほか、事実上不可能であるので、保険約款により支払場所を保険会社の本社（支社を含めている保険会社もある）としている。

　保険金の支払につき受取人と保険会社との間に争いがない場合は、支社の店頭払や受取人指定の金融機関の預金口座に送金して支払うなどの方法がとられているが、保険金の支払につき争いがあって話し合いで解決ができない場合は、公平な紛争解決機関としての裁判所に判断を委ねることになる。

　ところが、裁判によって決着をつけようという場合にも、裁判の申立てを何処の裁判所でもできることとはなっていない。申立てができる裁判所のことを「管轄裁判所」というが、管轄裁判所が何処であるかは時間や費用のこともあり重要であるので、民事訴訟法で定めている。

　原則は相手方の住所地を管轄する裁判所としており（民事訴訟法4条）、これを普通裁判籍の管轄裁判所という。この原則のほかに、特定の場合には相手方の住所地ではない裁判所にも申立てができることとしており、これを特別裁判籍という。義務の履行地もその一つであり（同法5条1号）、その他に当事者の合意による管轄裁判所（同法11条）、もともと管轄権がない裁判所に申立てがな

された場合に相手方が管轄違いを主張しない場合に認められる応訴管轄（同法12条）というものもある。

　上記のように、従来、保険金の支払場所を保険会社の本社と定め、しかも裁判を起こさせる裁判所も保険会社の本店所在地を管轄する裁判所だけ（専属的合意管轄）に限定する保険約款が多かったため、契約者に不利であるとの批判がなされたことに対応して、各保険会社は昭和58年の保険約款改定により、契約日から1年以内に生じた事由についての裁判については従来どおりとしつつ、1年経過後の裁判については保険金受取人の住所地と同一の都道府県内にある支社所在地の地方裁判所も管轄裁判所に付け加えることとなった。

　現在の保険約款は、契約締結から1年以内に生じた事由という期間の限定を撤廃したものが多い（高松高判昭和62年10月13日「本件約款による義務の履行地の定めは、実質上専属的合意管轄を定めたものに他ならないところ、およそ専属的合意管轄のように、保険会社と対等の立場にない経済的弱者ともいうべき保険契約者に不利に、しかも同人が十分にその意味を理解することなくしてなされたものと推測されるものについては、その効力を有しないものとみるのが相当である。本件各保険金支払義務の履行地は受取人または相続人らの住所地であり、その特別裁判籍は××市に他ならない」）。

　なお、保険金の支払場所については変更していない。

Ⅱ-6　時　　効

(1)　時効の意義と消滅時効

　時効とは、ある事実状態が一定の長期間継続した場合に、真実の権利関係に合致するか否かを問わず、その事実状態を尊重して権利関係を認める法的制度である。そして、この制度には、一定期間の権利不行使を要件として当該権利の強制的実現力を失わせ、あるいは権利それ自体を消滅させる「消滅時効」と、一定期間の占有あるいは準占有を要件として権利取得の効果を生ぜしめる「取得時効」とがある。

　時効制度の存在意味は、①長期間継続せる社会秩序の維持、②時間の経過とともに困難となる証拠保全の救済、③権利の上に眠るものは法の保護を受けるに値しないこと等々があると説明されている（内田貴『民法Ⅰ』290頁（東京大学

出版会、1999年))。

(2) 生命保険契約と消滅時効

保険法は保険契約関係について特則を設け、主観的な時効は設けずに、保険給付を請求する権利及び保険料の返還を請求する権利、保険料積立金の払戻しをする権利は3年、保険料支払義務については1年（保険法95条1項、2項）が経過したとき、それらの権利又は義務は時効によって消滅するとしている。生命保険会社の約款では、「保険金、解約返還金、社員配当金その他この保険契約に基づく諸支払金の支払または保険料払込の免除を請求する権利は、3年間請求がない場合には消滅する」としている。

保険法では、消滅時効の起算点に関する特別な規定を設けていないため、民法の規定に従い「債権者が権利を行使することができることを知った時」から消滅時効が進行する（荻本修ほか『一問一答保険法』212頁（注1）（商事法務、2009年））。

最判平成15年12月11日民集57巻11号2196頁・判時1846号106頁は、被保険者が行方不明後3年8ヶ月経過後に白骨体で発見された事案につき、保険会社は、死亡原因が自殺であること、また、死亡日と推定された日より3年の期間が経過していることから「保険事故発生の日から3年経過したとき時効によって消滅する」との約款規定に基づき保険金請求権は消滅したと主張したが、客観的状況等に照らし、その時からの権利行使が現実に期待できないような特段の事情の存する場合についてまでも、上記支払事由発生の時をもって本件消滅時効の起算点とする趣旨ではないと解するのが相当であると判示した。その他同様の趣旨で判示している札幌地判平成19年3月26日生保判例集19巻116頁がある。

保険事故発生時点を消滅時効の起算点とする裁判例が多い（大阪地判平成12年12月8日生保判例集12巻637頁、東京地判平成15年11月6日生保判例集15巻638頁、東京地判平成18年7月26日生保判例集18巻518頁、東京地判平成13年11月12日生保判例集13巻819頁等）。

なお、時効に伴う法律効果は時間の経過だけで当然に生じるものではなく、時効によって利益を受ける者、すなわち消滅時効によって消滅する債務を負っている者が時効の利益を受ける旨の意思表示をなすことによって（これを時効の援用という）初めて発生する（民法145条）。

通常、保険会社は、死亡等保険金請求権等の支払事由の存在が明らかに証明され、保険契約内容及び保険料の払込み等が確認できる事案については、「時効を援用」することはないようである。一方、発生した保険事故が自殺、他殺、告知義務違反等の懸念があり保険金の支払免責の疑いが危惧される事案につき、時間の経過とともにその立証の困難さをもたらしたことについて請求者側に帰責原因があるような場合にのみ時効を援用しているようである。

改正民法では、民事・商事債権いずれも、166条1項1号「債権者が権利を行使することができることを知った時から5年間行使しないとき」、同項2号「権利を行使することができる時から10年間行使しないとき」に時効によって消滅するとされている。したがって、商事債権の消滅時効は廃止された。

民法改正に伴い保険法95条は、保険金請求する権利を「3年間行わない」から「これらを行使することができる時から3年間行使しない」に改正された。

(3) 時効の中断（改正民法では時効の「更新」と呼称）

一定の事由（中断事由）が生じると、それまで経過していた時効期間が無意味なものとなる。これを時効の中断といい、中断した時効はその中断事由が終了した時から改めて進行を開始する（民法157条1項）。民法は、時効中断の事由として「請求」、「差押え・仮差押え・仮処分」（改正民法では差押え・仮処分については、時効の完成猶予事由として整理された）及び「承認」の3項目を規定している（民法147条）が、保険金等の支払に関しては、裁判上の請求（民法149条）すなわち訴えの提起がこの「請求」に当たり、保険会社から受取人に対する請求督促は「承認」に当たると解される。

第 4 章　生命保険契約に基づく給付　Ⅲ　保険金などの支払免責事由

Ⅲ　保険金などの支払免責事由

Ⅲ-1　主契約にみる法定免責事由

Ⅲ-1-1　保険法における免責事由

　保険法は、生命保険の法定免責事由として、被保険者の自殺（保険法51条1号）、保険契約者による故殺（同条2号）、保険金受取人による故殺（同条3号）、戦争その他変乱によって被保険者が死亡したとき（同条4号）を規定している。いずれの事由においても免責の立証責任は、保険者にあるとされる。なお、平成20年改正前商法（以下、単に「商法」という場合は、改正前商法をいう）は、法定免責事由として被保険者の自殺、決闘その他犯罪による死亡、死刑の執行による死亡（商法680条1項）、保険金受取人による故殺（同条2項）、保険契約者による故殺（同条3項）を規定していた。

(1)　自殺免責（保険法51条1号）

　自殺免責の趣旨は、生命保険契約の射倖契約性から要請される当事者間の信義則に反するばかりか、保険事故の要素をなす偶然性をも欠くものであるからである。また、契約自体が不当な保険金利得目的のための手段として利用されることを防ぐためでもある。

　ここにいう自殺とは、自らの死亡を目的として故意に自己の生命を絶ち、死亡の結果を生ぜしめる行為をいう。したがって、自殺の何たるかが理解できない子供や精神障害中あるいは心神喪失中の被保険者が生命を絶つ意識なくして自己の生命を絶つ場合は、ここにいう自殺には当たらない。

　なお、自殺についてはその方法いかんが問われるものではない。自ら直接手を下すことなく、他人をして自己を殺害せしめる場合（嘱託殺人）も、そこに故意に自己の生命を絶つ目的がある以上、自殺になるとされる（松山地判平成11年8月17日生保判例集11巻465頁、高松高判平成12年2月25日生保判例集12巻128頁、大阪高判平成9年12月24日生保判例集9巻591頁）。

　なお、自殺行為と死亡との間には因果関係を要することはいうまでもない（前橋地太田支判平成16年3月12日生保判例集16巻199頁、プロパンガスのゴム管を外し、冷蔵庫のサーモスタットに火花が引火爆発による死亡について、「発火行為自体に被

164

保険者は関与していないとしても、電気器具によって火花が飛ぶ、これによって引火することはまれなことではない事態を勘案すると、因果関係の相当性の範囲内であり、自殺である〕、山形地鶴岡支判平成13年１月30日生保判例集13巻62頁、被保険者が、自車両内の室内にホースで排ガスを引き込んで自殺を図ろうとして死亡したものの、死亡後の司法解剖の結果、冠状動脈硬化による心不全によるものとされた事案につき、被保険者の自殺による死亡とは評価できないとされた）。

(2)　**精神病やうつ病等による自由な意思決定の有無**

　保険法・保険約款にいう免責となる「自殺」は、自分の生命を断つことを意識したうえで死亡の結果を招く行為であり、精神病その他の原因により心神喪失状況のもとで自己の生命を絶つ行為は自殺に含まれないとするのが通説・判例である（大判大正５年２月12日民録22輯234頁）。

　うつ病等の疾患によって正常の認識、行為選択能力等の意思能力が著しく制限されての自殺が保険法でいう「自殺」に含まれるかが問題となっている。

　一般に自殺者の９割以上が医学的に何らかの精神障害に起因するといわれていることに照らすと、うつ病という精神障害に起因しての自殺のすべてが免責条項にいう自殺に該当しないと解するのは相当でない。

　自殺が免責条項にいう「自殺」に該当しないというためには、うつ病などの被保険者の精神医学的な状態、被保険者の病前の性格、自殺に至るまでの被保険者の言動及び精神状態、自殺の態様、自殺の動機の有無、他の動機の可能性等の事情を考慮して、うつ病により被保険者の自由な意思決定能力が喪失し又は著しく減弱した結果、自殺に及んだものと認められることが必要であると解するのが相当である（東京高判平成13年７月30日生保判例集13巻617頁、大阪高判平成15年２月21日生保判例集16巻99頁、大分地判平成17年９月８日判時1935号158頁・生保判例集17巻700頁ほか）。

　この労災認定と本件免責条項の適用との関係が問題となる。

　下級審裁判例では、労災認定における行政解釈は労災保険固有の判断基準であり、生命保険における自殺免責条項の解釈に、労災保険の行政解釈の判断基準を当てはめることに否定的な立場をとる。労働者災害補償保険法に関して、労災認定基準（心理的負荷による精神障害の認定基準）は、業務による心理的負荷によってこれらの精神障害が発病したと認められる者が自殺を図った場合に

は、原則として業務起因性が認められるとしている（前掲大阪高判平成15年2月21日、高知地判平成16年4月23日生保判例集16巻296頁、前掲大分地判平成17年9月8日、東京高判平成18年11月21日生保判例集18巻702頁、東京地判平成27年9月28日事例研レポ299号1頁・事例研レポ302号13頁、東京地判平成27年11月16日判タ1425号304頁、東京高判平成28年3月9日・平成27年（ネ）5334号、等）。学説においても同様な立場をとるのが一般的である（山下典孝「生命保険契約における自殺免責条項に関する若干の考察」法学新報109巻9・10号（2003年）615頁～617頁、同「判批」金判1171号（2003年）60頁、芦原一郎・事例研レポ215号11頁、大野澄子「判批」事例研レポ299号8頁等）。

　　ア　うつ病などで治療歴があるが保険法・約款の自殺免責とされた判例

　うつ病など治療歴あるとしても、多くの判例は自殺と認定する（大阪高判平成17年3月17日生保判例集17巻273頁〔うつ病により入院治療を受けたことはあったが、ここ数年は落ち着いた状態で寛解期にあった被保険者が、経営している商店の倉庫内で、荷造り用のロープを用いて首つり自殺をしたとして、死亡保険金支払い可否が問題となった事案について、自殺の際、精神障害の状況にあったか否かは不明であり、したがって、自殺が精神障害中の動作に基づくことを認めさせるに足りない〕、大阪高判平成15年2月21日金判1166号2頁〔中等症のうつ病に罹患していた被保険者が、自宅での縊頚による自殺未遂により高度障害状態になったとして、高度障害保険金の支払可否が争われた事案につき、被保険者の罹患していたうつ病が、同人の自由な意思決定能力を喪失又は著しく減弱させた結果、本件行為に及ばせたものと認めることはできない〕、東京地判平成17年12月28日生保判例集17巻1008頁「被保険者（歯科医師）は、自尊心を喪失して精神的に落ち込み、うつ病に罹患した症状を示していたと認められるものの、本件事故前日まで診療行為を自ら継続して行い、父親に対しては、『俺がだめになったらみんな困るだろうな。』などと述べ、自分が死んだら迷惑する人がいることを気にするなどの認識は保たれていた…自由な意思決定をすることができない状態で自己の生命を絶ったとは認めがたいというべきである」等）。

　　イ　うつ病など精神疾患ある者の「自殺」につき自由な意思決定能力を喪失又は著しく減弱させたものと評価された判例

　①　大阪地判昭和54年4月13日文研生保判例集2巻226頁「被保険者は、右死亡の直前である昭和51年3月5日頃から、内因性うつ病を再発し、軽うつ状態

Ⅲ-1　主契約にみる法定免責事由

になっていたこと、死亡者は死亡直前まで、外見上、平常に歯科診療に従事していたこと、遺書その他、自由な意思決定に基づく自殺であることを窺わせるものがなかったこと、内因性うつ病と自殺は切り離すことのできないものであること、内因性うつ病による自殺は病初期または回復期に多く、その方法は手段を選ばず、刃物による頸部動脈切傷は、その一典型であることを総合すると、右死亡は、内因性うつ病の病初期の発作的自殺というべきである。そうすると、右死亡は、内因性うつ病による精神障害中における動作に基因するものである…」

②　大阪地判平成11年9月28日生保判例集11巻542頁「被保険者が橋上から自ら落下し水路の底面に強く体を打ちつけて死亡した事案につき、被保険者は死亡当時精神分裂病により心神喪失状態にあり、免責事由としての自殺には当たらないとして、死亡保険金の請求が認められた」

③　奈良地判平成14年1月10日生命保険判例集14巻4頁「末期ガンという不治の病に侵されたとの誤解から厭世観が募っても死ぬに死ねず鬱病になり、これによって、正常な認識、行為選択能力が著しく阻害され、あるいは自殺行為を思いとどまる精神的な抑止力が阻害されている状態で自殺行為に及んだ場合であると言えて、本件保険約款の免責事由たる故意による行為に該当しない」（本件控訴審大阪高判平成15年2月21日生保判例集15巻99頁は、被保険者は、卵巣癌手術後の精神障碍（うつ病）中の動作に起因して、一階座敷欄間に自ら紐を掛けて首を吊っているところを発見されたが、この自殺行為による低酸素脳症により被保険者は寝たきり状態等、常に介護を要する状態となり高度障害状態に該当した事案につき、「被保険者の性格、対話がある程度できていたこと、自殺行為の態様も不自然とはいえず末期癌の病苦から逃れるという動機もあることなどの諸事情を総合すると、被控訴人の罹患していたうつ病が、同人の自由な意思決定能力を喪失又は著しく減弱させた結果、本件行為に及ばせたものと認めることはできない」として原審判決を取り消して被保険者の請求が棄却された）。

④　大分地判平成17年9月8日判時1935号158頁〔請求認容・控訴後和解〕は、「本件自殺行為時、少なくとも中等症以上のうつ病に罹患しており、当該うつ病は、重症かこれに近い程度であった可能性が高いこと、『死』に関しては自由な意思決定能力が著しく減弱していたものとみるのが相当である」として非自殺

167

第4章 生命保険契約に基づく給付 Ⅲ 保険金などの支払免責事由

と認定された。

⑤ 東京地判平成24年11月20日2012WLJPCA1120「本件被保険者は、医師に対して高校生であったころに覚せい剤を1年間常用していたと述べた事実が認められるものの、本件被保険者の症状や医師の診療録の記載等からすれば、本件被保険者には責任期間内における統合失調症の発症が認められ、また、本件被保険者は、統合失調症により意思能力が喪失していたか又は著しく減弱した結果自殺したものと認めるのが相当であり、本件免責条項にいう『自殺』には該当しない」として、請求を認容した。

⑥ 奈良地判平成22年8月27日判タ1341号210頁〔精神障害者のマンションからの自殺的な転落について保険会社の自殺免責を認めなかった。〕

⑦ 甲府地判平成27年7月14日判時2280号131頁・労判1129号81頁「被保険者は、重度ストレス反応（重度ストレスへの反応）及び適応障害の精神障害を発症しており、被保険者の本来的性格・人格と、自殺前の性格・人格には乖離が見られ、自殺に至る言動や自殺の態様にも異常性が認められることなどから、上記精神障害が被保険者の自由な意思決定能力を喪失ないし著しく減弱させた結果、被保険者は自殺に及んだといえ、本件免責条項所定の支払免責事由である『自殺』には該当しないというべきである…」。

(3) 自殺の免責期間

ア 免責期間内の自殺

保険法は被保険者の自殺につき全保険期間にわたって免責としているが、普通保険約款はこれを緩和し、「責任開始期の属する日からその日を含めて一定期間以内の自殺」についてのみ免責としている（現在、免責期間を2年以内と3年以内とする会社がある）。これは、健全な保険団体を維持していくうえから、すべての自殺を免責とするのではなく、あらかじめ自殺を計画して保険契約を締結し、計画どおりにそれを実行するような、いわばモラルリスク的な自殺を排除すれば足りるとする考え方によるものである。そして、保険金取得目的のための自殺であるか否かの立証が極めて困難であることから、その意思に関わりなく免責期間内の自殺はすべて免責とするものである。

最判平成16年3月25日民集58巻3号753頁は、生命保険契約に係る保険約款中の保険者の責任開始の日から1年内に被保険者が自殺した場合には保険者は

死亡保険金を支払わない旨の定めは、責任開始の日から１年経過後の被保険者の自殺による死亡については、当該自殺に関し犯罪行為等が介在し、当該自殺による死亡保険金の支払を認めることが公序良俗に違反するおそれがあるなどの特段の事情が認められない場合には、当該自殺の動機、目的が保険金の取得にあることが認められるときであっても、免責の対象とはしない趣旨と解すべきである、とした。

　　イ　特段の事情が認められるとされた裁判例

　次の判例が存在する。

　①　東京高判平成17年１月31日生保判例集17巻95頁は、被保険者と保険金受取人の母親とが交際していたところ、多額の負債があった保険金受取人の母親は被保険者に心中を持ち掛け、自分は後追い自殺をすると言って被保険者に船中から飛び込み自殺を決意させて実行させた一方で、被保険者が行方不明後は被保険者所有の土地建物の持分を自己名義に変更するなど経済的利益を図るべく行動していること、保険金が支払われた場合には、死亡保険金を支払うことは、犯罪行為に類する違法性の高い行為によって被保険者の自殺を誘発させた者に不当な利益を享受させる結果を来すことになり、１年経過後の自殺による死亡保険金の支払を認めることが公序良俗に反するおそれがあるなどの特段の事情が認められる。

　②　大阪高判平成18年２月16日生保判例集18巻105頁は、多額の負債を抱えていた被保険者が、家族に保険金を取得させるために、長男の幇助の下で、車道に飛び込んで、走行してくる第三者の車に自己を轢過させて、交通事故で死亡したように偽装した事案について、「被保険者の自殺は、単なる事故死を装った自殺であるにとどまらず、何の関係もない第三者を交通事故に巻き込み、場合によっては、当該第三者の生命又は身体に被害を与えたり、刑事事件としても、当該第三者を業務上過失致死罪という罪に陥れかねず、かつ、長男による自殺幇助という犯罪行為を招くなど、その反社会性は極めて強い…、本件において自殺による死亡保険金の支払を認めることは、社会正義に反し、公序良俗に違反するおそれがあり、上記特段の事情が認められる」。

　なお、復活契約につき免責期間の起算日を復活責任開始期からとする約款の効力が争われることがあるが、判例の趨勢はいずれもその合理性を認めて、公

第4章　生命保険契約に基づく給付　Ⅲ　保険金などの支払免責事由

序良俗に反しないとしている（静岡地沼津支判平成12年11月24日生保判例集12巻574頁）。

(4)　自殺の立証責任

　保険者が被保険者の自殺を理由に保険金の支払を免れ得るためには、被保険者の死亡が自殺であることを主張する保険者がその事実を証明しなければならない。すなわち、契約者又は受取人は被保険者の死亡事実を証明すれば足り、保険者が自殺であることの立証責任を負うことになる。なお、心神喪失ないし著しく心神耗弱状態での自殺であること（自己の自由な意思決定に基づくものではないこと）の立証責任は保険金請求者が負う。

　自殺の立証は、遺書等自殺の意思を直接証明できる証拠（直接証拠）がある場合や、明確な動機があり、自殺手段（例えば、縊死・投身・焼身等）、死亡場所等死亡時の状況から、自殺以外は考えられない場合は、これらによって高度の蓋然性があり立証されたこととなる。特に、直接証拠がなく種々の間接証拠から証明することとなる場合には、死亡者の生前の心理状態にも深く関わるところがあり、どれだけの事実・事情を揃えれば、その死を自殺として立証し得るかはむずかしい問題である。そこで、学説の中には、自殺そのものを直接かつ完全に立証することが困難な場合、典型的な自殺の状況が立証されればそれで足りること、すなわち、その証明が「一応確からしい」という程度のものでは足りないが、自殺でないとするすべての疑いを排除するものである必要はなく、明白で納得の得られるものであればそれで足りる（納得的証明）とする見解が有力ある。

　なお、「一応の推定」による立証ついては、保険約款に規定がない以上適用されるべきではないとする判例もあり（福岡高判平成10年1月22日判時1670号81頁・判タ982号256頁）、これが実務上自殺を推定するに適用されるべきかどうかは今後における判例の進展を見守るしかない。

　裁判所が自殺と推認する根拠には、自殺の動機の形成原因が明らかにされているか否かが大きく影響しているようである。また、裁判例では、動機は必ずしも明らかではないが、借財、経営している事業体が危機的状況に陥っている、健康状態や複雑な人間関係等を認定しつつ、これに加え、事故発生に至る状況に不自然さはないか、事故発生場所・発生時刻として合理的に説明ができるか、

生命保険、損害保険、生命共済も含めた契約時期、保険金額、契約の締結の経緯等付保した事情等の間接事実の積み重ねによって総合的に「故意」すなわち自殺の推認をしているようである（福岡高判平成10年2月17日生保判例集10巻42頁等々）。

なお、警察の検視の結果、自殺の動機も認められないことなどを理由に「事故死」として処理したものにつき、生命保険会社が抗弁として自殺を主張し認容された事例も認められる（岡山地津山支判平成12年9月20日生保判例集12巻452頁）。

　＊　「一応の推定」については、『新・実務民事訴訟講座6』293頁〔石川明〕（日本評論社、1983年）に次の解説がある。「裁判官が事件の争点につき心証を形成する過程において、経験則を利用してある事実から他の事実の確認を事実上行うことによってされる。この場合に利用される経験則が、かなりの高度の蓋然性をもつならば、前提事実の証明をもって推定事実の心証も一挙に証明度に近づくものとみてよい。このような事実上の推定が『一応の推定』といわれるものである」

(5)　自殺免責の効果

死亡保険金の支払が免責とされた場合、保険法は保険契約者に保険料積立金を払い戻すべきことを定め（保険法63条）、各社普通保険約款も契約者に「責任準備金」を返還する旨定めている。保険法では、保険料積立金につき、「受領した保険料の総額のうち、当該生命保険契約に係る保険給付に充てるべきものとして、保険料又は保険給付の額を定めるための予定死亡率、予定利率その他の計算の基礎を用いて算出される金額に相当する部分をいう。」と定義し、この保険料積立金は約款にいう責任準備金と同一のものと解されている。

なお、責任準備金は個別契約毎に積み立てられているものではないため、返還すべき責任準備金とは当該契約の対応分である。

次に、保険約款は、転換後契約の自殺免責期間内に自殺のため死亡保険金が支払われないときは、被転換契約が免責期間を経過している場合、被転換契約に復旧させた保険金額を支払うことができる旨を規定している。

なお、転換後契約が失効して復活しその後、復活責任開始期後免責期間内に被保険者が自殺した事実において転換後1年以上経過しているため復旧規定は適用はされず免責期間内の自殺として免責とされた（長野地松本支判平成17年4月12日生保判例集17巻313頁）。

第4章　生命保険契約に基づく給付　Ⅲ　保険金などの支払免責事由

Ⅲ-1-2　保険契約者の故意

(1)　免責の趣旨

　保険法51条2号は、「保険契約者が被保険者を故意に死亡させたとき」は、「保険給付を行う責任を負わない」として保険金の支払を免責としている。けだし、保険契約者が被保険者を故意に殺害することは公益上好ましくなく、その行為は保険者との関係で信義則に反すること著しいからに他ならない。

　保険金受取人が保険契約者を兼ねる場合において被保険者を故殺して、給付事由を発生させたときには、保険契約者による被保険者故殺として取り扱われ、保険契約者による故殺の規定（保険法51条2号）が適用される（保険法51条3号かっこ書）。

(2)　保険契約者の範囲

　ここにいう保険契約者には、約款規定によって変更された保険契約者はもとより、保険契約者と被保険者が別人の場合においては契約者の死亡によってその権利義務を承継した法定相続人も含まれるこというまでもない。なお、保険契約者が法人の場合で、法人の代表者、役員等により被保険者が故殺された場合について、保険契約者、保険金受取人の行為と同一に評価できるかについては、保険金受取人による故意の項（Ⅲ-1-3）において説明する。

(3)　故殺の要件

　保険金受取人の故殺要件の項（Ⅲ-1-3(2)イ）で説明する。

(4)　故殺免責の効果

　保険契約者が故意に被保険者を死亡させた場合、保険者は死亡保険金の支払につきその責を負うことはない。

　死亡保険契約において、被保険者の自殺、保険金受取人による被保険者故殺、戦争その他変乱による被保険者の死亡のときは、保険会社は保険契約者に対して、保険料積立金を払い戻す義務を負う（保険法63条1号）。しかし、保険契約者による被保険者故殺の場合には、保険会社は、この保険料積立金の払戻義務も免れる（保険法63条1号かっこ書）。

　すなわち、保険契約者が殺害者である場合、その行為に対する制裁として、保険料積立金を払い戻す必要はないとされているのである。これにより、この保険料積立金は保険者に帰属することとなるが、保険者がそれを利得する合理

172

的な理由もないことから、普通保険約款上、保険契約者に解約返還金を返還する旨を規定している保険者もある（多くの保険者は、責任準備金を返還しない旨規定している）。

なお、配当積立金、消滅時配当積立金、前納精算金及び既に到来している生存給付金、生存保険金などは、それらの受領権が保険契約者に帰属しているところから、いずれも保険契約者に返還されなければならない（契約者貸付金、保険料自動貸付金は精算する）（東京地判平成元年6月22日文研生保判例集6巻33頁「本件保険契約から1年経過後に被保険者を保険契約者兼保険金受取人が殺害し、しかも同人に保険金を受け取る意思がなかった場合であっても、免責事由にあたる」）。

Ⅲ-1-3　保険金受取人の故意

(1)　免責の趣旨

保険法51条3号は、「保険金受取人が被保険者を故意に死亡させたとき」は、保険者は保険給付を行う責任を負わないとしている。その趣旨が、被保険者を故意に殺害した者が保険金を受け取ることは公益上好ましくないこと、また、保険契約の射倖契約性に由来する信義則上の要請に反すること、すなわち、保険事故を故意に招致した者に対して保険金を支払うことは信義誠実の原則に反すること、さらに、保険事故の要素たる偶然性の要求に合致するものではないこと等々にあることについても既に述べたとおりである。

(2)　保険金受取人の意義

ア　保険金受取人

改正前商法680条1項2号では「保険金額を受け取るべき者」とは、「保険金受取人として指定された者に限らず、被保険者の死亡によって法律上当然に保険金を受け取るべき地位にある者（例えば、被保険者が受取人である場合に、その相続人である者）又は保険金受取人からその権利を譲り受けた者も含む」と解され、相続や譲渡によって事実上保険金を受け取る地位に立った者も受取人とみなすことができる（実際的効果からみて、質権者も同様に考えてよかろう）とされてきた。保険法51条3号では「保険金受取人が」とし、保険法2条5号で保険金受取人を「保険給付を受ける者」と定義付けられているので、譲渡又は質入れによる事実上保険金を受け取るべき地位にある者は文理上は含まれないが類

推適用を認めて、これらの者による被保険者故殺は免責されるべきである。保険金受取人及び譲渡又は質入れによる事実上保険金を受け取るべき地位にある者は、被保険者を故殺中の段階においてその地位にあれば十分であるとされている（東京地判平成13年3月30日生保判例集13巻398頁）。

なお、保険金受取人の法定代理人（親権者、後見人）が被保険者を故殺した場合はどう判断されるのであろうか。判例は法定代理人その者を実質的な受取人と認定し、保険金の支払を免責としている（大阪地判昭和62年10月29日）。一方、受取人が未成年で事故発生当時14歳、13歳、10歳、6歳で学齢に達している場合には、これら未成年者自身が保険受取人であることを認識していることなどから、親権者による被保険者の故殺をもって、保険金受取人として同等の評価とはならないと判示した（名古屋高判平成21年4月24日判時2051号147頁・文研生保判例集5巻172頁）。

　イ　保険契約者、保険金受取人が法人の場合

ここで問題とされるのが、保険契約者、保険金受取人を法人とする契約において、法人の代表者が被保険者を故殺した場合である。法人は本来、その目的の範囲内においてのみ行為をなし得るものであり、被保険者の故殺などという社会的に容認されない行為が、その目的の範囲内のものであるとは到底考えられない。したがって、商法（保険法）の免責条文が適用される余地もないと考えられていた（大判昭和7年9月14日民集11巻1815頁）。

しかしながら、法人の代表者等による被保険者の故殺により当該法人に保険金請求権が生じることは妥当ではない。そこで、判例は、この場合には、保険者が保険金支払の義務を負うとすることは公序良俗違反であり、信義誠実の原則に反するといわなければならないから、代表者の行為をもって法人の行為と評価し、保険者に対して保険金支払の義務を免責させるのが相当としている（名古屋地判昭和59年8月8日判時1168号148頁・判タ553号204頁）。

また、法人の代表権を有しない役員が被保険者を故意に死亡させた行為が保険契約者又は保険金受取人の行為と同一のものと評価される場合は、保険者の免責が認められるとされる（最判平成14年10月3日民集56巻8号1706頁）。この場合には、会社の規模や構成、保険事故の発生時における当該取締役の会社における地位や影響力、当該取締役と会社との経済的利害の共通性ないし当該取締

役が保険金を管理又は処分する権限の有無、行為の動機等の諸事情を総合して、当該取締役が会社を実質的に支配しもしくは事故後直ちに会社を実質的に支配し得る立場にあり、又は当該取締役が保険金の受領による利益を直接享受し得る立場にあるなど、本件免責条項の趣旨に照らして、当該取締役の故意による保険事故の招致をもって会社の行為と同一のものと評価することができるときは、本件免責条項に該当するとする（札幌地判平成11年10月5日生保判例集11巻554頁は、実質的に法人に対する支配力を有する者行為は法人の行為と同視できるとして免責を認めた。名古屋高金沢支判平成15年10月22日生保判例集15巻619頁は、取締役である妻による代表者である夫の故殺につき、法人が破産としても取締役の妻は、会社を実質的に支配しているといえるから法人の行為と同視できるとして免責を認めた）。

　なお、本問題を考える理論的根拠として、代表者責任理論及び法人格否認の理論がある。代表者責任理論とは、もともとドイツの判例・学説が損害保険において認めてきた理論であり、事実上被保険危険を管理する立場にある者の保険事故招致の場合に保険者の免責を認めようとする理論である。一方、法人格否認の理論とは、法人にその構成員である社員と法律上別個の人格を認めることが実質上不当な場合、例えば、法人格が法律の適用を回避するために濫用されるようなとき、あるいは法人格が全くの形骸にすぎないような場合、特定の事案について法人格を否認する理論である。すなわち、特定の会社の存在を全面的に否定するものではなく、その法人としての存在を認めながら、特定の事案について会社という被衣を剥奪し、その背後にある実態をとらえて、それに即した法律上の取扱いをなし得るとする理論である。いずれも、深い考察に裏打ちされた理論といえようか。

(3)　故意に被保険者を死亡させたことの意義

　保険法51条3号にいう「被保険者を故意に死亡させたとき」とは、刑法上の違法有責な殺人行為をなしたと同様の意に解されている。したがって、過失致死、傷害致死はいずれの場合にも「故意に死亡させた」ものとはみなされない。また、殺人の教唆や幇助があった場合もこれに含まれると解されており、自殺幇助（嘱託殺人）も、被保険者の死亡という結果の認識があれば「故意に死亡させた」ものとなる。殺害者（保険金受取人）の保険金を詐取する意図があったか

否かが問われるものではない。この点について、最判昭和42年1月31日民集21巻1号77頁は、受取人自らは自殺を決意しており保険契約に基づく死亡保険金を受け取る意思がなかったとしても、死亡保険金受取人が被保険者を殺害した場合に右免責条項の適用を排除することは、保険事故の偶然性を根幹として構築されている生命保険制度の本質に反することになり相当ではないとし、保険金取得の意思にかかわらず、免責となると判示している。

なお、「故意に死亡させた」というには、その行為者に責任能力のあることが必要である。したがって、帰責可能性がない場合、すなわち行為の是非善悪を弁別し、それに基づいて意思決定を行うことができない者については殺人罪を問えず、保険金支払についての免責規定も適用されないこととなる（東京地判昭和56年10月6日判時1038号346頁・判タ460号172頁「本件免責規定も、責任能力の存在を前提としているものであると解され、保険金受取人が当時心神喪失の状態にあったことが立証されたときは、保険者は約定によって免責されない…」）。

(4) 故殺免責の効果

死亡保険金受取人が被保険者を故意に死亡させた場合、保険者は保険料積立金（保険約款上は、責任準備金）を契約者に返還すれば足り（保険法63条1号）、死亡保険金支払の責を負うことはない。ただし、指定受取人が複数人でそのうちの何人かが被保険者を故殺した場合は、保険者は故殺した者の受取分については支払が免責となるも、残りの受取人に対してはその受取分を支払う義務がある。

なお、配当積立金、消滅時配当積立金、前納精算金及び既に到来している生存給付金、生存保険金などは、それらの受領権が契約者に帰属しているところから、いずれも契約者に返還されなければならない（契約者貸付金、保険料自動貸付金は精算する）。

Ⅲ-1-4 戦争その他の変乱による死亡

保険法51条4号は、被保険者が戦争その他の変乱によって死亡（保険給付事由が発生）した場合は、保険者は保険金支払の責に任じないとしている。免責事由とする理由は、戦争・変乱が一度勃発すればその規模は広範囲に及んで期間も長期化するおそれがあり、死亡者や高度障害の状態になる人の数も激増して

保険制度の基礎に悪影響を及ぼすことが予測されるからである。ただし、被保険者のために積み立てられている金額は保険契約者に払い戻されなければならない（保険法63条1号・92条1号）。

　もっとも、普通保険約款をもって上記の免責条項を緩和し、戦争により死亡率が増加して保険料算定の基礎に影響を及ぼした場合には、その程度に応じて、あるいは保険金の全額を、あるいは削減した金額を支払うとする趣旨の規定を設けているのが通例である。

　なお、ここにいう「戦争」とは、戦時国際法の範囲内であらゆる加害手段を用い、相手方交戦国の抵抗力を制圧しようとする状態をいう。宣戦布告の有無は問わない。また、「その他の変乱」とは、「国家間における戦争に準ずべき兵力に係る闘争行為のほか、一国内において多数人が一団となり集合せられた暴力をもって国権に反抗し、その暴力行為が通常の警察力をもってはこれを鎮圧し得ざる程度に達した場合をも包含する」（東京控判昭和16年9月6日新聞4727号7頁）ものをいう。

　なお、改正前商法680条1号は、「被保険者が…決闘その他の犯罪又は死刑の執行によりて死亡したるとき」は、「保険者は保険金額を支払う責に任ぜず」として保険金の支払を免責とする旨規定していた（いわゆる「犯罪免責」）。

　被保険者は保険金を受け取る者に保険金を取得させる目的で犯罪行為に及んで死亡したものではなく、保険金受取人にとっても、被保険者の死亡は単なる偶然の出来事にすぎないこと、犯罪行為に対する制裁は罪を犯した本人のみに及ぼせば足るべく、犯罪行為に何等関係のなかった保険金受取人にまでそれを及ぼす必要はないこと等々の考え方により、保険法の法定免責事由とはしなかった。

　ただ、現在、高度障害保険金の支払免責事由については、被保険者の「犯罪行為」によるものを免責とする保険者もある。

Ⅳ　生命保険契約の取消し・無効

Ⅳ-1　詐欺による契約の取消し

　改正前商法下の生命保険約款では、保険契約者又は被保険者の詐欺により保険契約を締結又は復活したときは、その保険契約は無効とし、既に払い込まれた保険料は返還しない旨の規定が定められていた。民法では、詐欺の効果は取消しであるが（改正民法96条1項で詐欺又は強迫による意思表示は、取り消すことができる旨を規定している）、生命保険約款は詐欺によって締結された保険契約は、保険者による取消しの意思表示を待つまでもなく、当然無効であるとしていたもので、当該約款は有効であると解されていた。しかし、詐欺無効という民法にはない効果を認めることについては、保険契約者側に一方的に不利となるような内容ではないかなどの問題点も指摘されていた。保険法の施行時に生命保険会社各社は保険約款が改正され、改正民法の詐欺の効果とあわせて約款規定で詐欺による契約について「保険契約の締結または復活に際して、保険契約者、被保険者または保険金の受取人に詐欺の行為があったときは、当会社は取り消すことができます。この場合、当会社は、すでに払い込まれた保険料を払い戻しません。」と規定している。民法96条の取消しの効果としては、当初から保険契約が無効であったものとみなされるため（民法121条）、保険者には保険料の返還義務が生じることになるところ、保険法は、民法の特則として、保険契約の無効・取消事由のうち、保険契約者等に対する制裁として保険料を返還しないことが相当な場合に限って保険料の返還義務を負わない旨を規定しており（保険法64条・93条）、保険契約者等の詐欺を理由とする取消しの場合はこれに当たる。したがって、保険契約締結時の詐欺取消しの場合は、保険者は保険料の返還義務を負わないことになる。

IV-1　詐欺による契約の取消し

Ⅳ-1-1　詐欺による契約

　「詐欺」とは、人を欺罔して錯誤に陥らせ、意思表示させる行為をいう。したがって、保険契約者、被保険者又は保険金受取人によって欺罔された保険者が錯誤に陥って、保険契約の締結、復活について承諾の意思表示がなされた契約は「詐欺による契約」となる。

Ⅳ-1-2　詐欺の構成要件

　この詐欺が構成されるには、保険契約者、被保険者又は保険金受取人の故意と欺罔行為の存在が必要とされる。なお、ここにいわれている「保険契約者、被保険者又は保険金受取人の故意」とは、会社を欺罔して錯誤に陥れようとする故意、及び、その錯誤により承諾の意思表示をさせようとする故意であり（いわゆる二段の故意）、「欺罔行為」とは、虚偽の事実を陳述し、あるいは真実の事実を隠蔽すること等である。かかる保険契約者、被保険者又は保険金受取人の故意に基づいた欺罔行為によって保険会社が錯誤に陥り（保険会社に過失があったか否かは問われない）、承諾の意思表示をした場合に詐欺が成立する（福岡地久留米支判平成19年5月24日生保判例集19巻216頁〔契約締結前に自らが肝細胞癌に罹患していることを認識しながらあえて保険会社に告知せず、その結果、保険会社をして、被保険者が健康体であると誤診させて契約締結に至らせたと認められるとして、約款規定の詐欺無効条項により保険契約が無効であるとされた〕、東京地判平成18年3月14日生保判例集18巻155頁〔肝臓疾患などで入院中だったのにもかかわらず、外出の許可を得て帰宅し、生命保険面接士と面接を行い、1年ほど前からC型肝炎などで入通院を繰り返していた事実を告げずに、生命保険契約を締結した事案については、面接の際に不告知を行ったことは、保険会社をして被保険者の健康状態につき何ら問題がないかのように誤信させ、その錯誤によって本件保険契約を締結させたものであるということができ、また、保険会社は、本件不告知がされず、被保険者の入通院の事実につき告知されていれば、本件保険契約を締結していなかったものということができるから、本件不告知は約款所定の詐欺の行為に当たるとして、保険契約は無効とされた〕）。

179

Ⅳ-1-3　詐欺の立証

　この詐欺の立証については、契約の取消しを主張する保険会社がそれをなさなければならない。すなわち、保険契約者、被保険者又は保険金受取人の欺罔行為、及び、それによって錯誤に陥り契約を締結、復活する意思表示をしたこと、並びに二段の故意につき保険会社が立証を要する。もっとも、身代わり診査の場合には、詐欺行為と会社の承諾との間に客観的因果関係が認められることから、保険会社は身代わり診査を立証すれば詐欺を立証したこととなる（東京控判昭和9年4月13日法律新報368号18頁「…被保険者は入院加療中なるにかかわらず該被保険者非ざる他人を被保険者なりと信じて之を診査し該診査に基づき保険契約の申込みを承諾せる場合に於いては要素の錯誤有る者というべく法律上無効なり…」、東京高判昭和59年1月31日文研生保判例集4巻16頁「被保険者が入院中であるにも拘らず、被保険者と異なる人物を利用し、被保険者が全くの健康状態である旨保険会社を欺罔して錯誤に陥らせ、その結果、保険契約を締結させたものであり、詐欺によるものとして無効である」）。

　なお、本項に関連してモラル的な面がうかがわれる件については、「モラルリスク」の項（第5章Ⅰ）で説明する。

Ⅳ-2　錯誤による契約の無効

Ⅳ-2-1　錯誤による契約

　改正民法95条はその1項で、「意思表示は、次に掲げる錯誤に基づくものであって、その錯誤が法律行為の目的及び取引上の社会的通念に照らして重要なものであるときは、取り消すことができる。①号　意思表示に対応する意思を欠く錯誤、②号　表意者が法律行為の基礎とした事情についてのその認識が真実に反する錯誤」と定めている。「錯誤」とは、通常、人の認識したところとその認識の対象たる事実とが一致しないことをいう。ここに従前の民法の規定にある「要素に錯誤があったとき」とは、改正民法でその錯誤が法律行為の目的及び取引上の社会的通念に照らして重要なものである事項につき錯誤があり、その錯誤がなかったとすれば表意者はその意思表示をしなかったものと認められ、かつ同様の状況のもとで、その表意者だけでなく他の一般通常の人もまたその意思表示をしなかったであろうと認められる場合をいうとされている（大

判大正 3 年12月12日）。なお、民法95条 1 項 2 号にて動機の錯誤について規定された。

　従前から、動機に錯誤ある場合も、意思表示の当時動機が表示され、それが法律行為の内容とされた場合には、動機の錯誤も要素の錯誤と同じ取扱いがなされるべきであるとされてきた（大判大正 6 年 2 月24日民録23輯284頁）。

　したがって、保険契約の重要な部分に錯誤がある場合（要素の錯誤）には契約は無効となる。ただし、後述するように、学説では、告知義務違反に該当する場合には告知義務制度の趣旨から、保険者による錯誤主張を認めない見解が有力である。また、契約者側に著しい思い違いがある場合にも（動機の錯誤）、これが表示されて要素の錯誤となっている場合には、契約が無効とされることがある（前掲東京控判昭和 9 年 4 月13日〔身代わり診査契約は、被保険者の同一性に関する誤信は要素の錯誤となり無効となるとされた〕）。

IV-2-2　生年月日の相違と錯誤

　申込書あるいは告知書に被保険者の生年月日が誤って記載され、それによって契約が成立するも、後に実際の年齢が判明しそれが会社が定める契約年齢の範囲を超えていたときは、下記のとおりの理由で、民法の錯誤規定に基づき処理してきた。したがって、現行約款は当該保険契約は約款上無効とされ既払込保険料が契約者に返還されることとなるが、改正民法では錯誤についてその効果は取消しとされた（現行普通保険約款はこれにつき次のように規定している。「保険契約申込書に記載された被保険者の年齢に誤りのあった場合、実際の年齢による契約年齢が会社の定める範囲外であったときは、保険契約を無効として、すでに払い込んだ保険料を保険契約者に払い戻します」）。これは、生命保険契約において、事業方法書上保険種類別に引受可能な年齢範囲が定められており、契約年齢範囲外のものは当該保険に加入できないこととされているためである。

　当該約款規定の法的根拠については、生年月日が危険選択上重要な意味をもち、告知すべき重要な事項であると解されていることから告知義務違反の特則であるとする説と、民法95条の錯誤の特則であると解する説とがある。告知義務違反とする説によれば、 2 年間の除斥期間（保険法55条 4 項・84条 4 項は 5 年間）が経過した後に誤りが発見されたときは解除できないという制限を受ける

こととなり、不合理である。したがって、民法上の錯誤によるものと解する方が実務には適しているといえよう。

なお、契約日における実際の契約年齢が、会社の定める契約年齢の範囲内であるときは、実際の契約年齢にもとづいて保険料を改め、既に払い込まれた保険料に過不足があるときは、精算する旨を保険約款に規定している（大阪地判平成10年11月10日生保判例集10巻436頁、被保険者の生年月日の誤申告により、当該保険契約の契約年齢が保険会社が定める契約年齢の範囲外のときは、保険約款の規定に従い無効と判示）。

Ⅳ-3　告知義務違反と詐欺・錯誤

保険法上の告知義務違反がある場合、それを理由に告知義務者に詐欺行為（故意及び欺罔行為）があったとして民法上契約を取り消し得るか否か、また、保険者に要素の錯誤が生じたとして、同じく民法上契約の無効を主張し得るか否かについて、学説上争いがある。すなわち、告知義務に関する保険法の規定は、保険会社の保護を図るとともに加入者の保護をも図る規定であり、これによって制度のバランスが保たれている以上、もしこれに民法の詐欺・錯誤に関する規定が適用されれば、制度本来の精神が失われてしまうとして告知義務違反による契約解除のみの単独適用を主張する「単独適用説」と、告知義務に関する保険法の規定と詐欺・錯誤に関する民法の規定は、ともにその根拠・要件・効果を異にする別個独立の制度であり、一般法と特別法の関係にあるものではないとして両法の適用を主張する「重複適用説」とが対立している。また、詐欺と錯誤を区別し、詐欺の場合は加入者の保護を考える必要がないのに反し、錯誤の場合には告知義務者に害意がないところから加入者の利益を考慮する必要があるとして、錯誤については民法の適用が排除されるも、詐欺についてはそれが排除されないとする「錯誤規定排除説」もあり、本説が有力とされている。

なお、判例は当初、民法の規定を適用する立場に立っていたが（大判明治40年10月4日民録13輯955頁）、その後商法規定を適用して民法規定を排除する立場に変わり（大判明治44年3月3日民録17輯85頁）、さらに今日では商法規定及び民法規定の併存適用を認める立場にある（大判大正6年12月14日民録23輯2112頁）。現在、「重複適用説」の立場に立つ判例の考え方は、告知義務の制度は、保険制度

ないし保険契約の特殊性に基づき、保険契約者等にある種の負担を課し、これが守られない場合に保険者に解除権の行使を認める制度であり、民法の詐欺・錯誤による法律行為の取消し・無効に関する法則は、当事者たる保険者の意思表示に瑕疵があったことを理由にこれを否認する権利を認める制度であって、両者はその根拠・要件・効果を異にし、特別法と一般法の関係にあるものではないから両法を重複して適用すべきであるというのである。

第5章

その他の諸問題

I　モラルリスク問題

「モラルリスク」（欧米では「モラルハザード」と呼ばれている）とは、「フィジカルリスク」（「自然的危険」）に相対する「人為的危険」をいう。保険制度を意図的に不法・不当に利用し、より少額の拠出によってより多額の保険給付を得ようとする形で現出するもので、「モラルリスク」の典型的なものとしては保険金殺人があり、一時期頻出したものとして、鞭打症等他覚的所見では判明し難いことを奇貨とし過大に愁訴して入院期間の延引を図るものなどがあった。また、生活習慣病である糖尿病などは、医学的に見て、入院による治療は検査・教育入院が主たるもので、期間としても2週間程度が目安とされている中で、必要以上に長期間の入院をするなどその態様は数限りない。それら数多い態様を具体例に基づき分類すれば、概略、次のとおりとなる。

①　保険事故の招致

保険契約者、被保険者又は保険金受取人が保険事故を故意に惹起するもので、保険金受取人による被保険者の故殺（そのなかには、不慮の事故によったものに見せかける事故死の偽装、自殺であるかのように見せかける自殺の偽装等もある）、あるいは各種保険金・給付金の詐取を目的とする自傷行為（自らの身体部位を故意に損傷したり、意図的に比較的軽微な交通事故を惹起したりして、不慮の事故に見せかけるなどのパターンが多い）等がこの分類に入る。

②　保険事故の架空作成

現実には全く存在しない保険事故を捏造するもので、第三者を殺害して被保険者自身が死亡したかのごとく見せかける死亡の偽装、入院の事実がないにもかかわらず入院証明書等を偽造してなす入院の偽装、目が見えるにもかかわらず視力を喪失したと申告する等の障害の偽装等がこの分類に入る。

③　保険事故の原因・程度・内容の偽装あるいは詐称、誇張

より大きい保険給付を得るためになされるもので、自殺を不慮の事故死に見せかける等の保険事故の原因の偽装、他覚的に検査確認が困難な障害症状や機能喪失状態の誇張、病状の誇張愁訴等がこの分類に入る。

これらは、いずれも生命保険制度の善意契約性を著しく損なうものであり、

保険事故の偶然性からくるところの射倖契約性がもつ賭博的な側面を悪用する
ものに他ならない。民法の面からの規制はもとより、保険法及び保険約款がこ
れら「モラルリスク」に対して厳しく対処し保険制度の健全性を維持するゆえ
んである（例えば、民法にみる「公序良俗」「信義誠実の原則」、保険法にみる「重大
事由による解除権」、また、これら法律を受けて、保険約款では「重大事由による解除
権」「保険金不法取得目的による無効」「詐欺による取消し」等を規定している）。

　また、判例には、保険契約者又は被保険者の収入に比して保険料が多額にす
ぎること、あるいは保険金額が高額にすぎること、不自然な保険加入状況（短
期間に多数の保険会社の同種保険に自発的に加入する等）、故意に保険事故を招致
した疑念が強いこと等の間接事実を積み上げて、当該契約を約款に定める詐欺
契約であると認定するものも少なくない。

　保険会社は、保険金請求がなされた際に、保険事故によって保険約款に定め
る障害状態が生じたか否か、入院の必要性が認められるか否か等を事実の調査
によって明らかにして、支払の可否を判断するとともに、故意による事故招致
や保険金詐欺等が認められる場合には、以下でみるように、民法、保険法、保
険約款及び判例理論に基づき、詐欺取消しや重大事由による解除等のモラルリ
スク排除の手段を講じている。

Ⅰ-1　判例にみるモラルリスク排除の法理

　近年の判例から見たモラルリスク契約・請求排除の法理は、概ね次のとおり
である。

Ⅰ-1-1　保険契約締結時の詐欺

　保険会社は、傷害疾病定額保険の保険金等の請求に際して事実の確認を行っ
た結果、保険契約者等により保険事故が招致された事実が判明し、かつ、その
保険契約が締結当初からモラルリスクを孕んだ契約であったと判断した場合に
は、保険事故が「故意」によって生じたものとして保険金等の支払を免責とす
るのみでは足りず、契約締結時に民法あるいは保険約款にいう詐欺があったと
して契約の取消しをも主張することが多くある（主契約が生命保険契約で特約が
傷害疾病定額保険契約の場合においては、主契約を含めて詐欺取消しを主張する）。

これは、傷害疾病定額保険においては、免責によって保険金等の支払債務の存在を否定するだけでは保険契約自体は存続することとなり、保険契約者などが、以降においても入院給付金等に関して故意に仮装の保険事故を繰り返し惹起させることが危惧されることから、詐欺取消しを主張してモラルリスク契約をその根底から消滅させようとするものである。

また、保険会社は、生命保険契約に関し、被保険者が診査医による診査時に替え玉により受診したことや、重篤で致死的な疾病を認識しながら告知をせずに加入したことが判明した場合などにおいても、詐欺取消しを主張することがある。

民法又は保険約款にいう詐欺が成立するためには、①保険会社を錯誤に陥れること及び当該錯誤により承諾の意思表示をさせることについての故意（二重の故意）、②違法な欺罔行為、③保険会社の錯誤、④欺罔行為と保険会社の錯誤による意思表示との間に因果関係が存在することが必要であると解されている。

特に傷害疾病定額保険に関しては、異常又は不自然な事実の積み重ねをとおし、保険契約締結時に民法及び保険約款にいう詐欺があったと推認する判例が多く生まれてきている。判例の挙げる異常又は不自然な事実とは、ａ．入院給付金等の特約、生命保険契約の加入件数が多く、保険金額等が極めて高いこと、ｂ．それらの加入が短期間に集中していること、ｃ．保険契約者、被保険者の収入に比して月々の保険料が多額に上ること、ｄ．保険加入時に自ら進んで積極的な申し込みをしていること、ｅ．契約締結と保険事故発生が時間的に近接性していること、ｆ．保険事故の発生状況が不自然であり故意・偽装による疑いがあること（入院給付金の場合には、例えば、被保険者が希望して入院していること、入院原因・他覚的所見に異常が認められないこと、入通院期間を遷延させていること、入院中の外出・外泊が多いこと、入院期間が約款に定める120日間等の給付限度に近い長期入院であること等の入院態様に不審が認められる場合が挙げられる）、ｇ．保険金等請求の時期に意図性が認められること（責任開始の日から２年以内に保険金支払事由が生じなかったときは告知義務違反を理由として保険契約を解除できない旨の約定を奇貨として、契約締結から２年間は入院給付金の請求を差し控えていること）等で、これらを勘案して判例は詐欺と推認しているのである（東京地判平

189

第5章　その他の諸問題　Ⅰ　モラルリスク問題

成2年10月26日判時1387号141頁、福岡高判平成11年10月20日判タ1063号226頁など）。

　また、判例の中には、生命保険における入院給付金等の特約は一種の損害保険というべき性格を有しているとしたうえで、商法では賭博行為や保険事故招致の弊害を防止するために損害保険契約における超過保険又は重複超過保険の効力を規制しているが、その趣旨は生命保険における入院給付金等の特約においても同様であると判示するものもある（東京高判平成3年10月17日金判894号27頁）。そして、入院等特約関係の保険に同時に多数加入することは保険の趣旨目的に反するものであって、保険契約者にはこの事実を保険会社の担当者に告げるべき信義則上の義務があり、短期間に10口もの保険契約を締結し、1日当たりの入院日額も6万5千円という高額となっている事実について秘匿することは、保険会社を欺罔して錯誤に陥らせ、その錯誤によって契約締結の意思を決定・表示させようとする故意があったことは明らかであるとして、保険契約締結時の詐欺が成立すると判示している。本判例は、同種保険の同時多数加入が告知の対象とされていない生命保険契約においても、契約締結時にその事実を告知する信義則上の義務があるとし、それについて告知のない契約については詐欺を問い得る可能性を示唆したものであるが、約款で他保険契約についての告知義務を規定していないこととの整合性の面からの批判も多いようである（山下友信「モラル・リスクに関する判例の展開と保険法理論の課題」『保険法の現代的課題』（法律文化社、1993年）所収）。

　なお、モラルリスク契約については、保険会社が、契約締結時の詐欺等を理由として承諾の意思表示を取り消したうえで、保険契約無効確認請求の訴えを提起することがある。民事訴訟法上、確認の訴えを提起するためには確認の利益が存在することが訴訟要件として必要となるが、学校法人の理事会・評議会の決議について決議無効確認の訴えが提起された事案において、最高裁は「現在の権利または法律関係の個別的な確定が必ずしも紛争の抜本的な解決をもたらさず、かえって、これらの権利または法律関係の基本となる法律関係を確定することが、紛争の直接かつ抜本的な解決のため最も適切かつ必要と認められる場合においては、右の基本的な法律関係の存否の確認を求める訴えも、それが現在の法律関係であるか過去のそれであるかを問わず、確認の利益があるものと認めて、これを許容すべき」と判示し、かかる判例理論が確立している（最

190

判昭和47年11月9日判タ286号220頁）。

そして、岐阜地判平成12年3月23日金判1131号43頁は、生命保険契約においては、主契約による死亡・高度障害保険金や満期保険金だけでなく、特約による入院給付金や手術給付金等の多種多様の権利が発生し、長期間に及ぶ保険期間中において、保険事故の発生ごとに繰り返し支払われるものであることを理由に、「個々の保険事故による現実化した個々の保険金支払請求の存否の個別的な確定だけでは、当該保険者と保険契約者間に存する紛争の抜本的・効果的な解決をもたらさず、かえって後に多数の無用な訴訟を招くものである。したがって、当該保険契約が無効とされる場合、その無効を確認することが、当事者間に存する紛争の直接的かつ抜本的な解決のために最も適切かつ必要であると考えるのが相当である」として、生命保険契約無効確認の訴えに「確認の利益」が認められる旨判示した。

Ⅰ-1-2　錯誤無効

モラルリスク契約について、民法95条に基づき、保険者の錯誤により保険契約を無効と判断した判例は比較的少ない。

その例としては、①保険契約者及び保険者の双方において、保険金受取人が保険金詐欺事件に関与していたことを知らないで保険契約を締結したケースにつき、当事者双方に共通して動機の錯誤があったとして保険契約を無効としたもの（大阪地判昭和62年2月27日判時1238号143頁）や、②上司の勧めで高額な死亡保険金額の生命保険に自らを被保険者として加入した保険契約者が、加入から1年10か月後に死亡したが、毎月の保険料もその上司が支払っており、また、死亡保険金請求についても保険金受取人に代わってその上司が手続きを行ったという事案において、保険契約者が保険契約を締結する意思を有していたかどうかは疑問が多いとしたうえで、保険の申込みにあたっては事実と異なる事項が記載されていただけでなく、保険契約者が入れ墨をしていたという事実だけでも保険会社が保険の申込みを承諾することはあり得なかったことから、保険会社がこれらの事情を知っていれば保険契約を締結することはなく、保険契約は錯誤により無効と解することが相当であるとしたもの（東京地判平成16年6月15日生保判例集16巻402頁）を掲げ得る程度である。

第5章　その他の諸問題　Ⅰ　モラルリスク問題

　なお、学説においては、告知義務違反が認められる場合に、保険会社が告知義務違反により錯誤に陥ったとして無効主張をすることも認められるかという点について、かかる主張が許されることになると告知義務違反解除を行うための要件（告知義務者の主観的要件や除斥期間など）を定めた意味がなくなるとして、これを否定する見解が有力である（山下友信＝米山高生編『保険法解説』548頁（有斐閣、2010年））。

Ⅰ-1-3　公序良俗違反による契約無効

　生命保険契約に公序良俗性が求められる根拠として、大森忠夫教授は次のように説明されている。「射倖契約にあっては、その契約の本質的内容たる『偶然の事実による不労的利得発生の可能性』は、その獲得を目的とする行為者の主観的な行為目的・動機と結合することにより、その契約全体に反公序良俗性を与える傾向が甚だ強い。したがって、射倖契約における当事者の行為目的・動機の如何は、他の契約におけるそれとは異なり、契約の有効性の問題と関連してとくに重要な意味をもつのである。」（大森忠夫『保険契約の法的構造』154頁（有斐閣、1965年））。

　不労利得を生じさせる可能性が客観的に存在している生命保険契約において、契約の当事者には、通常の契約に比べて一段と高度の信義誠実と善意が要請されるゆえんである。

　それでは、どのような場合に公序良俗違反があったといえるのか。判例は、保険金の不法取得目的という主観的態様を要件とするものと、保険金額が著しい累積状態に達した状態をもって公序良俗違反とするものに分かれている。

　前者の判例として、2か月足らずの間に保険料の合計が月36万円を超える14件の生命保険契約等に加入し、その6か月後に交通事故に遭い、治療のため入院したとして保険金の請求がなされた事案について、典型的な自発的・短期集中的大量加入であること、いずれも保障機能を重視した性格の契約であること、高額な保険料の支払を継続し得る収入がないこと、他保険契約の存在や職業について虚偽の事実を告げていたこと、入院期間を引き延ばしていたことがうかがえること、交通事故の偶然性について客観的な証拠がないことなどの事実を認定したうえで、「本件各保険契約は、個別的に見れば、その内容に公序良俗に

反する点はないとしても、これを全体として見れば、不法な利得目的を達成するための不可欠な手段として締結したもの」であるとして、一連の保険加入について保険金の不法取得目的を認定し、「その締結状況及びこれによる保険給付の異常性をも考慮すれば、いずれも公序良俗に反するものとして無効である」と判示するものがある（大阪地判平成3年3月26日文研生保判例集6巻307頁）。また、同様に、自発的かつ短期間に集中し、月額保険料の合計が650万円で保険金額の合計が16億円を超える30件の保険契約に加入し、自殺免責期間経過直後に被保険者が自殺した事案について、「本件各契約は保険事故の偶然の事実への依存関係が破壊され、かつ、保険契約の締結が当初から不労の利得そのものを専らの目的として行われたものとみることができる」として、保険金の不法取得目的を認定し、公序良俗違反により無効とした判例も存在する（大阪高判平成9年6月17日判タ964号258頁）。これらの判決が、公序良俗違反の要件として保険金の不法取得目的という主観的態様を認定するにあたって根拠とした事実は、上述の保険契約締結時の詐欺を認定する際に判例が根拠とする事実と共通している面があるように思われる。

　後者の判例としては、昭和63年から平成4年にかけて、段階的に複数の生命保険契約に加入し、最終的には、死亡保険金額の合計が15億6千万円となった直後に交通事故により高度障害状態に該当したとして高度障害保険金等が請求された事案において、「社会通念に照らし、原告会社程度の規模の会社が社会的に合理的な危険分散のために加入する保険としては明らかに限度を超えたものといわなければならない。そして、生命保険のような射倖性のある契約については、社会通念上合理的と認められる危険分散の限度を著しく超えてこれに加入することを認めるならば、自己もしくは第三者の生命を弄んで不労の利得を得ようとする者や危険発生の偶然性を破壊しようとする者が生じて保険制度の根幹を揺すことにもなりかねないから、社会通念上合理的と認められる危険分散の限度を著しく超えることとなる生命保険契約については、当事者間の合意にかかわらず、もはや社会的に許容することのできない不相当な行為というべきであり、このような事態の発生・回避について保険契約自体に特段の取決めがなされていない場合であっても、民法90条に照らしてその法的効果を認めることはできないというべきである」と判示し、時系列でみて最後に締結された

保険契約について無効と判断したものがある（東京地判平成6年5月11日金判976号29頁）。本判決の事案においては、数年間をかけて徐々に保険加入がなされており、典型的な短期集中加入という態様ではなかったことも影響しているように思われるが、当初からの保険金の不法取得目的を認定せず、専ら累積した保険金額が異常に高額となったことに着目し、逐次締結された複数の保険契約のうち、ある限度を超えた段階以降に締結された一部の保険契約についてのみ公序良俗違反として無効判断した点に特徴があるが、どの程度の保険金額が累積すれば「社会通念上合理的と認められる危険分散の限度を著しく超える」ことになるのかについては一義的に明確ではなく、この限度を超えれば公序良俗違反にあたると認定する際の基準が曖昧であるという批判もあり得よう。

　なお、現在、生命保険会社各社は、保険約款に「保険金・給付金不法取得目的による無効―保険契約者が保険金・給付金を不法に取得する目的または他人に保険金・給付金を不法に取得させる目的をもって保険契約の締結または復活をしたときは、保険契約を無効とし、当会社は、すでに払い込まれた保険料を払い戻しません。」と規定し、当該規定に基づき保険金などを不法取得する目的で締結された保険契約を排除している。この保険約款は、契約締結時から不法な保険金取得目的を有する生命保険契約について、まさに公序良俗違反を根拠にその効力を否定する規定であるといえる。

Ⅰ-1-4　特別解約権・重大事由による解除権

(1)　特別解約権について

　生命保険契約は継続的契約関係であるが、当事者の一方である保険契約者が信頼関係を破壊する行為を行った場合には、他方当事者である保険者は保険契約の拘束から離脱することができるのかという問題がある。生命保険会社各社が、昭和62年に「重大事由による解除権」に関する規定を保険約款に導入する以前においては、例えば保険契約者が保険事故を招致した場合、保険者はその保険金等の請求については支払免責とすることができたが、保険契約自体を保険集団から排除するための明文の根拠は、商法にも保険約款にも存在していなかった。

　かかる生命保険契約を保険集団から排除し得る理論として「保険会社からす

る特別解約権」の導入が提唱された（中村敏夫「生命保険・疾病保険における保険者の特別解約権」保険学雑誌491号、同『生命保険契約法の理論と実務』369頁（保険毎日新聞社、1997年））。

　特別解約権を行使し得る根拠については、「『継続的契約において当事者の一方の強度の不信行為により信頼関係が破壊され、信義則上相手方に契約関係の維持を期待し得ないときは、相手方はその契約を即時に解約することができる』という法原則が存在するとみることができる。そして、保険契約は継続的契約の一種であるから、この原則は保険契約にも適用されると解すべきである。のみならず、保険契約は、当事者間の権利義務の関係が保険期間中における保険事故の発生不発生及びその発生の時期いかんという偶然の事情によって左右されることを本質とする射倖契約であり、当事者が信義誠実の原則にしたがった行動を取ることが強く要請される善意契約であるから、保険契約については、右の原則を適用すべき一層の理由がある。従って、保険契約者等が故意の保険事故招致等の強度の不信行為を行い、信義則上、保険者に契約の維持を期待し得ないときは、保険者は信頼関係の破壊を理由として保険契約を解約することができると解すべきである。」（中西正明「保険者の特別解約権再論」阪大法学141、142号）と説明されている。

　また、特別解約権を行使する場合には、保険者は、何らの催告を要せず、保険契約者に対する一方的な意思表示により保険契約を解約することができると解されていた（中西正明「保険者の特別解約権再論」阪大法学141、142号）。

　判例においても、保険契約者兼被保険者が、替玉殺人によって保険金を詐取しようと企てて第三者を殺害したが、殺人であることが発覚したために自殺し、その後保険金受取人が保険金請求を行った事案において、生命保険契約は射倖契約であるがために公正・公益維持及び信義誠実の原則の適用が要請されており、商法や保険約款に規定がなくとも、保険契約者が「生命保険契約に基づいて信義則上要求される義務に違反し、信頼関係を裏切って保険契約関係の継続を著しく困難ならしめるような不信行為をしたような場合には、保険者は債務不履行を理由に催告を要せず生命保険契約を将来に向かって解除することができるものと解するのが相当である。」として、いわゆる特別解約権を認めたものが存在した（大阪地判昭和60年8月30日判時1183号153頁）。

第5章　その他の諸問題　Ⅰ　モラルリスク問題

(2)　重大事由による解除権の保険約款への導入

　上述の特別解約権は、判例上、大阪地判昭和60年8月30日において初めて生命保険契約について認められた法理であるが、その後、生命保険会社各社は、入院などの特約保険契約については昭和62年4月に、また、生命保険契約については昭和63年4月に、それぞれ保険約款に「重大事由による解除権」として規定し、明文化するに至った（保険約款への導入の経緯は、甘利公人「重大事由による解除」山下＝米山編・前掲書563頁）。

　保険約款では、解除することができる重大事由を、「①保険契約者、被保険者又は保険金・給付金受取人による保険金・給付金詐取目的での事故招致、②保険金・給付金の請求に関し、保険金・給付金受取人に詐欺行為があるとき、③（生命保険約款では）生命保険契約に付加されている特約が重大事由によって解除されたとき、④（特約約款では）他の保険契約との重複によって、被保険者にかかる給付金額等の合計額が著しく過大であって、保険制度の目的に反する状態がもたらされるおそれがある場合、⑤その他保険契約を継続することを期待し得ない第1号から前号までに掲げる事由と同等の事由があるとき」と定めていた。

　①、②及び③は客観的事実に基づいた適用が可能であるが、④及び⑤は規定自体が抽象的であるため、判例は、保険約款で定めた重大事由による解除権行使の有効性判断にあたって、個別かつ具体的事情を斟酌して判断していた。しかしながら、④特約約款における重複した保険契約によって累積した給付金額については、どの程度をもって著しく過大とみるか、どの状態をもって保険制度の目的に反する状態といえるのか等については一義的に明らかではなく、また、⑤その他保険契約を継続することを期待し得ない事由とはどのような場合かについても同様であり、判例の集積が待たれるところであった。

(3)　保険法における重大事由による解除権の新設と保険約款の改定

　平成22年4月施行の保険法では、当事者間の信頼関係が契約の前提として強く求められる保険契約において、モラルリスク事案のように保険契約者側で信頼関係を破壊する行為が行われた場合には、もはや当該契約関係は維持することができず、保険者に解除による保険契約関係からの解放を認める必要があるとして（萩本修編著『一問一答保険法』97頁（商事法務、2009年））、モラルリスク排

除の趣旨から「重大事由による解除権」が新設された（保険法57条・86条）。

保険法57条及び86条では、生命保険契約及び傷害疾病定額保険契約につき、それぞれ「重大事由による解除」をすることができる事由として、１号から３号の解除事由を掲げている。１号解除事由は、保険契約者等の保険金取得目的での故意による事故招致であり、２号解除事由は、保険金受取人による保険金詐欺である。３号解除事由はこれらに準じる程度の信頼関係を破壊し保険契約の存続を困難とする重大事由である（バスケット条項）。

保険法における重大事由による解除権の規定は片面的強行規定（保険法65条２号・94条２号）とされ、当該規定に反する特約で保険契約者、被保険者又は保険金受取人に不利なものは無効となる。また、同規定は、保険法施行日前に締結された保険契約についても適用されることとなった（保険法附則４条・５条）。これを受けて、生命保険会社各社は、保険法の施行に際し、従来の保険約款において規定していた重大事由による解除の条項について保険法に準拠する形に改定し、保険法施行日後に締結される保険契約について当該改定後の保険約款を適用するだけでなく、同施行日前に締結された保険契約についても、保険法の遡及適用について明確化する趣旨で、当該保険契約に適用される約款を一部変更するための特約条項を創設し、重大事由による解除に関する改定後の条項を適用している。

(4) 解釈基準

ア　１号解除事由について

１号解除事由は、生命保険契約については「保険契約者又は保険金受取人が、保険者に保険給付を行わせることを目的として故意に被保険者を死亡させ、又は死亡させようとしたこと」（保険法57条１号）と規定されており、また、傷害疾病定額保険契約については「保険契約者、被保険者又は保険金受取人が、保険者に当該傷害疾病定額保険契約に基づく保険給付を行わせることを目的として給付事由を発生させ、又は発生させようとしたこと」（保険法86条１号）と規定されており、いずれも保険契約者等の保険金取得目的での故意による事故招致とその未遂が解除事由とされている。なお、生命保険契約の１号解除事由の行為主体には被保険者が含まれていないことから、被保険者の自殺については、免責事由となるに止まり（保険法51条１号）、重大事由解除の対象とはならない。

第5章　その他の諸問題　Ⅰ　モラルリスク問題

　保険契約者等の故意による事故招致がなされた場合、生命保険契約において
は、保険者は免責され（保険法51条2号、3号）、被保険者の死亡により保険契約
そのものが終了するので、事故招致が未遂に終わって保険契約が存続する場合
を除けば解除の意義は少ないが、傷害疾病定額保険契約では、保険者として免
責（保険法80条1号乃至3号）されるだけでは保険契約は終了しないので、保険
契約者との信頼関係を喪失した保険者が重大事由による解除権を行使すること
で、その契約の拘束力から開放されることにその意義がある。

　傷害疾病定額保険契約の1号解除事由は、「保険者に『当該』傷害疾病定額保
険契約に基づく保険給付を行わせることを目的」とした事故招致に限定しており
（保険法86条1号）、他の保険契約における事故招致については解除事由とはし
ていない。「当該」傷害疾病定額保険契約についての事故招致に限定する理由
は、傷害疾病定額保険契約においては、保険事故の対象が異なり、保険契約者
等が1つの保険契約について故意の事故招致を行ったことが、直ちに同じ類型
の他の保険契約について重大事由を構成するとは考えられないからであるとさ
れている。これに対して、生命保険契約の1号解除事由（保険法57条1号）にお
いては、他の生命保険契約であっても保険契約者等が被保険者を死亡させたの
であれば、保険契約の不正利用の意図が顕在しているものと考えられることか
ら、解除事由として「保険者に保険給付を行わせることを目的」とした故殺と
規定しており、「当該」生命保険契約に基づく保険給付との限定は付されていな
い（萩本編著・前掲書100頁（注2））。したがって、生命保険契約においては、保険
契約者等が、他の保険者との間で締結した生命保険契約について事故招致を行
った場合であっても1号解除事由に該当し、重大事由による解除が可能となる。

　保険金請求権の譲受人や質権者は、保険金請求について利害関係を有してい
るものの、保険金受取人には該当しないので、1号解除事由の行為主体として
は規定されていないことになる。これらの者が事故招致を行った場合に1号解
除事由にあたるかという点については、文理上から否定的な見解もあるが、結
局は個別具体的な事案において解釈に委ねられるものと考えられる。

　1号解除事由と被保険者の故殺免責（保険法51条2号、3号・80条2号、3号）
の要件の違いについてみると、前者では保険金取得目的と故意の両方が要件と
されているのに対し、後者では故意のみが要件とされていて保険金取得目的は

198

要件とされておらず（最判昭和42年1月31日民集21巻1号77頁）、また、前者が故意による事故招致の「未遂」についても解除事由としている点についても異なっている。

判例で保険契約者等の事故招致による解除を認めたものとしては、保険法施行前であるが、保険金を不正に取得する目的で故意に交通事故を起こして入院したことを認定して重大事由による解除を認めたもの（大阪高判平成18年6月30日生保判例集18巻431頁）などがある。

　　イ　2号解除事由について

2号解除事由は、生命保険契約及び傷害疾病定額保険契約について、「保険金受取人が、当該生命（傷害疾病定額）保険契約に基づく保険給付の請求について詐欺を行い、又は行おうとしたこと」と規定されており、保険金受取人による保険金詐欺とその未遂が解除事由とされている（保険法57条2号・86条2号）。

ここにいう保険金受取人の詐欺とは、保険者を錯誤に陥らせ、保険金を支払わせる意思で欺罔行為を行うことであり、現に保険金の支払いを受けることまでを要件とする趣旨ではないと解されている（甘利公人「重大事由による解除」山下＝米山編・前掲書573頁）。また、「未遂」の場合については、広く詐欺の予備行為まで含まれる可能性があるとする見解もあるが（大串淳子＝日本生命保険相互会社生命保険研究会編著『解説保険法』118頁（弘文堂、2008年））、保険金受取人の行為が、保険者による解除を相当とするほど信頼関係を破壊する重大な行為であるか否かという観点から、信頼関係の破壊にまでは至らない些細な行為は該当しないとも解される。

いずれにせよ、2号解除事由の該当性については、刑法上の詐欺の既遂に至る程度である必要はないとしても、何が問題とされるべき詐欺行為なのかは、保険法施行後においても引き続き解釈論上の問題となることが指摘されている（榊素寛「保険法における重大事由解除」竹濱修＝木下孝治＝新井修司編『保険法改正の論点』370頁（法律文化社、2009年））。

判例では、「詐欺行為」について、「当初から保険金を騙し取る等の明確な意図のもとに、負傷内容を偽り、又は偽造、虚偽作成にかかる診断書を使用する等、詐欺その他の犯罪行為を構成するに足るだけの強度の違法性を帯びた行為を指すものと解すべきである。」（大阪地判平成12年2月22日生保判例集12巻86頁・

判時1728号124頁）として、詐欺行為について厳格に捉えて判示するものがある一方で、保険金受取人が、病死した被保険者の死因とは関係のない事故の事実を記載した事故証明書を作成して保険者に提出し、死亡証明書にも被保険者の死因が事故死であるように記載するよう医師に働きかけた（ただし、医師はこれに応じなかった）という事案において、詐欺行為の要件を明確にしないままに詐欺行為に当たると判示し、比較的緩やかに詐欺の成立を認めたものも存在している（福岡高判平成15年3月27日事例研レポ189号1頁。なお類似の判例として、鹿児島地知覧支判平成24年3月22日事例研レポ279号1頁）。

ウ　3号解除事由について

3号解除事由は、生命保険契約及び傷害疾病定額保険契約について、「保険者の保険契約者、被保険者又は保険金受取人に対する信頼を損ない、当該生命（傷害疾病定額）保険契約の存続を困難とする重大な事由」と規定されており、1号及び2号解除事由と比肩するほどの強い背信行為により信頼関係を破壊した場合を解除事由とする包括（バスケット）条項である（保険法57条3号・86条3号）。

判例では、保険法施行前のものであるが、保険契約者が、収入に比して過大な入院給付金を受け取ることができる保険に加入し、保険契約締結後に覚せい剤を使用し、診療内容にも不合理な点のある入院をしたという事案において、当該認定事実は、「保険契約を継続する基礎となる契約当事者間の信頼関係を破壊するもの」であると判示して、保険契約の解除を認めたもの（徳島地判平成8年7月17日生保判例集8巻532頁）などがある（その他の判決例としては、大阪地判平成12年2月22日判時1728号124頁、旭川地判平成12年7月19日生保判例集12巻361頁、札幌高判平成13年1月30日生保判例集13巻58頁、大分地判平成14年11月29日生保判例集14巻807頁、東京地判平成16年6月25日生保判例集16巻438頁、大分地判平成17年2月28日判タ1216号282頁、名古屋地判平成19年11月30日事例研レポ233号7頁など）。

なお、保険契約者等が反社会的勢力に属する者であることなどが判明した場合に3号解除事由に該当するのかという問題があるが、これについては次で述べる。

⑸　反社会的勢力排除に関する重大事由解除

ア　反社会的勢力排除条項の制定の経緯

政府は、平成19年6月19日、反社会的勢力との関係遮断のための取組みを一層推進していくため、「企業が反社会的勢力による被害を防止するための指針」（政府指針）を公表し、金融庁は、平成20年3月26日、「保険会社向けの総合的な監督指針」（以下、監督指針）を改正し、「反社会的勢力による被害の防止」に関する規定を新設した。また、生命保険協会は、平成23年6月17日、「生命保険業界における反社会的勢力への対応指針」及び「反社会的勢力への対応に関する保険約款の規定例」を策定し、これを受けて、生命保険会社各社は、平成24年4月以降順次、保険約款の改定を行って反社会的勢力排除条項を導入すると同時に、「注意喚起情報」や「契約のしおり」の中にも、保険契約が解除される事由として反社会的勢力排除条項に基づく解除を記載することとした。

　イ　重大事由解除との関係

反社会的勢力排除に関する保険約款の規定は、保険法57条及び86条が規定する重大事由による解除のうちの3号解除事由の一つとして明確化されたものであると解されている。

生命保険会社各社は、保険約款において、反社会的勢力排除に関する規定を、重大事由による解除の規定における重大事由の一つとして位置づけ、概ね次のとおり規定している。

「会社は、次のいずれかの事由（重大事由）がある場合には、保険契約を将来に向かって解除することができます。

1．保険契約者、被保険者または保険金の受取人が、つぎのいずれかに該当する場合

　㋐　暴力団、暴力団員（暴力団員でなくなった日から5年を経過しない者を含みます。）、暴力団準構成員、暴力団関係企業その他の反社会的勢力（以下「反社会的勢力」といいます。）に該当すると認められること

　㋑　反社会的勢力に対して資金等を提供し、または便宜を供与するなどの関与をしていると認められること

　㋒　反社会的勢力を不当に利用していると認められること

　㋓　保険契約者または保険金の受取人が法人である場合、反社会的勢力がその法人の経営を支配し、またはその法人の経営に実質的に関与していると認められること

第5章　その他の諸問題　Ⅰ　モラルリスク問題

㋘　その他反社会的勢力と社会的に非難されるべき関係を有していると認められること」

重大事由による解除の対象となるのは、保険契約締結後に、保険契約者、被保険者又は保険金受取人が反社会的勢力であること等が事後的に判明した場合である。

反社会的勢力排除に関する約款規定が導入された後に締結された保険契約であれば、保険契約者等が上記の約款規定が定める事由に該当することが判明したときには、保険会社は当該約款規定を根拠として保険契約を解除し、取引関係から反社会的勢力を遮断することができる。しかしながら、その運用において、例えば、反社会的勢力として暴力団に所属しているといった属性（反社属性）のみを理由に信頼関係が破壊されたとして解除が可能であるのかという点については、反社属性とモラルリスクとの関連性を認めてこれを肯定する見解もあるが、反社属性のみで信頼関係が破壊されたといえるかについては懐疑的でこれに反対する見解もあり、今後の検討や判例の集積等が必要であると考えられている。

　　ウ　反社会的勢力排除に関する約款規定導入前に締結された保険契約について

平成24年4月より前に締結された保険契約（以下、既存契約という）については、反社会的勢力排除に関する約款規定が導入されていない。それらの既存契約につき、保険契約者、被保険者又は保険金受取人が反社会的勢力であること等が判明した場合に、保険会社が重大事由による解除権を行使することができるかという問題がある。

まず、反社会的勢力排除に関する約款規定を既存契約に遡及適用できないかという点については、平成20年3月26日付のパブリックコメントに対する金融庁回答54番において、「契約書や取引約款への暴力団排除条項の導入は反社会的勢力との関係遮断に対する有効な手段の1つであると考えますが、既存契約の変更を一律に求めるものではありません。なお、変更後の保険約款の効力は、原則として変更後の新契約にのみ及び、既契約の当事者間において変更後の約款を適用する合意がなされる等の事情がなければ、既契約に変更後の約款の効力は及ばないことに留意が必要です。」として、遡及適用には慎重な見解が示さ

202

れていた。また、銀行預金の事案であるが、銀行が預金規定に暴力団排除条項を追加して既存の預金契約に遡及適用した上で、当該条項に基づいて既存の預金契約を重大事由により解除したという事例において、当該暴力団排除条項の遡及適用を認めて解除を有効とした判例が存在するが（福岡高判平成28年10月4日金法2052号90頁）、預金取引と保険取引の特性の相違を踏まえると、その射程が直ちに保険約款に及ぶものではないとも考えられる（大野徹也「契約締結後の約款変更による暴排条項の導入および適用を認めた福岡高判平28.10.4の保険暴排実務に与える影響」金法2060号22頁）。なお、平成29年6月に成立した改正民法（債権法）においては、定型約款の変更に関する規定が創設されており、①定型約款の変更が、相手方の一般の利益に適合するとき、又は②定型約款の変更が、契約をした目的に反せず、かつ、変更の必要性、変更後の内容の相当性、この条の規定により定型約款の変更をすることがある旨の定めの有無及びその内容その他の変更に係る事情に照らして合理的なものであるときには、定型約款準備者は、個別に相手方と合意することなく、定型約款の変更をすることができることとされている（改正民法548条の4第1項）。一般的に、保険約款は定型約款（同法548条の2第1項）に該当するものと考えられ、また、定型約款の変更に関する規定は改正法の施行日前に締結された契約についても適用されることから（同法附則33条1項）、上記の要件を満たす場合には、かかる規定に基づいて、反社会的勢力排除に関する規定が存在しない保険約款に当該規定を追加する変更を行い、既存契約に適用することも考えられる。

　次に、保険約款の規定の遡及適用ではなく、保険法の規定を根拠として既存契約について重大事由解除を行うことができないかという問題がある。この点、保険約款における反社会的勢力排除に関する規定は、保険法57条3号及び86条3号が規定する重大事由の一つであることを明確化したものであると解されており、また、保険法の重大事由解除に関する規定は、保険法施行日後に締結された保険契約だけでなく、施行日前に締結された保険契約にも遡及適用される（保険法附則4条・5条）ことからすれば、保険会社は、平成24年4月より前に締結された反社会的勢力排除に関する約款規定が存在しない保険契約についても、保険法57条3号及び86条3号を根拠として重大事由による解除を行うことが理論上可能ではないかと考えられる。

第 5 章　その他の諸問題　Ⅰ　モラルリスク問題

　しかしながら、それらの保険契約については、保険約款に反社会的勢力排除条項が存在しないだけでなく、注意喚起情報やご契約のしおりでも、反社会的勢力に該当した場合には保険会社が保険契約を解除することができる旨を説明していないことから、単に、反社会的勢力として暴力団に所属しているという反社属性のみをもって解除することには、より慎重さを要求されるとの指摘もある。

⑹　**重大事由による解除権の行使とその効力**

　保険法において、重大事由による解除権の行使による解除の効力は、将来に向かってのみその効力が生じると規定されている（保険法59条1項・88条1項）。しかし、遡及効が生じない解除権ではモラルリスク排除の目的が達せられない場合があることから、重大事由が生じた時から解除がされた時までに発生した保険事故や給付事由については免責となることも併せて規定された（保険法59条2項3号・88条2項3号）。したがって、保険契約者等による故意の事故招致が行われた場合において、保険者が重大事由による解除権を行使すれば、免責の効果は当該保険事故や給付事由にも及ぶことになる。

　保険法施行前の判例であるが、福岡高判平成15年3月27日事例研レポ189号1頁は、保険金受取人が、病死した被保険者の死因とは関係のない事故の事実を記載した事故証明書を作成して保険者に提出し、死亡証明書にも被保険者の死因が事故死であるように記載するよう医師に働きかけた（ただし、医師はこれに応じなかった）という事案において、保険金受取人の行為は死亡保険金請求に関する詐欺行為に当たると判示し、保険者は保険金の支払事由が生じた後でも保険約款が規定する重大事由解除の規定に基づいて当該保険契約を解除し、保険金の支払を拒絶することができるとした。しかしながら、本件の事案では、保険事故（病死）は正常に発生しており、その後の保険金請求において不実記載等の不正請求が行われたのであるから、重大事由は保険事故時ではなく、当該不正請求（詐欺行為）が行われた時点で発生したものと解さざるを得ないことから、重大事由解除に関する規定が片免的強行規定とされた保険法下においては（保険法65条2号）、保険者が重大事由解除を行ったとしても、免責の効果は当該保険事故には及ばないものと考えられる（保険法59条1項、2項3号）。そのため、このように保険事故の発生自体には問題はないものの、その後に保険金

の不正請求がなされた事案について保険金支払義務を免れるためには、「保険者としては、保険給付要件該当事実に関する不実申告により保険金給付義務を免責されるとする約款の規定を置く」べきであり、かかる規定は重大事由解除の片面的強行規定に反するものではないとする見解が主張されている（山下友信「保険法と判例法理への影響」自由と正義Vol. 60（2009年）29頁）。

また、保険法では、告知義務違反や危険増加による解除権については除斥期間（保険法55条4項・56条2項・84条4項・85条2項）や因果関係不存在特則（保険法59条2項1号ただし書・2号ただし書・88条2項1号ただし書・2号ただし書）が設けられているものの、重大事由による解除権については、モラルリスクを可能な限り排除・軽減するため、除斥期間及び因果関係不存在特則は規定されていない。

I-1-5　故意による事故招致免責

死亡保険契約については、保険法及び保険約款上、被保険者が自殺した場合や保険契約者又は保険金受取人が故意に被保険者を死亡させた場合には、保険者は保険金の支払の責に任じないものとされている（保険法51条1号、2号、3号）。また、傷害疾病定額保険についても、保険法及び保険約款上、被保険者、保険契約者又は保険金受取人が故意又は重大な過失により給付事由を発生させた場合には、保険者を免責することとしている（保険法80条1号、2号、3号）。その趣旨は、保険事故の発生を自ら左右できる者や保険の利益を受ける者が事故を招致し、保険金の支払を求めるのは、生命保険契約の射倖契約性の点から信義則に反し、さらに、このような場合に保険金が支払われることは、公益的見地からも許されないからである。

ここにいう故意には、確定的故意だけでなく未必の故意も含むとするのが判例である。また、重過失については、ほとんど故意に近い著しい注意欠如の状態を指し、故意が高度に疑われる場合に故意免責を補完するものであるとして厳格に捉える見解と、一般人を基準として甚だしい不注意であれば足りるとする見解に分かれている（潘阿憲「保険者の免責」山下＝米山編・前掲書438頁）。

死亡保険契約や疾病保険契約において、故意の事故招致を主張する場合の立証責任は、免責事由であるため保険者が負担することとなるが、その立証の対

象が保険契約者や、被保険者、保険金受取人の内心の意思に関わることから、本人が事故招致の事実を認めたものや保険金等の詐欺があったとして刑事事件で立件されたもの以外は、間接事実を積み上げることによって立証を行わざるを得ないため容易ではない。また、「故意」による事故招致であることについて、刑事事件におけると同程度の厳格な証明（合理的な疑いを差し挟む余地がない程度の立証）が保険者に要求されるのであれば、その立証はさらに困難となる。民事訴訟における証明の程度としては、原則として高度の蓋然性（通常人が疑いを差し挟まない程度の立証）が必要であるとされているが（最判昭和50年10月24日民集29巻9号1417頁）、法定免責事由たる「故意」の立証については、「証明の優越」で足りるとする判例もある（東京高判昭和59年12月25日判時1144号146頁）。

　判例は、「故意」を推認する事実として、①保険事故の発生が不自然で、合理性がないこと（保険契約者が申告する事故としての客観的な資料が乏しいこと、入院等が愁訴のみで他覚所見がないこと、入院中の外泊・外出が多いこと等）と、②保険金額、入院日額が過大で不労利得となるようなもの（保険契約者・被保険者の収入と支出状況から、保険加入件数、保険金・給付金額が極めて過大であること、加入についての合理的理由を説明することができないこと、短期間に集中しての加入であること等の異常性）をとりあげ、これらの事実を積み重ねることによって故意による事故招致を認定し、保険会社の免責を認めている（福岡高判平成5年1月28日事例研レポ98号1頁など）。

　なお、傷害保険契約においては、一般的に、「急激かつ偶然な外来の事故による身体の障害」を保険事故として規定しており、「急激」「偶然」「外来」の3つの要件を必要としている。このうち、被保険者による故意の事故招致の有無が問題となる場合において、偶然性（故意によらないこと）の立証責任を保険金請求者側が負うのか、故意免責として保険者側が負うのかが問題となるが、最判平成13年4月20日民集55巻3号682頁は、保険金請求権者に主張立証責任を負担させなければ不正請求が増大するリスクがあることを理由に、事故の偶然性の立証責任は保険金請求者が負担する旨を判示した。これにより、保険金請求者が偶然性について立証責任を負うとしても、「被保険者の故意によらないこと」という消極的事実を立証することには困難が伴うことから、その程度としては一応の証明で足りるとする見解もある。他方で、その後、不正請求のリス

クが同様に想定される損害保険契約について保険者に故意の事故招致の立証責任を負担させる最高裁判例が展開されたことや（最判平成16年12月13日民集58巻9号2419頁、最判平成18年6月1日民集60巻5号1887頁等）、保険法において傷害疾病定額保険について被保険者の故意免責規定（保険法80条1号）が設けられたことを踏まえ、上記最判平成13年4月20日の結論は見直されるべきとの見解も主張されている（山下友信「保険法と判例法理への影響」自由と正義Vol. 60（2009年）34頁）。

II 保険募集人の情報提供・説明義務と保険者の責任

II-1 保険募集における情報提供・説明義務

　顧客が自らのニーズに適合した保険契約に加入するためには、その商品内容について正しく理解することが必要である。しかしながら、一般の消費者から見れば、特約を含めた保険契約の内容は多様かつ複雑であり、保険者と顧客との間には大きな情報格差が存在している。また、保険契約は保険者が顧客に対して各種の保険給付を約束するものであるが、保険給付は目に見えない約束であるため、保険加入の前に、物品のように手に取って品質や性能を確かめたり、経験したりすることができないものであり、このことが保険商品の理解を困難にしているとも考えられる。さらには、生命保険の募集においては、当初、顧客は自らのニーズについて自覚しておらず、保険募集人が潜在的なニーズを掘り起こすことにより募集が行われることが多いと考えられるが、その過程でミスリードが生じる可能性もある。

　そして、顧客が商品性を十分理解しないまま生命保険に加入し、何らかのタイミングで自らのニーズと合わない保険であることに気付いたとしても、その時点で保険契約を解約すれば、解約控除等により解約返戻金は支払保険料よりも少ない金額となることが通常であり、また、他の生命保険に加入しようとしても、その時点の健康状態によっては、加入することができない場合もあり得る。

　したがって、保険募集においては、保険募集人から顧客に対して、保険契約の締結の際に合理的判断を行う上で必要となる情報が過不足なく適切に提供され、顧客が商品性を十分に理解して加入することが重要であることから、保険業法等の業法においては、業者ルールとして、保険者や保険募集人に対する各種の行為規制や体制整備義務が規定されており、これに違反した場合には行政処分等の対象となり得ることとされている。また、民法等の法令においては、保険契約の当事者間の法律関係を規律する民事ルールが規定されており、保険募集人の不適切な説明等により顧客に損害が生じた場合には、訴訟等において民事上の救済が図られることになっている。

Ⅱ-2　保険募集人の情報提供・説明義務に関する規律

(1)　保険法

平成22年4月1日に施行された保険法の制定に際して、民事ルールとして、保険募集時の保険者の説明義務に関する規定を設けるか否かについて議論されたが、保険法は、保険契約者の属性や保険商品の種類を問わず、広く保険契約一般に適用されるルールを定めるものであるため、①保険法において、契約内容を説明すべき義務を一律に保険者だけに課すことになれば、保険契約者が企業である場合などには、具体的妥当性を欠いた結果となりかねないことや、②保険契約には様々な種類や内容のものがあり、保険募集時に説明すべき事項もその種類・内容に応じて区々であるため、一般的なルールとして説明すべき事項を法定することは困難であることから、保険法には保険募集時の説明義務に関する規定は設けないこととされた（萩本編著・前掲書110頁）。

(2)　保険業法

保険業法においては、平成26年改正（平成28年5月29日施行）により、保険会社や保険募集人について、保険募集等における情報提供義務が初めて明文で規定された（保険業法294条1項）。

もっとも、平成26年改正前においても、保険業法300条1項1号が、保険募集に関しての「重要事項の不告知」を禁止行為として規定していたことから、重要事項の不告知を禁止することの裏返しとしての情報提供（重要事項の告知）義務が存在するものと解されていた。しかしながら情報提供すべき具体的内容については法定されておらず、監督指針において規定されるに止まっていた。また、その情報提供の方法としては、顧客が商品の内容を理解するために必要な情報である「契約概要」と、顧客に対して注意喚起すべき情報である「注意喚起情報」という2種類の情報に分類して提供すべきことが監督指針に規定されていた。

これに対し、改正保険業法は、「情報提供義務」に関する条項（保険業法294条1項）を新設し、保険募集人等の保険募集等における情報提供義務を正面から規定した。同条項では、「保険契約の内容その他保険契約者等に参考となるべき情報」について情報提供する義務を定め、「商品の仕組み」「保険給付に関する事項」「付加することのできる主な特約に関する事項」「保険期間に関する事

項」「保険金額その他保険契約の引受けに係る条件」等の提供すべき情報の具体的な項目についても内閣府令において具体的に規定された（保険業法施行規則227条の2第3項1号、2号）。「契約概要」「注意喚起情報」という形で情報提供すべきことは、従来と同様に監督指針において規定されている（監督指針Ⅱ-4-2-2-(2)）。

　また、複数の保険会社の保険商品を取り扱う乗合代理店が比較推奨販売を行う場合において、比較説明をする場合は「当該比較に係る事項」を、顧客の意向に沿った商品を選別して推奨する場合は「取り扱う保険契約のうち顧客の意向に沿った比較可能な同種の保険契約の概要及び当該提案の理由」を、独自の推奨理由や基準に基づいて商品を選別して推奨する場合は「当該提案の理由」を、それぞれ説明すべきことも規定された（保険業法施行規則227条の2第3項4号）。

　さらに、かかる保険募集人等の情報提供について、改正前の保険業法においては、「保険契約の締結又は保険募集に関して」（改正前保険業法300条柱書）の重要事項の不告知を禁止していたが、改正保険業法においては、「保険契約の締結、保険募集又は自らが締結した若しくは保険募集を行った団体保険〔中略〕に係る保険契約に加入することを勧誘する行為その他の当該保険契約に加入させるための行為」（保険業法294条1項）に際して情報提供義務が課されることとなった。改正保険業法で追加されたのは団体保険における加入勧奨行為であり、団体と団体構成員との結びつきが強く、団体から団体構成員への適切な情報提供が期待される場合を除き（保険業法294条1項、保険業法施行規則227条の2第2項）、団体保険の加入勧奨に際しても保険募集人等の情報提供義務が明文で規定されたことになる。

　このように、改正保険業法が294条1項を新設して正面から情報提供義務を規定したことに伴い、保険業法300条1項1号の「重要事項の不告知」の禁止については、情報提供義務の根拠規定としての役割を終えたことになることから、情報提供義務を担保するために同号の規定する「重要事項」について広く捉えなければならないという必要性は失われた。また、同号の違反は刑事罰の対象とされていることを踏まえれば（保険業法317条の2第7号）、そもそもその適用範囲は限定的であるべきとの指摘もあり、改正保険業法300条1項1号におけ

る「重要事項の不告知」の禁止は、保険契約の締結意思に重大な影響を与える
ものに限定する趣旨で、「保険契約者又は被保険者の判断に影響を及ぼすこと
となる」という文言が法文上で加えられて、「保険契約の契約条項のうち『保険
契約者又は被保険者の判断に影響を及ぼすこととなる』重要な事項を告げない
行為」について禁止されることとなった。

　このほかにも、改正保険業法では、「意向把握義務」（保険業法294条の２）が新
設された。これにより、保険募集人等は、保険募集等に際して、顧客意向の把
握、当該意向に沿った保険プランの提案、当該意向と保険プランの対応関係に
ついての説明、当該意向と最終的な顧客の意向との比較と相違点の説明が求め
られることになった。

　また、従来から、保険会社については、「業務に係る重要な事項の顧客への説
明〔中略〕における当該業務の的確な遂行その他の健全かつ適切な運営を確保
するための措置を講じなければならない」（保険業法100条の２）との体制整備義
務が規定されており、その具体的内容は保険業法施行規則53条１項４号及び53
条の７で規定されているが、改正保険業法では、保険募集人についても、「保険
募集の業務に係る重要な事項の顧客への説明〔中略〕その他の健全かつ適切な
運営を確保するための措置を講じなければならない」（保険業法294条の３第１
項）との体制整備義務を新設し、その具体的内容を保険業法施行規則227条の７
に定めている。

　以上に加えて、情報提供・説明義務に関し、平成26年改正前からの保険業法
の規律としては、以下のものがある。

　まず、保険契約の中でも変額保険、外貨建保険及びMVAを利用した解約返
戻金変動型保険（MVA＝Market Value Adjustmentとは、保険料積立金に契約時と
解約時の金利差によって生じる運用対象資産の時価変動に基づく調整を加えたもの
を解約返戻金とする仕組みである）といった投資性の強い保険契約については「特
定保険契約」と定義したうえで、特定保険契約の保険募集については金融商品
取引法（金商法）の規定を準用することとしているため（保険業法300条の２、同
法施行規則234条の２）、保険募集人は、特定保険契約の保険募集に際して、顧客
に契約締結前書面を交付することが義務づけられている（準用金商法37条の３）。
その際の説明の方法・程度として、契約締結前書面の交付を行う場合には、あ

らかじめ、顧客の知識・経験・財産の状況及び特定保険契約を締結する目的に照らして当該顧客に理解されるために必要な方法及び程度による説明を行わなければならないことが規定されている（準用金商法38条8号、保険業法施行規則234条の27第1項3号）。

また、転換契約の募集（既契約を消滅させると同時に、既契約の責任準備金、返戻金の額その他の被保険者のために積み立てられている額を、新たに締結する保険契約の責任準備金又は保険料に充当することによって新契約を成立させるという保険募集）を行う際には、保険の種類、保険金額、保険期間、保険料、保険料払込期間その他保険契約に関する重要事項について、既契約と新契約を対比できる方法で記載した書面を交付し、説明を行うことが義務付けられている（保険業法施行規則227条の2第3項9号）。

さらに、保険業法300条は保険募集に関する禁止行為を定める規定であるが、保険募集時の説明に関わるものについて見ると、上述の重要事項の不告知（保険業法300条1項1号）に加え、虚偽説明（同条1項1号）、不利益事実を説明しない乗換募集（同条1項4号）、誤解のおそれのある比較表示（同条1項6号）、断定的判断の提供（同条1項7号）、保険契約等に関する顧客の判断に影響を及ぼす重要なものについて誤解のおそれのあることを告げ、表示する行為（同条1項9号、保険業法施行規則234条1項4号）等が、それぞれ禁止されている。

(3) その他の法令による規律

保険募集人の保険募集時における説明・情報提供が虚偽又は不十分であった場合等には、保険契約者が保険契約の重要な点について誤解して、民法の錯誤（民法95条）により無効となる場合もある。また、平成29年6月に成立した改正民法（債権法）では、その検討過程において、「契約締結過程における情報提供義務」についての規律を設けることについて議論がなされ、結局、その制定化は見送られたが、保険募集に関しては、従来から、保険会社や保険募集人について信義則（民法1条2項）に基づく説明義務が認められていることから、これに違反した場合には、民法上の不法行為（民法709条・715条）、あるいは保険業法における所属保険会社の賠償責任の規定（保険業法283条1項）に該当して、保険会社が損害賠償責任を負担することもあり得る。

その他、保険募集人の保険募集時の説明を規律する法令として、金融商品の

販売等に関する法律（金融商品販売法）がある。同法にいう「金融商品の販売」には保険契約の締結が含まれており（同法2条1項4号）、保険会社は金融商品販売業者等に該当する（同条2条3項）。同法では、保険会社に、市場リスクや信用リスク等に関する事項についての説明義務を課すとともに（同法3条1項）、断定的判断の提供を禁じており（同法4条）、保険募集時にかかる説明義務を怠り、又は断定的判断の提供を行った場合に顧客に生じた損害については、元本欠損額を損害額と推定したうえで（同法6条）、保険会社が損害賠償責任を負うことを規定している（同法5条）。

　また、不当景品及び不当表示防止法（景表法）においては、事業者が、自己の供給する商品又は役務の取引について、優良誤認や有利誤認といった不当表示を行うことを禁止している（同法5条）。保険募集における説明についても適用され、保険会社がこれに違反した場合には、措置命令（同法7条1項）や課徴金納付命令の対象となる（同法8条）。

　さらに、消費者契約法は、事業者と消費者との間で締結される契約（消費者契約）について規律するものであり、消費者を保険契約者とする保険契約にも適用がある。同法では、事業者が消費者契約の締結を勧誘するに際して、不実告知（同法4条1項1号）、断定的判断の提供（同条1項2号）、又は不利益事実の不告知（同条2項）を行ったことにより、消費者が誤認をして申込等の意思表示をしたときには、消費者は当該意思表示を取り消すことができると規定している。また、募集時の説明に直接関わるものではないが、保険募集に関係する規律として、事業者が消費者の意向（意思表示）に反して住居等から退去せず（同条3項1号）、又は勧誘場所からの退去妨害（同条3項2号）を行ったことにより、消費者が困惑して申込等の意思表示を行った場合や、事業者が消費者にとっての通常の分量を著しく超過すること（過量契約）を知って勧誘し、消費者が申込等の意思表示を行った場合には（同条4項）、消費者は当該意思表示を取り消すことができることが規定されている。

　そして、不適切な保険募集は、いわゆる消費者団体訴訟制度の対象となり得る。すなわち、保険募集人によって、消費者契約法に規定された不当な勧誘行為が、不特定かつ多数の消費者に行われる場合には、適格消費者団体による差止請求の対象となり得る（消費者団体訴訟制度（差止請求）、消費者契約法12条）。

第5章　その他の諸問題　Ⅱ　保険募集人の情報提供・説明義務と保険者の責任

また、募集資料に誤りがあったこと等により不適切な情報提供が行われ、顧客である相当多数の消費者に損害が生じた場合には、保険会社は、特定適格消費者団体から、消費者に代わって被害の集団的な回復を求める訴訟を提起される可能性がある（消費者団体訴訟制度（被害回復）、消費者の財産的被害の集団的な回復のための民事の裁判手続の特例に関する法律3条）。

Ⅱ-2-1　保険募集に際して情報提供・説明すべき内容

⑴　特定保険契約を除く保険契約について

保険業法においては、特定保険契約を除く保険契約の募集に関し、保険募集人が、保険契約者及び被保険者に対して、「保険契約の内容その他保険契約者等に参考となるべき情報」について情報提供しなければならないこととされている（保険業法294条1項、2項・300条の2）。その具体的内容は、次のとおり保険業法施行規則に規定されており、書面の交付又は電磁的方法により提供し、説明する必要があるとされている（保険業法施行規則227条の2第3項1号、4項）。

① 商品の仕組み
② 保険給付に関する事項（保険金等の主な支払事由及び保険金等が支払われない主な場合に関する事項を含む）
③ 付加することのできる主な特約に関する事項
④ 保険期間に関する事項
⑤ 保険金額その他の保険契約の引受けに係る条件
⑥ 保険料に関する事項
⑦ 保険料の払込みに関する事項
⑧ 配当金に関する事項
⑨ 保険契約の解約及び解約による返戻金に関する事項
⑩ 保険業法309条1項に規定する保険契約の申込みの撤回等に関する事項
⑪ 保険契約者又は被保険者が行うべき告知に関する事項
⑫ 保険責任の開始時期に関する事項
⑬ 保険料の払込猶予期間に関する事項
⑭ 保険契約の失効及び失効後の復活に関する事項
⑮ 保険契約者保護機構の行う資金援助等の保険契約者等の保護のための特

別の措置等に関する事項

⑯　指定紛争解決機関の商号又は名称。指定紛争解決機関が存在しない場合には、法の規定により講ずる苦情処理措置及び紛争解決措置の内容

⑰　上記のほか、保険契約者等が商品の内容を理解するために必要な事項及び保険契約者等の注意を喚起すべき事項として参考になるべき事項のうち、特に説明がなされるべき事項

ただし、保険業法では、上記の方法による情報提供の例外として、保険契約者や被保険者の保護の観点から問題がないと考えられる場合について、任意の方法による情報提供を認め、あるいは情報提供義務の適用除外を規定している。

まず、保険料の負担が少額に止まる場合や保険契約の個別性・特殊性が高いと考えられる場合には、一律の方法によらない情報提供が認められている。すなわち、1年間に支払う保険料が5千円以下である保険契約の募集又は既契約の一部変更を行う際の保険契約者・被保険者に対する情報提供や、団体保険の保険契約者である団体に対して行う情報提供については、他に理解しやすい情報提供の方法がある場合には、上記のような方法によらない情報提供が認められている（保険業法施行規則227条の2第3項3号）。

また、被保険者の保険料負担が零である保険契約や、保険期間が1ヶ月以内で被保険者が負担する保険料が1千円以下の保険契約を募集する場合等には、被保険者に対する情報提供を求める必要性が乏しいと考えられることから、被保険者に対する情報提供義務は適用除外とされている（保険業法施行規則227条の2第7項）。

⑵　特定保険契約の募集について

投資性の強い特定保険契約の募集については、保険業法において金融商品取引法の規定が準用されており、契約条項のうちの重要な事項、すなわち、保険会社の商号、当該特定保険契約等の概要、手数料・報酬等の対価及び市場リスク等を記載した書面を交付し、又は電磁的方法により提供することが義務付けられている（契約締結前書面、保険業法300条の2、準用金商法37条の3・34条の2第4項、保険業法施行令44条の3・44条の5、保険業法施行規則234条の6・234条の7・234条の24）。

⑶　民事ルールとしての説明義務

第5章　その他の諸問題　Ⅱ　保険募集人の情報提供・説明義務と保険者の責任

　なお、先に述べたとおり、民事ルールとしては、保険募集に際しての保険者の説明義務に関する規定が保険法や民法に設けられていないため、保険募集人が情報提供・説明すべき内容について明文では規定されていない。一般的には、保険募集人が、信義則上、保険募集において情報提供・説明すべき内容とは、顧客が保険契約を締結するか否かを合理的に判断するために必要となる事項であると考えられるが、保険業法で情報提供・説明すべきものとして規定された事項については基本的にこのような事項を網羅しているものと考えられる。

Ⅱ-2-2　情報提供・説明の方法

(1)　特定保険契約以外の保険契約について

　監督指針においては、保険募集人等が、保険募集において情報提供を行う際には、原則として、提供すべき情報を「契約概要」と「注意喚起情報」という2種類の情報に分類し、書面又は電磁的方法により提供することが求められている（監督指針Ⅱ-4-2-2(2)②）。「契約概要」は、顧客が商品の内容を理解するために必要な情報であり、特定保険契約以外の保険契約について、契約概要に記載すべき事項は以下のとおりである。

① 　当該情報が「契約概要」であること

② 　商品の仕組み

③ 　保障の内容

④ 　付加できる主な特約及びその概要

⑤ 　保険期間

⑥ 　引受条件（保険金額等）

⑦ 　保険料に関する事項

⑧ 　保険料払込みに関する事項（保険料払込方法、保険料払込期間）

⑨ 　配当金に関する事項（配当金の有無、配当方法、配当額の決定方法）

⑩ 　解約返戻金等の有無及びそれらに関する事項

　また、「注意喚起情報」は、顧客に対して注意喚起すべき情報であり、特定保険契約以外の保険契約について、注意喚起情報に記載すべき事項は以下のとおりである。

① 　当該情報が「注意喚起情報」であること

216

② クーリング・オフ（保険業法309条1項に規定する保険契約の申込みの撤回等）

③ 告知義務の内容

＊ 危険増加によって保険料を増額しても保険契約が継続できない（保険期間の中途で終了する）場合がある旨の約款の定めがあるときは、それがどのような場合であるか、記載すること

④ 責任開始期

⑤ 支払事由に該当しない場合及び免責事由等の保険金等を支払わない場合のうち主なもの

＊ 通例でないときは、特に記載すること

⑥ 保険料の払込猶予期間、契約の失効、復活等

＊ 保険料の自動振替貸付制度を備えた保険商品については、当該制度の説明を含む

⑦ 解約と解約返戻金の有無

⑧ セーフティネット

⑨ 指定ADR機関の商号又は名称（指定ADR機関が存在しない場合には、苦情処理措置及び紛争解決措置の内容）

⑩ 補償重複に関する事項（損害保険契約の場合）

⑪ 特に法令等で注意喚起することとされている事項

(2) 特定保険契約について

監督指針では、特定保険契約の募集に関しても、準用金商法37条の3に基づき書面交付又は電磁的方法による提供が求められている契約締結前書面において、「契約概要」と「注意喚起情報」について記載することが求められている（監督指針Ⅱ-4-2-2-(2)③）。また、契約締結前書面については、文字の大きさは8ポイント以上とし、一定の事項については12ポイント以上であることが法定されている（準用金商法37条の3、保険業法施行規則234条の21）。

特定保険契約の契約締結前書面において、「契約概要」として記載すべき内容は以下のとおりとされている。

① 当該情報が「契約概要」であり、その内容を十分に読むべきこと。

② 保険会社の商号又は名称及び住所

＊ その連絡先についても、明示すること

③ 商品の仕組み

④ 保障の内容

第 5 章　その他の諸問題　Ⅱ　保険募集人の情報提供・説明義務と保険者の責任

＊　保険金等の支払事由、支払事由に該当しない場合及び免責事由等の保険金等を支払わない場合について、それぞれ主なものを記載すること。保険金等を支払わない場合が通例ではないときは、特に記載すること

⑤　付加できる主な特約及びその概要

⑥　保険期間

⑦　引受条件（保険金額等）

⑧　保険料に関する事項

⑨　保険料払込みに関する事項（保険料払込方法、保険料払込期間）

⑩　配当金に関する事項（配当金の有無、配当方法、配当額の決定方法）

⑪　解約返戻金等の水準及びそれらに関する事項

＜変額保険・変額年金保険の場合＞

⑫　特別勘定に属する資産の種類及びその評価方法

⑬　特別勘定に属する資産の運用方針

⑭　諸費用に関する事項（保険契約関係費、資産運用関係費等）

⑮　特別勘定に属する資産の運用実績により将来における保険金等の額が変動し、不確実であること及び損失が生ずることとなるおそれがあること

⑯　上記⑫から⑮の項目のほか、規則234条の21の 2 第 1 項第 8 号に規定する書面を参照すること

＜外貨建て保険の場合＞

⑰　保険金等の支払時における外国為替相場により円に換算した保険金等の額が、保険契約時における外国為替相場による円に換算した保険金等の額を下回る場合があること及び損失が生じるおそれがあること

⑱　外国通貨により契約を締結することにより、特別に生じる手数料等の説明

＜MVAを利用した解約返戻金変動型保険の場合＞

⑲　市場金利に応じた運用資産の価格変動を解約返戻金額に反映させる保険であることの説明

⑳　保険契約の締結から一定の期間内に解約された場合、解約返戻金が市場金利に応じて計算されるため、損失が生ずることとなるおそれがあること

㉑　諸費用に関する事項（運用期間中の費用等）

また、特定保険契約の契約締結前書面において、「注意喚起情報」として記載すべき内容は以下のとおりとされている。

①　当該情報が「注意喚起情報」であり、その内容を十分に読むべきこと

②　諸費用に関する事項の概要

③　損失が生ずるおそれがあること

＊　当該損失の直接の原因となる指標及び当該指標に係る変動により損失が生ずるおそれがある理由についても明示すること

＊　上記②③は、「注意喚起情報」の冒頭の枠の中で記載すること

④　保険会社の商号又は名称及び住所

＊　その連絡方法についても、明示すること

⑤　クーリング・オフ（保険業法309条1項に規定する保険契約の申込みの撤回等）

⑥　告知義務等の内容

＊　危険増加によって保険料を増額しても保険契約が継続できない（保険期間の中途で終了する）場合がある旨の約款の定めがあるときは、それがどのような場合であるか、記載すること

⑦　責任開始期

⑧　支払事由に該当しない場合及び免責事由等の保険金等を支払わない場合のうち主なもの

＊　通例でないときは、特に記載すること

⑨　保険料の払込猶予期間、契約の失効、復活等

＊　保険料の自動振替貸付制度を備えた保険商品については、当該制度の説明を含む

⑩　解約と解約返戻金の水準

⑪　セーフティネット

⑫　租税に関する事項の概要

⑬　対象事業者となっている認定投資者保護団体の有無（対象事業者となっている場合にあっては、その名称を含む。）

⑭　手続実施基本契約の相手方となる指定ADR機関の商号又は名称（指定ADR機関が存在しない場合には、苦情処理措置及び紛争解決措置の内容）

⑮　特に法令等で注意喚起することとされている事項

(3) 口頭での説明

上記に加えて、監督指針では、「契約概要」「注意喚起情報」を書面交付又は

電磁的方法により提供するだけでなく、口頭により以下の内容について情報提供及び説明を行うこと（非対面の場合にはこれと同程度の情報提供及び説明を行うこと）が求められている（監督指針Ⅱ-4-2-2(2)⑩エ、カ）。

① 当該書面を読むことが重要であること
② 主な免責事由など顧客にとって不利な情報が記載された部分を読むことが重要であること
③ 特に、乗換や転換の場合には、これが顧客に不利益になる可能性があること

Ⅱ-2-3 重要事項の説明の程度

保険募集に際して保険募集人がなすべき重要事項説明はどの程度のものである必要があろうか。

この点、保険業法においては、保険会社及び保険募集人を規律する次のような業者ルールが設けられている。すなわち、保険会社や保険募集人が、保険募集の業務を行う場合には、「顧客の知識、経験、財産の状況及び取引を行う目的を踏まえた重要な事項の顧客への説明〔中略〕を確保するための措置」に関する社内規則等を定め、従業員に対する研修等を実施して当該社内規則等に基づく業務運営を行うための十分な体制を整備しなければならないこととされている（保険会社につき保険業法100条の2、保険業法施行規則53条の7第1項、保険募集人につき保険業法294条の3、保険業法施行規則227条の7）。これは、保険会社や保険募集人に対して、特定保険契約に限らない保険募集全般について、「業者が利用者の知識・経験、財産力、投資目的に適合した形で勧誘（あるいは販売）を行わなければならない（金融審議会第一部会「中間整理（第一次）」18頁、1999年）」という「広義の適合性原則」に基づいた説明を行うための体制整備義務を課したものであると考えられる（安居孝啓『最新保険業法の解説〔改訂版〕』307頁（大成出版社、2010年））。

また、特定保険契約の締結において、契約締結前書面の交付を行う場合には、あらかじめ、顧客の知識・経験・財産の状況及び特定保険契約を締結する目的に照らして当該顧客に理解されるために必要な方法及び程度による説明を行わなければならないことが規定されており（準用金商法38条8号、保険業法施行規

則234条の27第1項3号)、これも保険募集人等に対する行為規制として「広義の適合性原則」に基づいた説明を求めるものであると考えられる(松尾直彦『金融商品取引法』383頁(商事法務、2011年)。なお、特定保険契約については、準用金商法により、保険契約についての情報提供や説明を行う以前の問題として、顧客の属性等に照らして、一定の商品については、そもそも当該顧客に販売・勧誘自体を行ってはならないとする「狭義の適合性原則」も適用されることになるが(準用金商法40条1号)、これについては後述する)。

　これらの業者ルールは行政取締法規上の観点から定められたものであるから、その違反が直ちに私法上の説明義務違反を構成するものではなく、また、体制整備義務と行為規制とでは規制に強弱はあるが、かかる保険業法及び準用金商法の規律が、保険募集に際して要求される民事ルールとしての重要事項説明の程度についても影響を与え得るものであると考えられる。

　民事ルールとしては、一般的に、保険会社と顧客との間には知識や情報の格差があり、顧客の自己決定権を確保するためには保険会社の説明が必要であるため、保険会社は、保険契約の販売・勧誘に関して、顧客に対する信義則上の説明義務を負担するものと解されているが、この信義則上の説明義務の程度として、保険契約者一般を基準とすれば足りるのか、個々の保険契約者を基準とする必要があるのかという問題がある。この点、保険会社と顧客との間の情報格差を埋めるためには、保険契約者の個別の事情に応じた説明が必要となることもあり得ると解されることから、「一般原則としては、一般人の理解可能な説明をすれば十分であるが、それでは個々の保険契約者にとって不十分であるという特段の事情が保険募集主体にも認識可能な場合には当該保険契約者にとって理解可能な説明が必要となると考えるべきである」(山下友信『保険法』183頁(有斐閣、2005年))との見解が妥当であると考える。また、特定保険契約においては、その商品性としてリスクが高く仕組みが複雑である場合には、顧客の属性等に応じた個別的な説明がより一層必要とされることも考えられる。

　判例では、保障性の保険について、3年後に解約して当該解約返戻金で新たな保険に乗り換える予定で定額終身保険に加入したという事案において、保険業法300条1項1号の義務としては、「正に契約に至ろうとしている保険契約の内容について、誤解を生ずることのないように説明すれば、一般的にはその義

務は果たされたというべきである」としつつ、当該事案における保険加入目的に照らせば解約返戻金についてより具体的な説明が必要であったとして、保険募集人の説明義務違反を認めたものや（東京高判平成16年10月19日判時1878号96頁）、子らに生前贈与を行う趣旨で終身医療保険に加入したという事案において、保険業法300条1項1号の趣旨に鑑み、「保険会社の担当者としては、顧客に対し、保険を勧誘するに当たり、当該保険の契約内容等について、誤解を生じさせないよう、当該顧客に理解されるために必要な方法及び程度により説明すべき信義則上の義務を負って」いるとしたうえで、贈与するために他社保険の契約者貸付を受けてまで貯蓄性に乏しい保険に加入することについて、保険契約者に理解できる程度に具体的な説明が行われていないとして、保険募集人の説明義務違反を認めたものがある（東京地判平成24年3月29日事例研レポ274号1頁）。また、特定保険契約については、為替リスクについての知識が乏しい71歳の高齢者に対して、同リスクのある積立利率変動型終身保険への乗換募集を行った事案において、保険契約者の社会経験や知識の程度を踏まえると、保険募集人が通常実施しているパンフレットや約款を交付して行う一般的な説明だけでなく、「より詳細で分かりやすい説明をする必要があった」として保険募集人の説明義務違反を認めたものがある（大阪地判平成21年9月30日消費者法ニュース82号221頁）。

Ⅱ-3　保険者の責任

　改正保険業法における業者ルールとしての情報提供義務や意向把握義務、又は300条1項各号の禁止行為による規律については、これに違反する行為がなされた場合に、直ちに契約法上の効果を生じさせるものではないが、個別の事案によっては、保険契約者が錯誤（民法95条）に陥り、あるいは保険者が保険契約者に対して民法上の不法行為責任（民法709条・715条）を負うこともあり得るものであり、その際にかかる保険業法に違反する行為の存在は、錯誤や不法行為の成立のための判断要素として考慮されることになるものと解される。

　保険契約について保険契約者の錯誤無効を認めた判例としては、いわゆる融資一体型変額保険契約（銀行からの借入金によって一時払保険料を支払って加入する変額保険）において、保険契約者が相続税対策として有用であると誤信した

ことが動機の錯誤に当たるとし（大阪高判平成15年3月26日金判1183号42頁、東京高判平成16年2月25日金判1197号45頁等）、また、保険契約者が中途解約時の利回りについて誤った説明を受けて簡易生命保険（普通養老保険）に加入した事案において、高利回りで運用が可能であると誤信したことが動機の錯誤に当たるとして（東京地判平成15年2月21日判タ1175号229頁）、いずれも要素の錯誤であって動機が表示されているとして錯誤無効を認めたものがある。

　また、保険募集時に保険募集人が保険契約者に対して説明するにあたり、誤った説明や不十分な説明をして保険契約者に不測の損害を与えた場合、保険者は、保険業法283条1項あるいは民法715条1項により、保険募集人の使用者として損害賠償責任の責めを負うこととなる。もっとも、使用者として「当該使用人〔中略〕の雇用について相当の注意をし、かつ、これらの者の行う保険募集について保険契約者に加えた損害の発生の防止に努めたとき」（保険業法283条2項2号）と、「被用者の選任及びその事業の監督につき相当の注意をしたとき」（民法715条1項ただし書）には、例外として責任を負わないこととされているが、その事実の立証責任は保険者にあるため、保険者が責任を免れることは容易ではないと考えられる。民法715条は、被用者が使用者の選任監督・指揮命令に服する関係にあること（典型的には雇用契約）を前提としたものであるため、委任関係にある保険代理店等の行為により損害が生じた場合には、民法715条だけでは保険契約者の保護を図ることができないことも想定される。保険業法283条1項は、保険者と保険募集人との契約形態が雇用であるか委任であるかにかかわらず、保険募集人が保険募集につき保険契約者に加えた損害を保険者が賠償する責任を負うことを規定したものであり、民法715条の使用者責任の特則ということになる。

　説明義務違反により保険会社に損害賠償義務を認めた判例としては、前述の東京高判平成16年10月19日判時1878号96頁、東京地判平成24年3月29日事例研レポ274号1頁、大阪地判平成21年9月30日消費者法ニュース82号221頁のほか、融資一体型変額保険に関して、相続税対策の商品としての適格性を欠いていたにもかかわらず、相続税対策の必要性や商品の有利性を一方的に強調したことにより、変額保険への加入可否に関する保険契約者の適切な判断を誤らせたと認定したもの（東京高判平成14年4月23日金判1142号7頁）などがある。

223

Ⅲ　特定保険契約と狭義の適合性原則

　前述のとおり、保険契約の中でも、変額保険、外貨建保険及びMVAを利用した解約返戻金変動型保険といった投資性の強い特定保険契約の保険募集については、保険業法により金融商品取引法の規定が準用されている（保険業法300条の2、保険業法施行規則234条の2）。そのため、保険募集人は、「特定保険契約等の締結について、顧客の知識、経験、財産の状況及び特定保険契約等を締結する目的に照らして不適当と認められる勧誘を行って投資者の保護に欠けることとなっており、又は欠けることとなるおそれがあること」のないように、その業務を行わなければならないこととなる（準用金商法40条1号）。かかる準用金融商品取引法の規定は、いわゆる「狭義の適合性原則」（顧客の知識、能力、経験、財産状況、取引の目的等に照らして、特定の利用者に対しては、いかに説明を尽くしても一定の商品の販売・勧誘を行ってはならないとの原則）を規定したものであると解されている（松尾・前掲書373頁）。

　株価指数オプションの売り取引に関してであるが、当時の大蔵省証券局長通達や証券取引法において規定されていた狭義の適合性の原則違反が問題となった事案において、「証券会社の担当者が、顧客の意向と実情に反して、明らかに過大な危険を伴う取引を積極的に勧誘するなど、適合性の原則から著しく逸脱した証券取引の勧誘をしてこれを行わせたときは、当該行為は不法行為法上も違法となる」と判示し、初めて適合性原則違反と不法行為責任との関係について判断した最高裁判例が出たことにより（最判平成17年7月14日民集59巻6号1323頁。ただし、結論としては適合性の原則違反を否定した）、その後、下級審においても、かかる最高裁判例の説示を引用したうえで、証券会社等による投資信託や外国債、仕組債等の販売における適合性の原則違反を認定し、損害賠償義務を認める判例が現れている（名古屋地判平成22年9月8日金法1914号123頁、東京地判平成28年6月17日金判1499号46頁など）。

　特定保険契約については、これまで訴訟において適合性の原則違反による損害賠償請求が主張された事案はあるものの（東京地判平成23年8月10日金法1950号115頁など）、適合性の原則違反を正面から認めた判例は見当たらない。これ

は、一般的に、特定保険契約は投資性の金融商品としてはリスクが限定的で仕組みも難解とまではいえないものが多いことが影響している可能性があるが、一方で、上記の証券会社等の適合性原則違反を認めた判例においては、顧客が精神疾患に罹患し、又は認知症により認知機能が相当程度低下していたという顧客属性についても重視されているため、かかる顧客の属性が認められる場合には保険募集にあたり特に留意が必要であろう。

Ⅳ　団体定期保険契約・事業保険契約

　企業が、役員や従業員の福利厚生等の目的で、従業員等を被保険者とする他人の生命の保険契約を締結することが行われており、このような保険には団体定期保険と事業保険がある。

　団体定期保険とは、保険会社が定める団体の要件を満たす一定規模以上の企業が保険契約者となり、その従業員等を包括的に被保険者とする定期保険であり、従業員等の全員を被保険者とする全員加入型のもの（Ａグループ保険）と、従業員等のうち希望する者が被保険者となる任意加入型のもの（Ｂグループ保険）がある。全員加入型の団体定期保険では保険契約者である企業が保険金受取人になり、任意加入型の団体定期保険では従業員等の遺族が保険金受取人となることが通例である。

　また、事業保険とは、小規模で保険会社が定める団体の要件を満たさない企業が、保険契約者兼保険金受取人となり、従業員等を被保険者とする生命保険契約（個人保険）を締結する形態のものをいう。

　この中で、以前に特に問題となったのは、企業が保険契約者兼保険金受取人となる全員加入型の団体定期保険（Ａグループ）と事業保険である。

　団体定期保険（Ａグループ）に加入する企業は、死亡退職金規定や弔慰金規定を設けているのが一般的であるため、保険引受けの実務として、保険会社は加入に際してかかる規定を確認することとしていた。また、事業保険に加入する企業においては、当該生命保険契約に基づく支払保険金の全部又は相当部分を退職金・弔慰金の支払に充当する旨を定めた「生命保険付保に関する規定」を作成し、被保険者がこれに同意したことを証して企業と被保険者が署名捺印し、生命保険契約申込書と併せて保険会社に提出するという運用がなされていた。従業員等からの被保険者同意の取得については、福利厚生目的での加入であることなどから、必ずしも個々の従業員の同意を個別的に取ることまでは求められず、従業員が被保険者となることについて認識可能で異議を述べなかった等の事情のもとでの黙示の同意を認めるという運用もなされていた。

　ところが、このような生命保険の加入に関して、被保険者である従業員が死

亡し、企業が受け取る死亡保険金と遺族に支払われる死亡退職金等の金額に相当の差額が生じるような事例において紛争が表面化した。従業員の遺族から企業に対して多数の訴訟が提起されたが、被保険者同意の意味や団体定期保険契約締結の趣旨、又は「生命保険付保に関する規定」に記載した内容で合意して生命保険契約に加入したこと等を根拠に、企業と従業員間で保険金の全部又は相当額を遺族に支払う旨の合意が成立したことを認めた判例も存在した（名古屋地判平成7年1月4日判タ891号117頁、青森地弘前支判平成8年4月26日判時1571号132頁、名古屋地判平成10年9月16日判タ1007号288頁等）。しかしながら、大規模な企業の団体定期保険（Aグループ）の事案で、「生命保険付保に関する規定」が存在せず、また、従業員において自らが被保険者となっていることの認識がなかったという背景から、企業と従業員間における保険金の使途に関する合意を認定することが困難であった事案において、社内規定に基づいた給付額を超えて死亡給付金を遺族等に支払うことについての企業と保険会社間における合意（第三者のためにする契約）が存在することを認めて従業員の遺族の請求を認容した原審を破棄し、かかる合意の成立を否定して、遺族の請求を認めない判断をした最高裁判例も存在した（最判平成18年4月11日事例研レポ218号1頁）。

　団体定期保険（Aグループ）が大きく社会問題化してからは、このような問題が生じないように、生命保険各社が新型の「総合福祉団体定期保険」を発売した（1996年11月）。この総合福祉団体保険の契約形態は、企業が保険契約者となり、被保険者を従業員等、主契約部分の保険金受取人を被保険者の遺族又は企業、特約（ヒューマン・ヴァリュー特約という）部分の保険金受取人を企業とするものである。主契約部分では、従業員等の遺族の生活保障を確保するために、保険金額は企業の死亡退職金・弔慰金規定と連動することとされていて、死亡保険金は当該規定に基づいて遺族に支払われる。また、特約部分では企業が従業員等の死亡に伴い生じる経済的損失を塡補するために企業が保険金を収受することとされているが、保険金額は主契約の保険金額の半分以下で、かつ2000万円以下でなければならないこととされている。このように、総合福祉団体定期保険では、保障機能の目的が主契約と特約という形で明確化されており、従来の企業と遺族間の紛争が生じないような制度設計がなされている。

　監督指針においても、被保険者等の保護や保険会社の業務の健全かつ適切な

第5章　その他の諸問題　Ⅳ　団体定期保険契約・事業保険契約

運営を確保するため、団体定期保険（Aグループ）や事業保険に関し、従業員等の遺族の生活保障等のための弔慰金等の支払財源確保や従業員等の死亡に伴い企業が負担する代替雇用者採用・育成費用等の諸費用に備えるための資金等の財源確保という保険の目的・趣旨に沿った業務運営が行われているかについてや、他人の生命の保険契約に係る被保険者同意の確認方法についての着眼点がそれぞれ規定されている（監督指針Ⅱ-4-2-4、Ⅳ-1-16）。

V　生命保険カードによる取引と利用者保護

　生命保険会社は、顧客サービスや事業費削減の観点から、保険契約者が希望する場合には、お客さまIDや生命保険カードを付与し、保険契約者からパスワードや暗証番号の登録を受けて、インターネット、電話及び現金自動取引機等において、契約者貸付及び積立配当金等の請求手続きや住所変更続き等の保全にかかる各種のサービスを提供していることが一般的である。

　このなかで、生命保険カードは、現金自動取引機等において、主に契約者貸付金の貸付、配当積立金の払戻し等が受けられる、いわば銀行のキャッシュカードと同じ機能をもつカードである。このカードは、その利用者（保険契約者）にとって、利用範囲や利用方法、あるいは利用時間、利用場所などの点から利便性の高いものとなっているばかりか、それを交付している保険会社にとっても、従来は、店頭窓口等に来社する保険契約者から本人が記入・押印した請求書類の提出を求め、本人確認のための印鑑照合等を実施して初めて払出しが可能であった事務が、これにより大幅に省力化・効率化されるなど、その利点は多い。

　そこで問題となるのは、銀行のキャッシュカードと同様、正当なカード保有者以外の者がそれを使用して、例えば現金自動取引機等で契約者貸付の請求手続きを行って支払を受けた場合である。以前は、この問題に対し、保険会社はカード規定を設け、カード保有者は「一応本人である」ことが推定されるとし、真正なカード及び暗証番号が使用され、現金自動取引機の所定の操作によってなされた取引上の支払には「債権の準占有者に対する弁済」の規定（民法478条）が適用されるものと解し、現金自動取引機によりカードと暗証番号を確認してなした各貸付・払戻しについては責任を負わないとしていた（免責規定）。

　その後、金融機関における偽造・盗難カードを用いた不正な引出しによる被害が急増し、社会問題化したことを受け、平成17年8月3日、議員立法により「偽造カード等及び盗難カード等を用いて行われる不正な機械式預貯金払戻し等からの預貯金者の保護等に関する法律」（預金者保護法）が成立し、平成18年2月10日から施行された。預金者保護法では、偽造・変造カードによる取引に

第5章　その他の諸問題　V　生命保険カードによる取引と利用者保護

ついては、民法478条の適用が排除されることから原則として無効となり、同法の定める例外の場合に限り取引が有効とされることになった。また、盗難カード（真正カード）による取引の場合には、民法478条の適用対象となるものの、同条が適用されて取引が有効とされる場合においても、預金者保護法の定める要件に該当する場合には、預貯金者は金融機関に対して損失の補填を請求することができるとされている。預金者保護法が適用されるのは、銀行や信用金庫、信用組合等の金融機関と預貯金等の契約を締結する個人との間で、現金自動支払機による預貯金の払戻し及び金銭の借入れを行った場合であり、保険会社や証券会社との取引については適用の対象とはされていない。

　しかしながら、生命保険会社においても、預金者保護法の成立を受けて、その趣旨を踏まえてカード規定を改定し、偽造・盗難カードが現金自動取引機において使用された場合には、預金者保護法に準じた一定の要件の下で取引の効力を無効としたり、取引が有効となる場合でも補償を実施したりすることとしている。

　具体的には、偽造・変造カードによる現金自動取引機の取引については、民法478条の適用をせず、①カード保有者の故意による場合、又は②当該取引について保険会社が善意無過失であってカード保有者に重大な過失がある場合を除き、当該取引の効力を生じないと規定している。すなわち、カード保有者に責任が認められる上記①又は②の事由がある場合のみ取引は有効となるが、それ以外の場合には取引は無効となり、カード保有者の保護が図られている。

　また、盗難カードによる現金自動取引機の取引については、民法478条の適用を排除していないため、保険会社が善意無過失を主張立証すれば取引は有効となる。しかしながら、その場合に取引が有効であることを前提としつつ、①カードの盗難に気づいてから速やかに保険会社に盗難の事実が通知されていること、②保険会社の求めに応じて、盗難の事実等についての十分な説明が行われていること、③保険会社に対し、警察署に被害届を提出していることその他の盗難にあったことが推測される事実を確認できるものを示していること、という要件を満たした場合には、カード保有者は保険会社に対して、盗難カードによる取引（原則として保険会社に通知した日から30日前の日以降の取引）で生じた損害額について補填を請求できることとされている。ただし、カード保有者の

故意により取引が行われた場合や、保険会社が善意無過失であって、①カード保有者に重大な過失がある場合、②カード保有者の配偶者等によって取引が行われた場合、又は③カード保有者が保険会社に被害状況に関する重要事項について虚偽の説明を行った場合には、補填請求は認められず、また、④カード保有者に過失がある場合には、保険会社は損害額の4分の3に当たる金額のみ補填を行うこととされている。

Ⅵ　約款解釈と合理的期待保護の法理

　1960年頃から、米国の保険判例の中で、保険約款の解釈として合理的期待保護の法理が争点として採り上げられているものがある。

　本来、期待権とは、「将来一定の事実が発生すれば、一定の法律的利益を享受し得るという希望ないし期待を内容とする権利」（日本評論社『新法学辞典』）であり、その保護は通常の権利に比して薄いとされている（わが民法には、条件付期待権についての保護規定がみられる。128条「条件の成否未定の間における相手方の利益の侵害の禁止」、129条「条件の成否未定の間における権利の処分等」）。

　ところが、この期待権が約款解釈の一原則として、裁判の場で、「保険契約条件に対して有する申込者及び受取人の期待は、それが客観的にみて合理的である限り、保険証券上の条項（約款）が詳しく検討されればそれが否定されるであろう場合といえども保護されなければならない」（Robert E.Keeton、"Insurance Law Basic Text"）こと、すなわち、保険契約によって給付されることの希望ないし期待は、たとえ給付の原因となる保険事故が、約款上、給付対象外あるいは免責事由とされていても、客観的にみて給付されることに合理性がある場合は、保護されなければならないと主張されているのである（これが裁判で認められた場合、約款が司法によって規制されたこととなる）。

　合理的期待保護の法理については、米国では州によって、その適用を認め、又は約款文言が曖昧な場合にのみ適用し、あるいはその適用を認めない、というようにその姿勢は区々であるとされている（梅津昭彦「保険契約者の合理的期待と保険証券の解釈」文研論集117号（1996年）196頁）。

　わが国においては、若干の判例において、例えば、高度障害保険金の支払要件への該当性をめぐって約款が規定する要件を拡大解釈すべきとして、保険金請求者側からかかる法理が主張されたケースは見受けられるものの、これを正面から認めた判例は見当たらない（佐賀地判昭和58年4月22日判時1089号133頁、水戸地判平成15年10月29日判タ1163号287頁）。

　また、保険約款の解釈については、平均的あるいは合理的な顧客の理解可能性を基準に解釈されるべきであるとの立場（客観的解釈）が支配的であるとされ

ている（山下友信「第1条（趣旨）」山下＝米山編・前掲書126頁）。ここでは顧客の「期待」ではなく「理解可能性」が基準とされており、約款文言が曖昧である場合には結果として同様の結論を導き出すことはあり得るとしても、合理的期待保護の法理が一般的に採用されているものではないと考えられる。

　なお、平成29年6月に成立した改正民法（債権法）では、その検討過程において、「契約の解釈」として、約款や消費者契約の条項について複数の解釈が可能である場合には、条項使用者に不利に解釈するという原則の導入が提案されたが、結局、制定化は見送られた。

Ⅶ　プライバシー侵害その他

　保険会社及び保険募集人は、保険契約者や被保険者等の個人情報を取得することになるため、これら情報を適正に保護すべきことが強く要請される。個人情報保護法及び個人情報保護委員会が策定した各ガイドラインの順守が求められるとともに、保険業法における体制整備義務（保険業法施行規則53条の8・53条の10・227条の9・227条の10）や、金融庁が策定した、金融分野における個人情報保護に関するガイドライン（金融庁ガイドライン）及び金融庁ガイドラインの安全管理措置等についての実務指針の規制にも服することになる。

　また、保険会社や保険募集人が取扱う個人情報の中には、告知事項としての病歴や健康診断結果等の機微（センシティブ）情報（金融庁ガイドライン5条1項）又は要配慮個人情報（個人情報保護法2条3項、同法施行令2条2号、3号）に当たる情報が含まれていることがある。かかる情報については、個人情報保護法や保険業法、金融庁ガイドライン等により、特に厳格な取扱いや管理が求められており（個人情報保護法17条2項・23条2項、保険業法施行規則53条の10・227条の10、金融庁ガイドライン5条）、その取扱いには特段の注意が必要となる。

　保険会社は、個人情報を漏えいした場合には、漏えいした情報の本人に対して、民法上の不法行為（プライバシー権侵害）として損害賠償責任を負うこととなる（民法715条）。漏えいした個人情報が悪用されて実際に損害が生じた場合はもちろん、実損がなくとも漏えいしたという事実自体により慰謝料などの損害賠償責任を負うこともある。判例としては、顧客が乳がんの手術を受けた事実を保険募集人が他人に告げた事案において、保険会社の不法行為責任が認められたものがある（浦和地川越支判平成11年7月6日生保判例集11巻397頁）。

第6章

傷害疾病定額保険契約

はじめに

　医療保険分野は、一に健康や医療に対する社会的関心が高まってきたことに加え、自助努力による医療保障への備えが求められてきたことと、二に保険審議会答申（1985年5月）において、生保業界に医療分野における商品開発が要請されたことなどから大幅に普及した。これらを背景として不慮の事故に備えるもの、不慮の事故・病気に備えるもの、特定の病気に備えるもの、疾病、傷害、介護を対象としたいわゆる第三分野保険が開発されてきた（保険業法3条4項1号及び2号において次のように定めている「一　人の生存又は死亡（当該人の余命が一定の期間以内であると医師により診断された身体の状態を含む。以下この項及び次項において同じ。）に関し、一定額の保険金を支払うことを約し、保険料を収受する保険（次号ハに掲げる死亡のみに係るものを除く。）」、「二　次に掲げる事由に関し、一定額の保険金を支払うこと又はこれらによって生ずることのある当該人の損害をてん補することを約し、保険料を収受する保険　イ　人が疾病にかかったこと　ロ　傷害を受けたこと又は疾病にかかったことを原因とする人の状態　ハ　傷害を受けたことを直接の原因とする人の死亡　ニ　イ又はロに掲げるものに類するものとして内閣府令で定めるもの（人の死亡を除く。）　ホ　イ、ロ又はニに掲げるものに関し、治療（治療に類する行為として内閣府令で定めるものを含む。）を受けたこと」）。

　これらいわゆる第三分野保険契約が大幅に増加するなかで改正前商法下においては第10章保険の諸規定を類推適用するとともに、主に当該保険約款を適用し、保険契約者との関係を律してきた。このような事情の下で保険法は新たに傷害疾病定額（損害）保険の規定が創設された。

I　高度障害保険金の支払

I-1　高度障害保険金支払の趣旨と高度障害保険契約の法的性質

I-1-1　高度障害保険金支払の趣旨とその受取人

　保険者が高度障害状態になった場合、労働能力は失われ、経済的困窮に陥ることが多い。高度障害の原因となった傷害又は疾病の治療が必要となり、日常

生活においても過分の出費に追われることとなる。その結果、被保険者の経済的状態はますます困窮していくので、高度障害状態になることが、経済的には死亡に準じるとされる理由である（日本生命保険生命保険研究会『生命保険の法務と実務〔第3版〕』227頁（きんざい、2016年））。

さらに、保険契約者と被保険者が同一人の場合には、保険料の支払が困難となり、生命保険による保障の必要性が通常の人より高いにもかかわらず、契約を失効させ、あるいは解約してその保障を失うことが多い。このような事情に鑑み、被保険者が高度障害状態になった場合、経済的救済を与えるというのが、高度障害保険金を支払う趣旨である（大阪高判昭和51年11月29日文研生保判例集2巻154頁「生命保険契約の被保険者が両眼失明等の廃疾状態（昭和56年4月以降、名称を高度障害状態に変更）になると、職を失なったり、治療費などを要したりして、経済的に困窮する場合が多い。ことに被保険者が同時に保険契約者のときは、保険料の支払いも困難となり、保険契約が失効または解約の事態に立ち至ることもある。このようなことから、被保険者が一定の廃疾状態になった場合、生命保険契約に関連して、加入者に対して何等かの便宜を与えようとする考え方が生じた。」）。

なお、高度障害保険金の受取人は、約款により被保険者とするのが一般的である。被保険者を高度障害保険金の受取人としているのは、高度障害になった被保険者を経済的に救済するうえから、被保険者自身に支払うのが最も制度の趣旨に合致していること、また、所得税法上、障害を受けた本人が支払を受ける場合はこれが非課税扱い（所得税法施行令30条）とされていること等々の理由によるものとされている。

Ⅰ-1-2　高度障害保険金の法的性質

高度障害保険金を支払うとする保険契約は生命保険契約といえるものかどうか、先にもふれたとおり、保険法は生命保険契約における保険事故を「その者の生存又は死亡」としているところから、高度障害を保険事故とするこれを生命保険契約とみることはできず、また、これが約定（給付事由）による保険金額を支払うとする定額保険であるところから、傷害疾病定額保険契約の一種とみることができる（保険法2条9号）。その法的性質について、改正前商法下の判例は−先にも引いたが−次のように判示している。「高度障害〔原文は廃疾。以

下も同じ〕給付条項を含む生命保険契約は、生命保険契約に高度障害を保険事故の一つとして加えるものであり、商法上の生命保険契約と、これとは別個の高度障害保険契約との混合したものと解することができる。」（大阪高判昭和51年11月29日文研生保判例集2巻154頁、大阪地判平成17年4月19日生保判例集17巻328頁）。

I-2　高度障害保険金の支払要件

　普通保険約款は、「被保険者が、責任開始期以降に発生した傷害または発病した疾病によって、保険期間中に、別表に定める高度障害状態に該当したとき」、高度障害保険金を支払うとしている。以下、約款のいう支払要件を個別にみていきたい。

I-2-1　「責任開始期以降に発生した傷害または発病した疾病によって」

　いわゆる「責任開始期前発病ルール」と呼ばれているものである。高度障害保険金は、被保険者の責任開始期以降の傷害又は疾病を原因として生じた高度障害状態（その内容については後述）に対して支払われるものであり、責任開始期前の原因によって生じた高度障害状態に対しては支払われるものではない。この要件は、保険事故の発生に偶然性を欠くものに対し当然に採られてしかるべきものであるが、予定の高度障害発生率を維持し（今日の危険測定上から、死亡危険と異なる高度障害状態が発生する危険を事前に選択し、不良危険を排除することはなかなか難しいといえる）、保険団体の公平性、健全性を維持していくうえからも堅持されなければならないものである（札幌高判平成元年2月20日文研生保判例集6巻5頁）。

　なお、後に述べる生命保険契約に付帯する疾病保険には、責任開始期後2年経過して開始した入院は、その原因が責任開始期前にあるものでも、それを責任開始期後のものとみなすとする規定がある。しかし、高度障害保険金の支払要件についてはこの定めがなく、責任開始期後2年経過してから高度障害の状態に該当した場合でも、それが責任開始期前の傷害・疾病を原因とするものであれば支払の対象となることはない（昭和51年4月に約款が改定され、高度障害状態の範囲が拡大されるとともに高度障害状態を招く可能性のある疾病が告知義務の

対象に加えられることとなった。その結果、告知義務違反の除斥期間たる2年間との兼ね合いで、本責任開始期前発病の要件は告知義務制度を補完する役割を担うこととなった）（大阪地判平成16年11月29日生保判例集16巻925頁「原告のピック病は，少なくとも本件保険契約成立以前に既に発生していたことがうかがわれることからすれば，それ以後に発生したとまでは認められず，被告の責任開始の時以後に発生した疾病等により高度障害状態になったとはいえない…」、神戸地判平成15年6月18日生保判例集15巻387頁「責任開始期前に既に存在した保険リスクをも保険の対象に含めると、高度障害状態に該当するリスクの高い者が多数保険に加入し、保険事故の発生率が高くなりすぎる恐れがあると同時に、被保険者間のリスクに差異が生じることとなり不公平となることは明らかであって、そのような事態を回避するために一律に責任開始期前に発病した疾病を原因とする高度障害状態を保険担保の範囲外として規定することには合理性が認められる」、宇都宮地大田原支判平成10年6月30日生保判例集10巻242頁「契約前発病不担保条項は、予定高度障害発生率を維持すべく、契約締結後に危険選択を行い、告知義務制度によっては果たせない危険の選択を補完する制度として定着しているものである。この点を考慮しても、契約前発病不担保条項の説明がなかったことを理由に、その適用を排除するのは相当でないというべきである」）。

　また、昭和56年4月の約款改正により、身体障害状態は、「責任開始期前にすでに生じていた障害状態に責任開始期以降の傷害または疾病（責任開始期前にすでに生じていた障害状態の原因となった傷害または疾病と因果関係のない傷害または疾病に限ります）を原因とする障害状態が新たに加わって高度障害状態に該当したときを含みます」とされた。これは、責任開始期以降に当該身体障害（又は、その原因となった傷害又は疾病）と因果関係のない原因により、約款所定の高度障害状態になった場合（例えば、片眼失明の被保険者が責任開始期以降の疾病などにより残り片眼を失明し、両眼失明の高度障害状態になったとき）でも、高度障害保険金を支払うとするもので、いわゆる「状態説」によることを明定した。

I-2-2　責任開始期前発病不担保条項と告知義務について

　責任開始期前発病不担保条項と告知義務制度については、ともに（事前ないし事後の）危険選択により予定事故発生率を維持するという共通の側面を有す

る反面、適用要件・法的効果が異なることから、両者の関係をいかに理解すべきかについては従来から議論されてきたところである（前掲宇都宮地大田原支判平成10年6月30日「契約前発病不担保条項は、予定高度障害発生率を維持すべく、契約締結後に危険選択を行い、告知義務制度によっては果たせない危険の選択を補完する制度として定着している」）。

(1) 保険約款の規定

現行の約款規定は、次のとおりである。

「被保険者が責任開始期以降の傷害または疾病を原因として高度障害状態に該当したとき。」と規定し、その補足規定として「被保険者が責任開始期前に発病していた疾病を原因として責任開始期以降に高度障害状態に該当した場合でも、当会社が、保険契約の締結または復活の際に、告知等により知っていたその疾病に関する事実（○○条（保険契約を解除できない場合）の保険媒介者のみが知っていた事実は含みません）を用いて承諾した場合は、責任開始期以降に発病した疾病を原因として高度障害状態に該当したものとみなして、○○条の高度障害保険金の支払に関する規定を適用します。ただし、保険契約者または被保険者がその疾病に関する事実の一部のみを告げたことにより、当会社が重大な過失なくその疾病に関する事実を正確に知ることができなかった場合を除きます。」と規定し、従来の客観的規定から告知義務と平仄合わせた規定とした。

その理由は、保険者側が発病を認識していたか、あるいは容易に認識し得るにもかかわらず保険契約者に対して責任開始期前発病不担保となることにつき説明しないで保険契約を締結したとき、また、保険契約者側が誠実にその告知を履行しながら、責任開始期前不担保条項の適用によって保険契約者の期待を裏切るような結果が招来されることになるときは、保険者が本不担保規定を適用することは、信義則の観点から解決されるべき問題であると指摘がされていた（山下友信『保険法』458～460頁（有斐閣・2005年）、竹濱修「契前発病不担保条項」山下友信＝米山高生『保険法解説　生命保険・傷害疾病定額保険』491頁（有斐閣・2010年））。

かかる経緯の中で、保険法改正時（法制審議会保険法部会20回議事録平成19年11月28日等　http://www.moj.go.jp/shingi1/shingi_hoken_index.html）の主な議論は、

責任開始期前発病不担保規定は、①告知義務で危険選択をして契約締結をしながら責任開始期前発病不担保とすることは消費者からはわかり難い制度である、②保険会社が告知を受けながらその病気について不担保であることを明確にしないまま、保険を引き受け責任開始期前発病不担保とすることは信義則上問題がある、③告知義務が果たされた場合に本不担保規定を適用することは片面的強行規定とした告知義務制度の骨抜きになる等の意見が出された。これらの見解に基づき、生命保険会社らは、保険約款を概ね前述に変更した。

(2) 「発病」の定義規定について

また、責任開始期前発病不担保条項は保険契約者側の主観的事情を問わないことから、保険契約者側が責任開始期前の疾病について契約前に検査の結果異常が認められず、身体の異常について自覚又は認識がない場合においても、医学的にみて責任開始期前の発病であると認められるときは不担保となってしまうため、善意の保険契約者の期待を損うおそれがあるという指摘がある。

そこで、責任開始期前の発病規定でいう「発病」の定義につき、次のとおり保険約款に規定した。

「責任開始期以降の疾病とは、その疾病（医学上重要な関係にある疾病を含みます）について、責任開始前につぎのいずれにも該当しない場合をいいます。

(1) 被保険者が医師の診療を受けたことがある場合

(2) 被保険者が健康診断等において異常の指摘（経過観察の指摘を含みます）を受けたことがある場合

(3) 被保険者が自覚可能な身体の異常が存在した場合または保険契約者が認識可能な被保険者の身体の異常が存在した場合」

Ⅰ-2-3 「別表に定める高度障害状態に該当したとき」

高度障害保険金は、先の要件に加え、約款「別表」の定める身体障害状態に該当し、その障害に回復の可能性がないときに支払われる。

なお、約款は、「別表」の定める身体障害状態についての規定が抽象的にすぎるため、あらたに「備考」欄を設けてそれを具体的に述べ、解釈基準の明確化を図っている。そこで、この「備考」欄の拘束力をめぐり、種々論議が交わされている。それが約款本文に記載されていないところから、単なる例示とみる

べきであるとするもの、あるいは、指針たる解釈資料の一材料とみるべきであるとするもの等々その見解は様々であるが、これが解釈基準を明確化したものであることについては異論なく、わかりやすさの点から「備考」という形態を採ったものというべく、「備考」欄はすなわち約款そのものと解される（東京地判昭和62年2月20日文研生保判例集5巻11頁、大阪地判昭和58年9月28日文研生保判例集3巻386頁、その控訴審大阪高判昭和59年11月20日文研生保判例集4巻100頁、大阪高判平成19年6月21日生保判例集19巻274頁）。

　また、ここでは、いつ高度障害状態に該当したかが問題となる。判例は「廃疾〔高度障害〕なる保険事故の発生は、客観的な資料により合理的に認定しうる時期に発生するものと解される」（大阪地判昭和47年1月21日文研生保判例集1巻1頁）としているが、医療証明書等資料に基づきその日を確定することは現実問題としてかなり困難である。

Ⅰ-2-4　該当する「高度障害状態」

　上に述べてきた諸要件のもと、支払の対象となる各高度障害状態を以下にみておきたい。

(1)　視力障害によるとき

　視力障害による高度障害の状態とは「両眼の視力を全く永久に失った」状態をいい、「視力を全く永久に失った」とは、視力が0.02以下で回復の見込がないことをいう。また、視力が0.02以下とは、万国式試視力表の0.1の視標を1メートルの距離で弁別できない状態をいう（東京地判平成16年1月21日生保判例集16巻15頁「複数の時期、機会に原告を診療した複数の医師が、いずれも他覚的には、原告の両眼に視力障害があることを認めていない。結局、原告の主張はすべて採用することができないというべきである」）。

(2)　言語機能障害によるとき

　言語機能障害による高度障害の状態とは、「言語の機能を全く永久に失った」状態をいい、「全く永久に失った」とは次の状態をいう。

• 語音構成機能障害で、口唇音（ま行音、ぱ行音、ば行音、わ行音、ふ行音）、歯舌音（な行音、た行音、だ行音、ら行音、さ行音、しゅ、し、ざ行音、じゅ）、口蓋音（か行音、が行音、や行音、ひ、にゅ、ぎゅ、ん）、こう頭音（は行音）の4種

243

のうち３種以上の発音が不能となり、その回復の見込がない場合

・脳言語中枢の損傷による失語症で、音声言語による意思の疎通が不可能となり、その回復の見込がない場合

・声帯全部の摘出により発音が不能な場合

　（熊本地判平成11年１月13日生保判例集11巻１頁「『言語の機能を全く永久に失ったもの』のうち『脳言語中枢の損傷による失語症で、音声言語による意志の疎通が不可能となり、その回復の見込みがない場合』に該当しているかにつき、Ａは、単に『はい』『いいえ』と言うだけにとどまらず、排尿の回数などの数字や『寒い』『暑い』などの状態を表す簡単な言葉も発することができると認められる。『言語の機能を全く永久に失ったもの』のうち『脳言語中枢の損傷による失語症で、音声言語による意志の疎通が不可能となり、その回復の見込みがない場合』に該当するとは認めるに足りない」）。

(3)　そしゃく（咀嚼）機能障害の喪失

　そしゃく機能障害による高度障害の状態とは「そしゃく機能を全く永久に失った」状態をいい、「全く永久に失った」とは、流動食以外のものを摂取できない状態で、その回復の見込がない場合をいう（福島地白川支判昭和60年１月14日文研生保判例集４巻137頁「（本件）消化器官に障害が生じた結果流動食以外のものを摂取できなくなったことは明らかであり…約款に定める高度障害状態には当たらないと解すべきである」）。

(4)　終身常に介護を要するもの（要終身常時介護状態）

　約款「別表・対象となる高度障害状態」は、「中枢神経系、精神または胸腹部臓器に著しい障害を残し、終身常に介護を要するもの」を高度障害状態としている。そして、「終身常に介護を要するもの」とは、「食物の摂取」、「排便・排尿・その後始末」及び「衣服着脱・起居・歩行・入浴」の３項目のいずれもが自力でできない状態をいうとされている。したがって、例えば、腎臓が悪く、通院して人工透析を受け、日常生活において安静を指示されているような場合、腎臓の障害という要件は満たしているが日常の安静が、「終身常に介護を要するもの」には該当しないため、高度障害状態には当たらないことになる。なお、参考までに、各項目についての判断基準を以下に挙げておく。

・食物の摂取…箸を使えるか、特別の食器があれば可能か、介助なしでは一切

不可能か等々

- 排便・排尿・その後始末…通常便器で自力で可能か、特別な器具が必要か等々
- 衣服着脱・起居・歩行・入浴…通常の身の回りの動作は可能か、ベッド上の起居・周辺歩行が可能か、寝返りぐらいしかできないのか、全く寝たきり状態であるか等々

（大阪高判平成19年6月21日生保判例集19巻274頁「本件備考欄は，高度障害状態の内容を一義的に明らかにし，どのような場合に保険金が支払われるかを明確にするための解釈基準として設けられたものと認められる。したがって，高度障害状態に該当するかどうかは，約款及び約款に記載された「備考」欄の内容を基に客観的・画一的に解釈されるべきである。」）。

(5) 四肢の障害によるとき

約款「別表・対象となる高度障害状態」は、四肢の障害による高度障害の状態として次の4状態を挙げている（四肢とは三大関節からなる両上肢（手）、両下肢（足）をいい、三大関節とは上肢では肩関節、ひじ関節、手関節を、下肢では股関節、ひざ関節、足関節をいう）。

- 両上肢とも、手関節以上で失ったか、またはその用を全く永久に失ったもの
- 両下肢とも、足関節以上で失ったか、またはその用を全く永久に失ったもの
- 1上肢を手関節以上で失い、かつ、1下肢を足関節以上で失ったか、またはその用を全く永久に失ったもの
- 1上肢の用を全く永久に失い、かつ、1下肢を足関節以上で失ったもの

（佐賀地判昭和58年4月22日文研生保判例集3巻315頁「廃疾保険金支払事由は…限定されていたのであって、1上肢1下肢の用廃がそれに含まれていなかったことは明らかである」）。

I-3　高度障害保険金の支払免責事由

傷害疾病定額保険契約の免責事由は、「保険契約者の故意又は重大な過失」ないし「被保険者の故意又は重大な過失」により給付事由を発生させたときと規定されている（保険法80条）。普通保険約款は、高度障害保険金の支払免責事由を「保険契約者又は被保険者の故意」によるときとしているものが一般的である（一部の保険約款で「被保険者の故意」のみを免責とするものや、「保険契約者又は

被保険者の重大な過失によるとき」、保険契約者又は被保険者の「犯罪行為」によるときを免責事由としているものもある。その他免責事由として「薬物依存」によるときとするものもある）。

　なお、責任開始日から免責期間経過後の自殺には保険金が支払われるが、免責期間経過後の自殺未遂によって高度障害状態になったときは高度障害保険金は免責となる。けだし、「被保険者の故意」は、高度障害状態に対するものではないが、自殺行為の結果として生じたものも免責とするのが判例・通説の立場である（高度障害保険金の免責事由として「自殺行為」と規定する会社が5社ほどある）（大阪高判平成15年2月21日金判1166号2頁・金判1171号60頁・ジュリスト1323号183頁〔卵巣ガンの手術を受けて入院していたが、平成9年3月9日、自宅で首吊り自殺を図り縊頸による低酸素脳症になった事案につき、「本件免責条項は、保険金詐取を排除する目的だけでなく、射倖契約である生命保険契約において強く要請される当事者間の信義誠実の原則を趣旨とし、被保険者が保険事故を自ら招くことを防止し、保険契約上の危険予測を確実にして健全な保険制度の運営維持を図るということをも趣旨としていると考えられるものである。したがって、保険金取得そのものを目的としていなくても、故意行為は、本件免責条項の適用を受けるものと解するのが相当である」〕）。

I-4　高度障害保険金請求権と死亡保険金請求権

　被保険者が高度障害状態に陥り、高度障害保険金を請求する前に、あるいは、その請求をなすも保険会社での支払手続が完了する前に死亡した場合、被保険者の有していた高度障害保険金の請求権と、保険金受取人が取得した死亡保険金請求権との関係について、約款は、紛争を避け、二重払いの危険を回避するうえから、高度障害保険金の請求権と死亡保険金の請求権が生じる場合、既に高度障害保険金の請求権が行使されていれば、また死亡保険金が支払われた場合には、その各々を優先させるとしている（例えば、約款には、「死亡保険金を支払う前に高度障害保険金の支払請求を受け、高度障害保険金が支払われるときは、会社は、死亡保険金を支払いません」、「死亡保険金が支払われた場合には、その支払後に高度障害保険金の支払請求を受けても、会社は、これを支払いません」とある）。

　従前は、多くの保険者は、被保険者から高度障害状態に該当しているか否か

につき事前に照会を受け、高度障害状態に該当していると認定できるものについて改めて請求（必要書類）の案内をしていた。これは、費用のかかる戸籍謄本等の提出を求めようとする被保険者の負担を考慮したものであった。

　この事前の照会の段階途中で被保険者が死亡すると、高度障害保険金請求権と死亡保険金請求権の帰属先が異なることが多く紛争となることがあり、そこで、現在は、傷害診断書とともに高度障害保険金請求書にて被保険者の請求意思を明らかにするとともに高度障害保険金請求権の債務の履行期を明らかにしたものである（大阪高判平成12年10月31日判時1752号145頁「約款１条２項は、死亡保険金支払請求がなされていても、未だ死亡保険金が支払われていない場合に、廃疾保険金支払事由の発生に基づく廃疾保険金の支払請求がなされたときは、保険会社は、死亡保険金を支払わずに廃疾保険金を支払うことになると解すべきであり、死亡保険金支払事由と廃疾保険金支払事由が競合し、双方の支払請求がなされている場合、相続人に対する廃疾保険金の支払を優先する趣旨であると考えられる」）。

第 6 章 　傷害疾病定額保険契約 　Ⅱ 　入院給付金等の支払

Ⅱ 　入院給付金等の支払

Ⅱ - 1 　入院給付金

　入院給付金とは、被保険者が特約の有効期間中、所定の日数以上入院したとき、その日数に応じて支払われるもので、受取人は、通常、被保険者とされている（現在、入院 1 回の支払限度日数は60日ないし120日、複数回の入院による通算限度日数は1095日とするものが多い）。その種類は特約の種類にもよるが、主たるものとしては疾病入院給付金と災害入院給付金がある（これら以外のものとしては、成人病入院給付金、女性特定疾病入院給付金、がん入院給付金等がある）。

　これら入院給付金の支払要件は以下のとおりであり、そのいずれをも満たしていなければならない。

　①　特約の責任開始期（復活又は復旧の取扱いが行われた後は最後の復活又は復旧の際の責任開始期）以後に発病した疾病の治療、あるいは発生した不慮の事故による傷害の治療を目的とする入院であること。なお、昭和56年 4 月の約款改正により、モラル・リスク対応の一環として「入院」につき定義規定が設けられ、「入院とは、医師による治療が必要であり、かつ自宅等での治療が困難なため、別表 4 に定める病院または診療所に入り、常に医師の管理下において治療に専念することをいいます」とされている（高知地判昭和60年11月28日文研生保判例集 4 巻279頁〔原告の症状はいずれも原告の主訴で、確たる他覚症状なく、入院中の主治医が症状が好転しないため他の医師に検査を受けさせ、その結果、異常所見は認められず入院治療の必要なしと判断した。入院中にも外泊と外出が頻繁に繰り返されていたなどなどこれらの事実を踏まえて考えても、今回入院が特約に定める「自宅での治療が困難であること」「常に医師の管理下において治療に専念すること」の要件に当たるとは認め難いと判示〕）。

　②　その入院は、所定の病院又は診療所に入り、医師の管理下において治療に専念するものであることとするが、ここにいう「所定の病院または診療所」とは、医療法に定める日本国内にある病院又は患者を収容する施設を有する診療所をいい、会社がこれらに同等と認めた日本国外にある医療施設もこれに含まれるとされている。また、整骨院への入所は、それが一定の条件を備えて入

る場合に限り（四肢の骨折、脱臼、打撲、捻挫に対する治療であること等々）、入院と同等に取り扱われている（介護保険法に定める介護老人施設等、老人福祉法に定める老人福祉施設等はこれに含まれないと約款に規定している）。

③　特約の有効期間中に所定の日数以上の入院を行ったこと（従前は、入院の要件として継続する5日以上の入院であることとしていたが、医療保険において、平成13年頃から病気やケガで1泊2日以上の継続した入院を給付対象とした商品が開発され、入院特約においても、平成18年頃から同様な要件とするものが多くなった）。

なお、「入院の定義」規定の該当性の判断基準については、入院について、被保険者の主治医の所見とするべきか、入院当時の一般的な医学上の水準によるべきかが問題となる。その入院の必要性は、主治医以上によく知る者はいないことが一般的であることから、医師の裁量権の範囲とあわせて、「入院の定義」規定の該当性の判断基準が問題となる。「入院」は、保険制度の基本である収支相等の原則および給付反対給付均等の原則からみて、その支払要件を合理的・画一的・公平に規制する必要があり、それに合致した保険事故に対しのみ給付されるのが当然の前提とされていること、入院当時の一般的な医学上の水準によるべきを指摘する（札幌地判平成13年1月17日生保判例集13巻11頁、大阪地判平成16年11月12日生保判例集13巻11頁、仙台高判平成13年10月10日生保判例集13巻776頁は概ね同旨）。

Ⅱ-2　障害給付金

被保険者が不慮の事故による傷害で、事故の日から180日以内に所定の身体障害状態に該当したときに支払われる（身体障害の程度により、第1級100％～第6級10％の6段階）（福岡地判昭和60年11月11日文研生保判例集4巻269頁「原告被保険者が受傷して180日目（本件ではなお保険期間中である。）には、原告被保険者はなお治療を要する状態にあったのであるから、被告保険会社としては、その時点における医師の判断に基づき後遺障害発生の蓋然性に従い所定の障害給付金を支払うか、その後の障害の確定が見通せるようになるまで待つのかいずれかにすべきであったということになる。そこで、被告保険会社が、右の前者の選択をしなかった場合には、少なくともその後原告被保険者がその一眼の視力を全く永久に失うことの見通しがつくのを待って、所定の障害給付金を支払うべきことになる。」）。

第6章　傷害疾病定額保険契約　Ⅲ　生前給付型保険(特約)の支払

Ⅲ　生前給付型保険（特約）の支払

Ⅲ-1　特定疾病保障保険（三大疾病保険）

　特定疾病保障保険とは、被保険者が悪性新生物（がん）、急性心筋梗塞、脳卒中の三大疾病に罹患したとき、被保険者の生存中に保険金の支払をなすことを主たる目的とする保険である。なお、通常の保険事故（死亡、高度障害）が発生したときも、それが解除、免責、無効に該当しない限り、他の保険契約と同様に保険金を支払うものであることに変わりはない。特定疾病保険のほか、「被保険者の余命が6ヶ月以内と判断」されたとき、将来の保険金に代えて、被保険者に特約保険金を支払うとするリビング・ニーズ特約等多種多様な商品が開発されている。

　これら保険の給付内容は、契約当初に保険者が引き受ける危険を限定する内容・範囲及び支払のための所定の要件を保険約款で明確に定めている。例えば、三大疾病保険の各約款に定める「悪性新生物」に該当しない限り給付事由とはならない（東京高判平成10年10月28日生保判例集10巻426頁）。

　なお、本特定疾病保障保険に基づいて被保険者に支払われる保険金は非課税扱いとされている（所得税法施行令30条、所得税基本通達9-21）。ただし、契約者が法人で、受取人も同じ法人の場合には課税対象となる。

Ⅲ-1-1　悪性新生物（がん）

　被保険者が責任開始期以降に、初めて「悪性新生物（がん）」に罹患したと医師によって病理組織的所見（生検）により診断確定されたとき（他の所見によって診断確定されたときも認めることがある）。

　約款が悪性新生物（がん）についての支払事由に「初めて」と規定する趣旨は、因果関係の有無を問わず、契約前にがんと診断されたものは支払事由に当たらないとしたものである。なお、悪性新生物のうち、上皮内がん（がん細胞が基底膜を破らず、間質内浸潤もなく、病変が上皮内に限られているもの）と悪性黒色腫以外の皮膚がんについては、いずれも早期治療によって治癒する可能性が高いため、原則として給付対象から除外されている（なお、上皮内がんなども給付

事由とする商品もあるので留意を要する）。

　なお、三大疾病保険の約款で「責任開始日から90日以内に診断確定した乳房の悪性新生物」は不担保の趣旨は、乳がんについては、医師の診断を受ける前であっても、自ら乳房を触れることである程度の自己検診が可能であり、乳がんと診断されることを見越して、当初から保険金を取得することを目的として保険契約を締結するおそれがあるので、保険制度が不当に利用されるのを防ぐ趣旨から規定している（京都地判平成12年1月27日生保判例集12巻53頁、東京地判平成15年9月16日生保判例集15巻567頁、その控訴審東京高判平成16年1月29日生保判例集16巻54頁、甲府地判平成14年10月30日、その控訴審東京高判平成15年2月25日生保判例集15巻108頁、神戸地明石支判平成13年3月30日生保判例集13巻394頁、その控訴審大阪高判平成13年11月29日生保判例集13巻854頁）。

Ⅲ-1-2　急性心筋梗塞

　被保険者が責任開始期以降の疾病を原因として「急性心筋梗塞」を発病し、それにより初めて医師の診断を受けた日から60日以上、労働の制限される状態（家事等の軽い労働や事務等の座業はこなせるが、それ以上の活動については制限が必要とされる状態）が継続していることが医師によって診断されたとき。なお、狭心症は「急性心筋梗塞」とはみなされず、支払対象から除外されている。

Ⅲ-1-3　脳卒中

　被保険者が責任開始期以降の疾病を原因として「脳卒中」を発病し、それにより初めて医師の診断を受けた日から60日以上、言語障害、運動失調、麻痺等の他覚的な神経学的後遺症が継続したことが医師によって診断されたとき。

Ⅲ-2　リビング・ニーズ特約

　リビング・ニーズ特約とは、被保険者の余命が医師により6ケ月以内と判断されたとき、被保険者に特約保険金が支払われるとする特約である。

　特約保険金は、「余命6ケ月以内と判断されたとき」、すなわち「被保険者が、現在の一般的な医学的な判断基準に照らし、客観的に余命6ケ月以内と判断される健康状態になった」ときに支払われる。その額は、主たる契約の保険金額

内において、特約保険金受取人が指定した金額である。ただし、実際には、請求日から6ヶ月間のその額に対応する利息と契約の保険料に相当する金額が差し引かれて支払われることになる（各社によってその取扱金額が相違している）（横浜地判平成12年1月17日生保判例集12巻4頁「リビング・ニーズ特約の支払要件である『被保険者の余命が6ヶ月いないと判断されるとき』の判断権者は保険会社とし、その判断は医師の診断書に基づき判断する」）。

なお、特約保険金が支払われる前に被保険者が死亡した場合には、当然ながら本特約からの支払はなく、主契約の死亡保険金が全額支払われることになる。

Ⅲ-3　指定代理請求人制度

指定代理請求人制度は、高度障害保険金のほか、特定疾病保障保険（三大疾病保険）及びリビング・ニーズ特約等に定められた特有の制度である。

被保険者が保険金受取人で、保険事故発生の時点で、被保険者自身が重篤で意思能力がない状態であったり、被保険者本人が「余命6ヶ月以内」という余命告知を受けていなかったりする理由等で自ら保険金の請求手続きを行えない状態があり得る。そこで、保険金の受取人である被保険者が、保険金の請求手続きを行い得ない場合であっても、一定の要件を満たす被保険者の家族などから保険金支払の請求ができるよう創設されたのが、この指定代理請求人制度である。

Ⅲ-3-1　指定代理請求人

指定代理請求人とは、上記のような受取人である被保険者に特定疾病保険金や特約保険金を請求できない「特別な事情」があるとき、被保険者に代わって保険金を請求・受領することのできる人物として、被保険者の同意のもと、契約者によってあらかじめ指定されている特別の代理人をいう。

これら「特別な事情」があるとき、指定代理請求人は被保険者の特別の代理人として保険金を請求・受領し得ることになる（札幌地判平成28年2月17日2016WLJPCA02176006〔交通外傷後高次機能障害の後遺障害が残存し、保険金を請求し、受領するに足りる事理弁識能力を備えていたとは認められないのは「特別な事情」があるとされた〕）。

252

Ⅲ-3　指定代理請求人制度

Ⅲ-3-2　指定代理請求人の資格要件

　指定代理請求人制度創設の趣旨から、指定代理請求人は被保険者にとって最も身近な人物であることが望ましい。このため、約款は指定代理請求人の資格要件を厳格に定め、指定代理請求人たり得る者を次の者に限っている。

　「保険金の請求時に被保険者と同居し、または生計を一にしている被保険者の戸籍上の配偶者・保険金の請求時に被保険者と同居し、または生計を一にしている被保険者の3親等内の親族」

　なお、この資格要件は保険金の請求時に満たされていなければならないものであるところから、あらかじめ指定代理請求人として指定されていた者でも、保険金請求時に離婚等の家族関係の変化に伴って上記資格要件を欠く場合は、指定代理請求人としての資格を喪失していることになる。

253

第6章　傷害疾病定額保険契約　Ⅳ　傷害保険について

Ⅳ　傷害保険について

Ⅳ-1　傷害保険における保険事故（傷害）の概念

　傷害疾病保険契約については、保険法では、傷害疾病損害保険契約と傷害疾病定額保険契約の2類型が新設された。傷害疾病損害保険契約は、保険者が人の傷害疾病によって生ずることのある損害（当該傷害疾病が生じた者が受けるものに限る）を填補することを約するものであり、傷害疾病定額保険契約は、保険者が人の傷害疾病に基づき一定の保険給付を行うことを約するものと定義づけられている（保険法2条7号、9号）。

　しかし、これらの定義規定においても、例えば、「傷害疾病に基づき一定の保険給付」とあるが、傷害とは何かについては、明確な定めがないため、その定義は、傷害保険約款に委ねられることになる。

　傷害保険普通保険約款によれば、傷害保険は、被保険者が急激かつ偶然な外来の事故によって身体に傷害を被ったときに、保険者が保険金（傷害死亡保険金、後遺障害保険金、入院保険金、通院保険金等）を支払うこととなっており（同約款1条1項参照）、保険事故は、急激かつ偶然な外来の事故による身体傷害である。このうち、急激性、偶然性及び外来性の3要件は、傷害事故の構成要件である。なお、生命保険契約に付帯する災害関係特約（傷害特約や災害割増特約など）も傷害保険の一種であり、その保険給付の対象となる保険事故は、約款上、不慮の事故を直接の原因とする死亡又は身体障害と定められており、この不慮の事故とは、急激かつ偶発的な外来の事故とされているため、不慮の事故の構成要件としている。

　傷害保険普通保険約款及び生命保険契約に付帯する傷害特約等の保険約款でこれら3要件について次のとおり定義している。

Ⅳ-1-1　急激性

　傷害事故の急激性とは、事故が突発的に発生し、事故から結果として傷害が発生するまで時間的間隔がないことをいう。急激性は、長時間にわたる身体への作用による傷害を排除するための概念であるから、公害等継続的に有毒物質

254

を吸入して中毒となった場合や、キーパンチャーが腱鞘炎になった場合は、急激性の要件を満たさない。

しかし、急激性の要件の判断に際しては、事故から結果として傷害が発生するまでの時間的間隔がなく、自己への作用に回避し得ないような急迫な状況をいうと解されている。

急激性が否定された例としては、過労死については、過重労働は長時間の持続的・反復的作用として徐々に身体に負荷していくものであり、それによる死亡は、事故の作用が急激に生じた場合には当たらないとされる（東京地判平成9年2月3日判タ952号272頁〔過重労働により惹起された急性心筋梗塞で死亡した事案で、急激性の意義につき「事故から結果（傷害）の発生までに時間的間隔がなく、事故の通常の経過に際して被保険者が傷害事故の結果を自己への作用の瞬間にもはや回避しえないような状況にあることをいう」、「（傷害を）惹起した過重労働は長時間の持続的・反復的作用として進展するものであり、いかなる手段を尽くしても避け得ないといった急迫性を有するものではない」とする〕。また、大阪地判平成11年3月16日生保判例集11巻166頁「本件難聴につき、3回の事故で1年4ヵ月以上にわたるもので、このような複数の事故を一体としてみた上で急激性を有すると解することができない」、東京高判平成16年7月13日判時1879号145頁、東京地判平成9年2月25日判時1624号136頁「外科的手術その他の医療処置は、人の身体に対し医的侵襲を加えるもので、人の身体への影響により損傷を生じさせる危険があるが、原則として患者またはその家族の同意ないし承諾の下に行われるものであるから、偶然性を欠き、急激性も満たさないとされる」）。

Ⅳ-1-2 偶然性

傷害事故の偶然性とは、ことの結果が被保険者の故意に基づかず、かつ、通常予期し得ない原因によって生じることを指すと解される。事故の原因が偶然である場合と、事故の原因は必然だがその経過において予期し得ないことが加わり、それが結果に対して重大な影響を与えている場合は、それは偶発的なものといえる。生命保険会社の傷害保険約款において、偶然性の定義規定を次のとおり定めている。

「事故の発生または事故による傷害の発生が被保険者の故意に基づかず、か

つ、被保険者にとって予見できないことをいいます。」とする例が多い（その他の約款は、「事故の発生または事故による傷害の発生が被保険者にとって予見できないことをいいます。（被保険者の故意にもとづくものは該当しません）。」、「事故の発生または事故による傷害の発生が被保険者にとって予見できないこといいます。（注）被保険者の故意にもとづくもの、および故意か偶発か不明なものは該当しません。」）。傷害事故が被保険者の故意招致ではないことを意味しており、故意によらないことと同義であると定義している。結果を容認していた未必の故意も含まれる（「故意は、確定的故意と未必の故意に分けられる。前者は、結果を確実に実現しようと欲する意思であり、後者は、確実に実現しようとまでは考えないが、別にそれでもかまわないと容認する意思である」『法律学小辞典』882頁（有斐閣、1990年））。

　以上から、偶然性は、被保険者の故意によらないことと同意義である（潘阿憲『保険法概説』287頁（中央経済社、2010年））。したがって、被保険者の事故招致により踏切内で両足を列車に轢過させ、両下腿を切断させた場合（東京地判平成16年9月27日生保判例集16巻761頁）は、偶然性の要件を欠き、傷害事故の構成要件を欠くこととなる。人の身体に対し医的侵襲を加える医療処置も、被保険者の同意を得ていることから偶然性の要件を欠くとされる（東京高判平成16年7月13日判時1879号145頁、東京地判平成9年2月25日生保判例集9巻92頁）。

　被保険者が、傷害の原因事故の発生を予見し、また結果の発生について予見できたにもかかわらずこれを回避しなかった場合に、例えば、喧嘩の場合や、生まれつき心臓に欠陥がある者がプールに飛び込み、心臓マヒで死亡した場合には、偶然性を欠くとする見解がある（西嶋梅治『保険法〔第3版〕』381頁（悠々社、1998年）、大阪高判平成5年11月19日文研生保判例集7巻287頁も、従前から高血圧のために冠動脈硬化が進んでいた被保険者が、外気温2度の冬季の船艙内で作業中に急性心不全により死亡した事案について、被保険者は急性心臓死の素因をもち、かねてから健康診断で「血圧注意」の指示を受けており、当日の低温環境での労働が引き金となって急性心不全を招来したと認められるものの、作業開始までの待機中から低温下での労働になることは予見できるが、通常人であればおよそ死亡には結びつかない事象であったこと、作業開始時にはそのことを当然認識していたことなどから、偶然性を欠くと判断した）。

しかし、この見解に対し、被保険者が事故発生の結果を認容したとはいえないにもかかわらず、事故発生の結果が予見可能であったとして偶然性を否定するのではなく、重過失免責規定から検討するのが妥当であろうとする有力説がある（山下・前掲書451頁、潘・前掲書287頁、広島高判平成14年7月3日2002WLJPCA07039002は、73歳の被保険者が普段より多量に飲酒したうえ、飲酒後短時間のうちに浴室に行き、浴室内で腹筋運動を行った後に入浴したため、意識レベルが低下して湯を誤飲し、溺死したものと認められ、被保険者は危険性を予知し得たにもかかわらず、その自由意思に基づき入浴し、その結果急性不全症を発症したものと認められ、偶然性の要件を欠くとした。大阪地判平成元年3月15日文研生保判例集6巻15頁、事業主である被保険者が、亡従業員から退職金を増額するよう刺身包丁でおどされ、生命の危険を感じてその包丁を奪いとって従業員の下腹部を刺したが、包丁を奪いかえした従業員に刺され死亡した事案につき、この事故は偶発的なものとした）。

Ⅳ-1-3　偶然性の立証責任

　傷害保険約款では、保険金支払事由として、被保険者が急激かつ偶然な外来の事故による傷害を直接の原因とする死亡等に対して保険金を支払う、と定められている一方、被保険者の故意によって生じた傷害は、保険者の免責事由として規定されている。前者の保険金支払事由の規定の解釈として、傷害保険金を請求する者は、偶然性の要件を含む3要件を満たした傷害事故が発生したこと、及びその直接の結果として被保険者が死亡したこと等を主張し、立証することになるが、後者の免責規定に関しては、免責事由の存在はいわゆる抗弁事由として保険者がこれを主張し、立証しなければならないため、保険者が被保険者の故意についての立証責任を負うとの結論となる。

　偶然性の立証責任は、保険金請求権の発生根拠として保険金請求者が負うのか、あるいは偶然性の表裏である保険約款に規定する「故意」についての立証責任を保険者が負うのかが問題となった。

　保険金請求者が事故の偶然性＝非故意性を立証しなければならないとする立場（請求者負担説）（仙台高判平成6年3月28日判タ878号274頁、山口地徳山支判平成8年9月27日判タ929号256頁、福岡高判平成10年1月22日判時1670号81頁等）と保険者が免責を受けるためには被保険者の故意による事故招致について立証しなけ

ればならないとする立場（保険者負担説）（神戸地判平成 8 年 7 月18日判時1586号136頁、東京地判平成11年 5 月17日判時1714号146頁等）が対立してきた。

最判平13年 4 月20日民集55巻 3 号682頁は、生命保険契約に付帯した災害特約につき、「偶然な事故であることが保険金請求権の成立要件であり、そのように解さないと、保険金の不正請求が容易となるおそれが増大する結果、保険制度の健全性を阻害し、ひいては誠実な保険加入者の利益を損なうおそれがある。（故意免責の規定は）保険金を支払われない場合を確認的注意的に規定したのにとどまり、立証責任を保険者に負わせたものではない。」とする（同日に最判平成13年 4 月20日判時1751号171頁が判旨され、損保の傷害保険についても同様の判旨）。

したがって、この問題は、最高裁が偶然性の立証責任は保険金請求者にあることが判示された。

なお、保険法では、傷害疾病定額保険契約において「故意」につき法定免責規定（保険法80条）として新設されたので最判平成13年 4 月20日判例は維持されるのか、仮に、維持されても消費者契約法10条により消費者の利益を一方的に害するので無効ではないかという指摘がなされているが、これについては判決は否定的である（大阪高判平成21年 9 月17日金判1334号34頁〔判旨は、事故の偶発性に関する主張立証責任の問題は、平成13年最高裁判決によってひとまず決着がついたから、もはや保険契約者にとって事故の偶然性の主張立証責任の所在を容易に判別できない状況にあるとはいえない〕。名古屋地判平成28年 9 月26日判時2332号44頁・判タ1436号162頁においても、保険法において一般的な傷害疾病定額保険契約における故意免責の規定（保険法80条）が設けられたにもかかわらず，本件保険契約における「急激かつ偶然な外来の事故」による事故であることの主張立証責任について，変更する意図を有していなかったことがうかがわれる）。

IV- 1 - 4　外来性

傷害事故の外来性、すなわち外来の事故とは、被保険者の身体の外部からの作用による事故をいう（最判平成19年 7 月 6 日民集61巻 5 号1955頁・判時1984号108頁、最判平成19年10月19日裁判集民226号155頁・判時1990号144頁）。外来性という要件は、傷害を引き起こす原因が外部からの被保険者の身体への作用を意味す

Ⅳ-1　傷害保険における保険事故（傷害）の概念

るものであるため、被保険者の身体の疾患等内部的原因に基づく傷害は、保険給付の対象から除外される。傷害保険は、人の生存又は死亡を保険事故とする生命保険とは異なり、人の身体に生ずる傷害を保険事故とするものであるが、身体に傷害をもたらす原因には、外来の事故（身体の外部からの作用による事故）のほか、身体の疾患等内部的原因があり、傷害保険は、後者の身体の疾患等内部的原因により生ずる傷害を保険事故の対象から除外することによって、担保範囲を限定しているわけである。身体の疾患等内部的原因に基づく傷害（死亡や高度障害状態など）は、生命保険ないし疾病保険の対象となるからである（潘・前掲書288頁）。

　外来性は、被保険者の身体の外部からの作用であるが、この作用自体は、物理的、化学的又はその他の性質のものであってもよく、外部からの原因によって生じる傷害は必ずしも身体の表面（外側）にある必要はなく（例えば、打撲、骨折等の損傷）、精神的な衝撃も含まれる。低温や日射といった気象条件による影響も外的作用に当たるが、これらによる傷害は通常、急激性や偶然性の要件を満たさない（大阪地判平成5年8月30日判時1474号143頁、被保険者の死亡が日射病によるときは傷害に当たらないと判示、その控訴審大阪高判平成6年4月22日判時1505号146頁は、劣悪な作業現場でのコンクリート打設作業中における日射病による死亡として、不慮の事故によるものとされた。山下・前掲書注(2)454頁）。ただ、火災事故に遭遇し、精神的なショックにより急性心不全を起こして死亡したような場合には、外来性の要件が満たされる（浦和地越谷支判平成3年11月20日判タ779号259頁、東京高判平成8年6月11日生保判例集8巻510頁）。さらに進んで、てんかんの持病を有する被保険者が入浴中に、付き添っていた施設の職員が浴室を離れていた間に、てんかん発作を起こして溺死した場合について、最判平成19年7月19日自保ジャーナル1820号150頁は、作為義務を負担する者の不作為は作為義務を負担しない者の不作為と異なり、被保険者の身体の傷害の主要な原因となり得るものであり、作為による行為と同等に評価すべきであるから、それによって生じた事故は外来の事故に当たると判示し、安全確保義務違反も外来の事故に当たることを認めた。外来性の要件に関して、身体の外部に存在する要因が何らかの形で作用すれば足りるとの解釈をとれば（山野嘉朗「判批」平成20年度重要判例解説121頁）、安全確保義務の懈怠も外来性の要件を満たすという

第6章　傷害疾病定額保険契約　Ⅳ　傷害保険について

最高裁の立場も理解できないものではないが、被保険者の死亡に何らかの影響を与えればすべて外来の事故に当たるとなると、外来性の要件はあまりにも拡大解釈されすぎることになり、外来性の要件の形骸化が懸念される。

　事故が疾病に起因する場合、例えば自動車事故が既往症である高血圧に起因した脳出血によるものであるとき外来性を否定（名古屋高判平成4年11月4日文研生保判例集7巻190頁）、また、自動車運転中に心筋梗塞の発作により正常な運転ができない状態での事故発生の疑いがある事案につき、外来性を否定した（静岡地判平成9年3月10日判タ949号202頁）等の多くの下級審裁判例は、被保険者の身体の内部的疾患に起因するものと認められるときは、それは疾病に起因する死亡事故であり、外来の事故による傷害の結果として死亡したものではないとして、外来性の要件を否定してきた（その他福岡高判平成8年4月25日判時1577号126頁、東京地判平成12年9月19日判タ1086号292頁など）。これは、傷害の外来性を身体の内的疾患によって生じた傷害を除外するための要件としてとらえ、疾病が先行しての傷害は外来性を否定してきた。

　しかし、最判平成19年7月6日民集61巻5号1955頁・判時1984号108頁は、パーキンソン病の既往歴を有する被保険者がもちをのどに詰まらせて窒息した事案について、これは被保険者の身体の外部からの作用による事故に当たるとして、事故の外来性を肯定した。また、狭心症発作による意識障害により車の適切な運転操作ができなかったために、ため池に転落して溺死したと強く疑われる事案について、最判平成19年10月19日裁判集民226号155頁・判時1990号144頁は、「被保険者の疾病によって生じた運行事故」も外来の事故に該当するとし、仮に被保険者がため池に転落した原因が疾病により適切な運転操作ができなくなったためであっても、保険事故が成立するとの判断を示した。これら最高裁判決が先行する疾病が原因で、車の衝突といった事故が発生した場合においても、原則として、外部からの被保険者の身体への作用があったか否かを中心に外来性の有無を判断し、外部からの被保険者の身体への作用があり、かつそれによって被保険者に身体の傷害をもたらした場合には、傷害事故の外来性は肯定され、たとえ当該外来の事故を招来した原因が疾病であっても、傷害事故の外来性は否定されないという立場をとったものである。このように、外来性の有無の判断基準として、傷害の疾病起因性を考慮しないという最高裁の判例の

立場は、疾病免責規定を有する傷害保険や自動車運行中の事故を担保する自動車保険については、確立されたといえる（約款構造を異にする生保型の傷害保険も射程の範囲かは明らかではない（中村心「判解」『最高裁判所判例解説民事篇平成19年度』550頁及び553頁注20参照）。なお、生保型傷害保険約款と同様の共済約款につき、仙台地石巻支判平成21年3月26日判時2056号143頁は、トラクター運転中頭蓋内出血を起こし転落して、大量の泥水を飲んで溺死するに至った事故につき外来の事故と認めた）。

　しかし、そのような場合においても、例えば、心臓発作で路上に倒れたところ、走行してきた自動車に轢かれて死亡したようなケースのように、疾患発作が生じた場所が悪かったため、そこにたまたま外来的力が作用したときには、当該傷害（死亡）は疾病による通常の経過ではなく、むしろ直接的でかつ偶発的な外的作用による結果であるから、外来性の要件を肯定してよい（江頭憲治郎『商取引法〔第5版〕』517頁（弘文堂・2009年））。

　最判平成25年4月16日裁判集民243号315頁・判時2218号120頁は、抑うつ症及び高尿酸血症で6種類の薬の投薬治療を受けていた被保険者が、帰宅途中及び帰宅後、飲酒を伴う食事をし、相当量のアルコールを摂取した後、病院で処方された薬を服用したうえ、一階リビングでうたた寝をしていたが、午前2時頃、家族に起こされたため、起きざまに、飲み残しの酎ハイが入ったグラスを手に取り、口をつけて一口飲もうとした途端、口腔内に嘔吐し、その嘔吐物を誤嚥して窒息したという事案につき、吐物誤嚥による窒息の場合にも、外来性が認められるとの判断を示した。

Ⅳ-1-5　軽微な外因

　保険約款で傷害の原因が、軽微な外因によるもの、すなわち疾病又は体質的な要因を有する者が、医学常識的にみて軽微な外因を原因としてその症状が発症又は増悪した場合には、それらは不慮の事故には当たらないとする。

　軽微な外因については、①事故は軽微なものであり、医学的常識として通常の健康な者であれば、当該事故だけで死亡等保険事故に至ることはなかったものと認められること、②それにもかかわらず、一定の疾病又は体質的な要因がある場合には、その原因との関連で結果発生の原因となり得たとしても、その

ことを通常人が判断し事故の発生を容易に避け得る程度の外因をさすことで、不慮の事故に当たらないとしている。奈良地判平成14年8月30日金判1157号51頁は、糖尿病等小脳出血の素因を有していた被保険者の小脳出血による死亡に関して、交通事故による衝撃又は精神的ショックによって血圧が上昇し、小脳出血が発症したとの主張がなされた事案について、「軽微な外因とは、身体的な疾患等を有しない通常人にとって、死亡あるいは高度障害状態に至らない要因となるとはいえないような外部的なきっかけをいう」と判示し、軽微な外因に該当するとした（その控訴審大阪高判平成15年12月25日生保判例集15巻833頁は、本件交通事故による精神的ショックは、本件事故態様からして「軽微」なものであるとはいえないから、「軽微な外因」により発症又はその症状が増悪した場合ということはできないと判示して、本件交通事故は「軽微な外因」に該当しないと判断した、そのほかに東京地判平成17年3月24日生保判例集17巻282頁は、脳血管障害を原因とする老年期の痴呆性疾患に罹患していた被保険者が、食物の気道閉塞により窒息死したという事案について、事故前から疾病・体質的な要因を有していた場合に、事故を契機として疾病・体質的な要因にかかる症状が発症・増悪したが、発症・増悪の原因が当該事故ではなく、事故前から有していた疾病・体質的な要因であると認められるときには、当該事故は「軽微な外因」に該当すると判示する。ほかに、熊本地判昭和63年9月21日文研判例集5巻328頁、神戸地尼崎支判平成11年4月22日生保判例集11巻259頁、倉敷簡判平成16年1月9日生保判例集16巻1頁）。

Ⅳ-1-6　外来性の立証責任

　外来性は、傷害事故の構成要件の一つであるから、本来、保険金を請求する者が、保険金請求権の成立要件として、外来性の立証責任を負うはずである。

　次の二つの最高裁判決（前掲最判平成19年7月6日、前掲最判平成19年10月19日）は、保険金請求者が、外部からの作用による事故と被保険者の傷害との間に相当因果関係があることを主張、立証すれば足り、被保険者の傷害が疾病を原因として生じたものではないことまで主張、立証すべき責任を負うものではないとされている。

　一方、保険者は、軽微な外因による傷害であることについては、抗弁事由として保険者が立証責任を負うと解される。

Ⅳ-2 「不慮の事故による傷害を直接の原因とする」の意義

　傷害疾病定額保険契約の中には、損害保険会社が多く取り扱う(1)傷害又は疾病が保険期間中に発生すれば、それに基づく入院や死亡といった結果が保険期間満了後生じた場合でも保険給付を行うとするものと、(2)生命保険会社が取り扱う保険期間中に入院や死亡といった結果まで発生した場合に限って保険給付を行うとするものがある（萩本修『一問一答保険法』167頁（商事法務・2009年））。

Ⅳ-2-1　傷害事故と傷害とその結果の因果関係

　傷害保険の保険事故の成立要件として、傷害事故と身体の傷害との間に因果関係が必要である。傷害事故と身体の傷害との間に因果関係が認められなければ、傷害保険の保険事故は成立せず、傷害保険金請求は認められない。

　前掲最判平成19年7月6日及び前掲最判平成19年10月19日は、保険金請求者は、傷害事故と被保険者がその身体に被った傷害との間に相当因果関係があることを主張、立証すれば足りると判示しているが、これは、外来性の立証責任が保険金請求者にあることを明らかにしたものであると同時に、立証の内容として、傷害事故と被保険者がその身体に被った傷害との間に相当因果関係があることを要するとしたものである。

　これら相当因果関係については、換言すれば、死亡や一定の給付事由の状態が事故による傷害に起因することを意味し、これをもって足り、必ずしも、死亡が事故による傷害を唯一の原因とするものでなければならないと解されていない。従来の裁判例は、個別の事例ごとに、被保険者の既往症の有無や、事故そのものの態様、事故に遭遇した後の被保険者の様子などの事情を総合的に考慮して、相当因果関係の有無について判断している。

Ⅳ-2-2　傷害とその結果との因果関係（「直接の原因とする」の意）

　約款に「不慮の事故による傷害を直接の原因とする」とある意は、不慮の事故と傷害との間に相当因果関係が認められ、傷害とその結果（死亡・障害状態・入院）との間に密接な因果関係が存在していなければならないということである。

　ただし、その関係は、「不慮の事故（による傷害）」から結果までの間に全く他

の要素が入ってはならないという程の強い関係ではなく、一般的な医学的常識あるいは経験則から、その間に蓋然性の認められる関係をいうものとされている。そして、初発原因と傷害の結果（死亡・障害状態・入院）との間に通常の成り行きとしての合理的・蓋然的な連続関係があれば、初発原因が結果に対する「直接原因」たり得ると解されている。すなわち、その存在が必要とされている因果関係は単なる条件的因果関係では足りないが相当因果関係であればよく、判例・学説もこれによっている（最判平成19年7月6日）。その意味では、「直接の原因」とは「主要な原因」と解してよい（中西正明『傷害保険の法理』32頁（有斐閣、1992年）。①大阪高判昭和56年5月12日判タ447号139頁〔被保険者が交通事故により約10メートル余はねとばされて頭から路上に落ち全身を打撲し、11日後に急性心不全により死亡し、既往症等は高血圧性心疾患が存在した事案につき、判旨はa約款において「所定の保険金支払をする場合を，傷害と死亡との間に特に『直接の』因果関係の存在する場合に限定しているのは，右の因果関係の存在の立証責任が保険金請求権者にあることを明確にし，かつその因果関係が単に軽微な影響をあたえた程度のものまたは遠い条件的因果関係にすぎないものでは足りず，当該傷害が死亡の結果について主要な原因となっていることを要求したものと解される」。b「死亡の主要な原因として，傷害のほかに他の疾病等の原因が併存している場合…複数の主要な併存原因がおおむね同程度に影響を与えたことが認められればそれで足り，それ以上に他の併存原因と比較してより有力な原因であると認められることまでは必要としないと解するのが相当である」。c「臨床医学的見地からすると，本件事故，受傷，入院という精神的，肉体的ショックもまた右の心不全を誘発する重要な原因の一つとなったものであり，もし受傷によるショックがなければ死亡の結果は生じなかったと推測されること，結局本件死亡の原因は，被保険者の既往疾患と事故による受傷とが互いに影響しあい，右両者が主要な原因となって遂に急性心不全をもたらしたものであつて，右は通常起りうる原因結果の関係にあること」等が認められるから、「本件被保険者は本件交通事故による傷害を前記条項所定の「直接の原因」として死亡するに至ったものと認めるのが相当である」〕。②京都地峰山支判平成元年9月4日判タ714号222頁〔交通事故により，意識不明に陥る頭部打撲等の傷害を負い，1ヶ月半後に自殺した事案について（既往症等には精神障害）、a「本件災害特約は，…災害ないし法定伝染病による死亡及び後遺障害について定額を給付する傷害保険（共済）ないし疾病

Ⅳ-2 「不慮の事故による傷害を直接の原因とする」の意義

保険（共済）であり，約款上で…災害を『直接の原因』として死亡したことを共済金支払の要件として定めているのは，…死亡期間を災害を受けた日から200日と限定していること，さらに，…約款…で，『疾病または体質的な要因を有する被共済者が軽微な外因により発症し，またはその症状が増悪したときは，その軽微な外因は「対象となる事故」に含まれ』ない旨定めていることをも併せて考えると，死亡の結果が，災害ないし災害による傷害が軽微な影響を与えた程度に過ぎない場合，また，災害ないし災害による傷害がなければ生じなかったという条件的因果関係が存するのみでは足りず，右災害ないし災害による傷害が主要な原因となり，通常必然的に死亡の結果が生じたという関係にあることを要する」。b　本件自殺の原因となった精神障害に関して，「同人の身体傷害が同人に重大な肉体的苦痛や精神的苦痛を与えたとは認められないとともに，自殺に至るまでの精神症状発現の主要な原因となったとは認めがた」いとして，「同人の精神症状が本件事故ないしこれによる受傷が主要な原因となり，通常必然的に生じたものであることはこれを肯認しえないといわざるをえない」とした〕。③広島高判平成12年2月25日生保判例集12巻122頁〔事故により頭部に約4時間の開頭手術を要するほどの重大な傷害を負ったが，心筋梗塞により死亡した。被保険者は76歳の高齢であった事案について、a「事故による傷害を直接の原因として死亡した」とは，事故による傷害と死亡との間に相当因果関係が存すること，換言すれば，死亡すれば，死亡が事故による傷害に起因することを意味し，これをもって足り，必ずしも，死亡が事故による傷害を唯一の原因 あるいは主要な原因でなければならないとする理由はない。b　事故による傷害と被保険者の基礎疾病とが競合している場合であっても，事故による傷害及びそのための治療が，被保険者にとって精神的・肉体的に過重な負担となり，被保険者の基礎疾病をその自然的経過を超えて憎悪させ，その死亡の時期を早めるなどして死亡の結果を発生させたと認められる場合には，右死亡は，事故による傷害と相当因果関係があるものというべきであり，このような場合も，事故による傷害を直接の原因として死亡したと解するのが相当である。c　本件の死亡3日前に本件交通事故による脳内出血・脳挫傷が原因と認められる痙攣 発作を起こしたことにより冠動脈内に血栓が生じ，これが引き金となって心筋梗塞が発症したものと推認されるので，死亡の原因となった心筋梗塞の発症とこれによる死亡は，結局，本件交通事故による受傷に基づき発症した心筋梗塞によるものというべきであり，それらの間に相当因果関係の存在を肯定することができる〕)。

第6章　傷害疾病定額保険契約　Ⅳ　傷害保険について

Ⅳ-3　傷害疾病定額保険の免責事由

　傷害疾病定額保険においても保険者の免責事由が定められている。保険法80条1号は、「被保険者が故意又は重大な過失により給付事由を発生させたとき」、2号は「保険契約者が故意又は重大な過失により給付事由を発生させたとき」、3号は「保険金受取人が故意又は重大な過失により給付事由を発生させたとき」、4号は「戦争その他の変乱によって給付事由が発生したとき」を免責事由としている。傷害疾病定額保険の一種である生命保険契約に付帯する災害特約の約款に規定する免責事由は、概ね次のとおり定めている。

(1)　保険契約者又は被保険者による故意又は重大な過失

(2)　被保険者の犯罪行為

(3)　被保険者の精神障害を原因とする事故

(4)　被保険者の泥酔の状態を原因とする事故

(5)　被保険者が法令に定める運転資格を持たないで運転している間に生じた事故

(6)　被保険者が法令に定める酒気帯び運転又はこれに相当する運転をしている間に生じた事故

(7)　地震、噴火又は津波

(8)　戦争その他の変乱

Ⅳ-3-1　被保険者の故意又は重大な過失

　災害約款では、保険事故が「被保険者の故意または重大な過失」によって招致されたとき、災害割増保険金等の給付金は支払われない旨定めている。これらの約款が定める「故意または重大な過失」とは、保険法80条にいう「被保険者の故意又は重大な過失により給付事由を発生させたとき」と同趣旨のものと解されている。これらによる保険事故の招致が免責事由とされている理由は、「保険制度は、本来偶然の事故発生に対し、その損害の填補を行う制度であるが、被保険者が故意又は重大な過失により自ら保険事故を招致するような場合、これについての保険金請求を認めることは、当事者に要求される信義誠実の原則、公序良俗に反し、また、これにより保険金目当ての事故が発生し、社会経済上適切でない」と考えられるからにほかならない（信義則・公序良俗説（判例・多数

266

説)）である。その他、①危険除外説がある。これは、信義則・公序良俗説を否定はしないがこれだけでは足りないとする。被保険者側の故意・重過失による事故招致も含めて保障対象とすると、被保険者側にあるこのような主観的危険は、客観的危険における戦争危険などと同様に、通常、著しく危険の発生が高度であるため、保険者が通常の保険料で引き受けることは欲しないものである。それゆえ、一般にこれを除外するため保険者の免責事由としている。この立場においても免責事由は任意規定とされることになり、個々の保険契約の公序良俗性についてみるときは、信義則・公序良俗説と同様に、具体的・相対的に判断されることになるとする。また、②重過失免責規定は、故意免責を補完するものとする説がある。これは、不注意が著しい原因によって招来した事故につき、保険保護をすべきであるとする保険契約者側の利益保護の観点から、重過失免責をおくこと自体は無効といえないとしても、故意の事故招致の立証が困難なため故意免責規定を補完するための免責事由として位置づけ、免責の適用範囲を極力縮小すべきであるとする。さらに、③重過失免責規定は、商品政策的な判断に基づくものとする見解があり、これは、保険契約において重大な過失による事故招致が免責事由とされた趣旨は、保険給付をすることが公序良俗違反となるためではなく、極めて商品政策的な判断によるものであり、それゆえ、保険契約における重大な過失の意義については、故意に匹敵するものに限るというような限定的な解釈をすべきでなく、甚だしい不注意であれば足りるとする。

⑴　「故意」について

　ここでいう「故意」の概念については、学説上必ずしも一致しているわけではないが、一応、死又は傷害の結果発生に対する認識及び認容をいうものと解されている。故意には保険金等の詐取する意図までは要求されない。したがって、被保険者の自傷・自殺行為等は当然保険約款上の「故意」に該当し、それを原因として生じた障害、入院等は免責事由となる（損害保険において論じられることが多いが、故意の対象となる事実は、「故意によって生じた損害」によって生じたそれ自体が免責であるとする見解が多数説である。有力説としては原因行為対象説がある。これは免責事由の故意は、原因行為について存在すれば足り、損害発生までの認識は必要ではないとする見解である）。

267

「故意」には確定的故意のほか「未必の故意」も含まれるかについては見解が分かれているが、故意免責が認められるためには、結果発生の蓋然性が高いことを要し、そのことを認識していた限りで故意に当たるとすれば足り、未必の故意の概念を持ち出す必要はないとする見解が有力である（山下・前掲書373頁）。

ただ、「未必の故意」（認識したある事実の発生を積極的に意図しあるいは希望しないが、その事実が発生してもやむを得ないと認容する場合）が約款上の「故意」に含まれるものか否かにつき、損害保険での判例がある（最判平成4年12月18日判時1446号147頁〔自動車保険の被保険者が女性と車内にいたところを女性の夫に発見され、その場から逃げようとしたが、進路前方に夫が車両のフロントガラスに両手をあて、身体を車体前部に接触させるなど立ちふさがったため、そのまま車両を発進すれば、車体を衝突させて傷害を負わせる可能性が高いことを認識しながら、それもやむを得ないと考え、被保険者はその場を逃れたい気持ちからあえて車両を発進させ、同人に傷害を負わせた事案につき、「右事実関係の下では、本件事故によって被保険者が被った損害は、保険免責条項に定める保険契約者・被保険者の故意によって生じた損害に当たるというべきであるから、保険者は免責され…」と判示した〕）。

次に、傷害の故意しかなかったのに予期しなかった死の結果を生じた場合について、傷害についての故意は死という結果についてまで射程は及ばないとされる（最判平成5年3月30日民集47巻4号3262頁〔自動車保険の被保険者が車の発進を阻止しようとした被害者を振り切って逃げるため、同人を路上に転倒させ負傷させることを認識しながらあえてこれを認容し、同車を急加速させたところ、同人が路上に転倒し、頭蓋骨骨折などの傷害を負い、3日後に死亡した事案につき、一般保険契約当事者の通常の意思に沿うこと、及び契約当事者間の信義則又は公序良俗に反しないという理由で、傷害の故意しかなかったのに予期しなかった死の結果を生じた場合には、保険契約者又は被保険者の自ら招致した保険事故として免責の効果が及ぶことはないと判示した〕）。

(2) 「故意」の立証について

裁判所はモラル・リスクの疑いが濃厚なケースにつき、「一応の証明」（高度の蓋然性を有する経験則（定型的事象経過）を用いて、間接事実から主要事実を証明する）の理論によって「故意」を推認し、免責規定を適用する場合がある。それは、刑事事件における故意が証明できずに立件まで至らず不起訴となった事件

について、経験則上高度の蓋然性が認められる民事事件で裁判所は故意による事故と推認し免責を認めた（東京高判平成13年1月23日生保判例集13巻29頁、東京高判平成17年11月17日生保判例集17巻847頁等）。

なお、「一応の推定」適用を否定した判例も認められる（東京高判昭和59年12月25日判時1144号146頁は、「保険金支払義務の免責事由である『保険契約者（又は保険金受取人）の故意』について保険者の立証責任は『一応の推定』で足りると主張するが、保険約款上特にその立証責任について一般と異なり『一応の推定』で足りることが明白に規定されていない以上、保険者の立証責任を右のように軽減して解することは、許されない」と判示）。

(3) 「重大な過失」とは

失火責任法などの一般民事法上の「重大な過失」は、判例は「通常人に要求される程度の相当な注意をしないでも、わずかの注意さえすれば、たやすく違法有害な結果を予見することができた場合であるのに、漫然これを見すごしたような、ほとんど故意に近い著しい注意欠如の状態を指すもの」と解している（最判昭和32年7月9日民集11巻7号1203頁）。そこで、保険法や保険約款の免責条項の重過失についても、相当の注意をなすまでもなく容易に有害な結果を予見し得たにもかかわらず予見しなかった注意の欠如の状態、または、予見した後これを容易に回避することができたにもかかわらず、漫然と看過して回避防止を行わなかったような注意欠如の状態で、保険者をして給付金等支払の責を免れしめるのが当然であると一般人が認め得るような、かなり故意に近い注意欠如の状態であると解する裁判例が多い。そして、個々の具体的事案において「重大な過失」があったか否かの判断は、行為者（被保険者）の年齢、職業、生活環境等をはじめ、保険事故を招いた状況下での守られるべき法令、あるいは従うべき慣習、条理（常識）等によって総合的、客観的に判断される。また、注意欠如の程度だけでなく、故意と同程度の社会的な非難が可能か否かという観点も含めて総合判断することにより、制限的に解釈する裁判例もある（仙台地判平成5年5月11日判時1498号125頁）。これに対し、行為者の注意義務違反の程度が著しい場合と解する裁判例もあり、また、附合契約における一般人の理解という点を考慮する裁判例（秋田地判昭和31年5月22日下民7巻5号1345頁・商事法務60号10頁）も認められる。

第6章　傷害疾病定額保険契約　Ⅳ　傷害保険について

「故意又は重大なる過失」に関する代表的裁判例を掲記する。

「重大な過失」の解釈について、①最判昭和32年7月9日民集11巻7号1203頁〔「失火ノ責任ニ関スル法律」ただし書にいわゆる「重大ナル過失」の意義につき、通常人に要求される程度の相当な注意をしないでも、わずかの注意さえすれば、たやすく違法有害な結果を予見することができた場合であるのに、漫然これを見すごしたような、ほとんど故意に近い著しい注意欠如の状態を指すものとすべきである〕。

②附合契約における一般人の理解という点を考慮する裁判例として、前掲秋田地判昭和31年5月22日「保険契約のような附合契約の場合における本件免責条項としての『重大な過失』という如き抽象的条項の解釈に際しては附合契約における一般人の理解という点を考慮してなさるべきものと考える。しかして、右の点から理解すれば、被保険者の重大な過失とは保険者に免責を与えることが当然であると一般人が認め得るような被保険者の過失と解すべきであり、被保険者が軽自動二輪車による遠乗経験が少ないのに制限速度に反し時速六十粁を超える速度で運行し、且つ踏切一時停車の措置をも採らず、踏切を通過しようとしたとしても、他面被保険者の運行した国道は市街地を離れた交通量の少ない所であり、且つ踏切手前四百米迄は約五百米の間国鉄線路に平行して両者の間に視野をさえぎる障害物もなく、列車の運行も容易に予知し得る地形状況下において、列車より相当距離を先行していたため列車の追走して来るのを全然予知せず、又右踏切手前四百米附近から約百二十米の切通し道路を迂廻しているうち列車に接近されたにも拘らず、自車の爆音と切通し小山にさえぎられて警笛を聴き洩らし、列車の接近を知覚し得なかつたのみならず、反対方向より踏切を横断して来るバスを認めたことなどから踏切通過を安全と思料したような本件の場合においては、被保険者である被保険者に過失ありといい得ても、本件傷害特約保険約款第五条のいわゆる『重大な過失』ありといえないというを相当とする」。

③故意の立証の困難さから「重大な過失」を代替概念とするものとして大阪地判平成元年12月21日文研生保判例集6巻129頁は、被保険者の死亡は、被保険者の自殺行為に等しい無謀にして重大な過失がある行為と判示した。

④保険金支払が信義則上不当とされる場合と解するものとして、仙台地判平

成5年5月11日判時1498号125頁「『悪意又ハ重大ナル過失』による保険事故の招致を免責事由にしている理由は、そもそも保険制度が本来保険契約者又は被保険者の意思に基づかない偶然の事故発生に対しその損害の塡補を行うものであることから、保険契約者又は被保険者が自ら保険事故を招致したといえる場合に保険金請求権を肯定するのは、保険契約当事者間の信義則ないしは公序良俗に反することになるからである。右の趣旨から考えると、免責事由にいう重過失に該当するか否かについては、保険契約者又は被保険者が事故発生につきどの程度注意欠如の状態にあったかのみによって決すべきではなく、事故発生に至るまでの一連の行為やそれらの行為の目的を含めて、故意によって事故を招致したと同視し得る程度に社会的な非難が可能か否かなどを総合的に斟酌して決するのが相当である。右に述べた見解に立つて、本件をみるに、本件事故は、高速道路の走行車線上を走行していた車両がその進路上で歩行ないしは佇立していた被保険者に接触轢過して発生したものであり、そのこと自体に限定して評価する限り、被保険者がかなり危険な判断・行動をとったものであり、被保険者にはかなりの程度注意欠如の状態にあつたことは否定することができない。しかしながら、他方、被保険者には、前記判示のように、自損事故を起こしたことから、二次災害防止のために、緊急に後続車両の運転者に対し案内・誘導等の措置を講じようとして、走行車線上に入り込んだにすぎないのであるから、故意によって後続車両と接触する事故を招致した場合と比較して、社会的な非難の程度は著しく低く、右の場合と同視することはできない。したがって、本件事故は免責事由にいう重過失に該当しないものというべきである」。

IV-3-2　被保険者の精神障害又は泥酔の状態を原因とする事故

(1)　精神障害中の事故を免責事由としている趣旨

　傷害保険関係特約は、不慮の事故を直接の原因とする入院・障害状態・死亡に対して各給付金（保険金）を支払うものである。給付金（保険金）支払の原因をなす不慮の事故の構成要件については既に述べたとおりであるが、そのうちのひとつ偶発性については、とりわけ、被保険者が一定の注意力・判断力を有し、危険を予見してそれを回避しようとすることを前提としている。

　精神障害中の事故は、注意力・判断力を欠いた状態での事故であり、不慮の

事故の前提たる偶発性の要件を欠くことになる。また、精神障害の状態を原因とする事故の発生はその蓋然性が極めて高く、保険数理上それを予測することができないものでもある。

なお、これを免責とする規定は、「故意又は重大な過失」を適用するに際し、それを補完するものとして、実務上広く援用されているものである。例えば、被保険者が通常考えられない高所で、落ちそうもない箇所から転落して死亡した場合、通常であれば「故意又は重大な過失」を問うて災害割増保険金は支払われないこととなる。しかし、一時的であれ転落の直前に被保険者が心神喪失の状態に陥っていたとすれば、危険予見・回避能力を欠く者に対してそれを問うことはできない。したがって、このような場合、「精神障害中の事故」として対処することとなる。

(2) 泥酔の状態を原因とする事故

「泥酔」とは、酒を飲み過ぎて歩行不能、意識混濁、容易に睡眠に陥るなど、身体が麻痺状態となり、著しく判断・思考能力を欠くに至った状態をいう。このような状態で事故が生じたものを免責としている趣旨は、「精神障害中の事故」について述べたところと同じである。ただし、この場合、泥酔状態であったことが証明され、その泥酔状態と事故との間に因果関係が存在する場合にのみ保険金等支払が免責とされるものである（広島地判平成16年3月9日生保判例集16巻173頁〔医学的見地から被保険者の血中濃度が3.5mg・mlの場合には当該免責条項の「泥酔の状態」に当たると解すべきである。…帰途路肩で小用を足そうとしたときバランスを崩して崖下に転落し、転落後嘔吐物吸引による窒息した事案につき免責とされた〕）。

なお、「泥酔」に含まれないとしても、「泥酔」に近い状態にあったことが認められる場合には、他の事情、状況から「重大な過失」として、保険金等の支払が免責とされることもある。

Ⅳ-3　傷害疾病定額保険の免責事由

Ⅳ-3-3　被保険者の犯罪行為によるとき

(1)　犯罪行為の定義と免責の理由

犯罪行為とは、犯罪構成要件に該当する違法・有責の行為のうち、反社会性の高い犯罪とする。このような犯罪行為を伴う死亡・障害状態・入院等に対して保険金等を支払うのは公益性に反するおそれがあることから免責とした。

(2)　犯罪の範囲

原則として刑法2編第2章から40章までの犯罪とする。さらに特別刑法違反のうち反社会性の強い犯罪をいう（爆発物取締罰則、暴力行為取締法、麻薬及び向精神薬取締法）。ただ、不慮の事故との関連についていえば、道路交通法、軽犯罪法等による事故はここにいう犯罪行為には含まれないと解すべきであろう。なお、犯罪行為は既遂、未遂を問わず、時間的には犯罪行為の直前、直後の関連行為も含むとされている（例えば、犯罪直後の逃走中に起こした事故は犯罪行為によるときとみなされる）。

(3)　因果関係の存在

被保険者の犯罪行為とその死亡との間に相当因果関係がなければ、その死亡は犯罪行為によるものとはいえず、したがって、これを免責とすることもできない。相当因果関係があるとは、判例上、「犯罪行為がなければ死亡もなかったとする条件関係、および通常人が予見することのできた事情、被保険者が知りまたは予見していた事情を併せ、結果の発生が経験上通常であると認められること」をいうとされている（函館地判昭和55年3月31日文研生保判例集2巻278頁「被保険者が実弟の婚約者を刃渡り17センチメートルにて襲ってところ、実弟が婚約者に対する侵害行為から同女を防衛するため反撃に出、場合によっては凶器を取り上げこれをもって被保険者が殺害することも通常予想され得るところであるところから、被保険者の犯罪行為とこれに対する実弟の反撃行為、ひいては右行為による被保険者の死亡との間には相当因果関係が認められざるを得ない。それゆえ、被保険者の死亡は、『被保険者の犯罪行為』の免責条項に該当する」、広島地福山支判昭和63年9月16日文研生保判例集5巻318頁、高松地判平成17年10月17日生保判例集17巻768頁は、居住宅に放火を原因とする死亡は「犯罪行為」免責に該当すると判示）。

第6章　傷害疾病定額保険契約　Ⅳ　傷害保険について

Ⅳ-3-4　被保険者が法令に定める酒気帯び運転又はこれに相当する運転をしている間に生じた事故

(1)　免責の趣旨

　酒気帯び運転中の事故を免責事由としているのは、これを支払うとすれば公序良俗に反すること、また、事故発生の蓋然性が極めて高いからにほかならない。

(2)　「酒気帯び」の状態とは

　災害関係約款は、「酒気帯び運転」を「法令に定める酒気帯び運転」としているところから、その意は道路交通法、同法施行令に従って判断されることとなる。

　道路交通法は、「何人も、酒気を帯びて車両等を運転してはならない」（道路交通法65条1項）として酒気帯び運転を禁止する一方で、「酒気帯び」の状態を「酒に酔った状態（アルコールの影響により正常な運転ができないおそれがある状態）」（道路交通法117条の2第1号）及び「身体に政令で定める程度以上にアルコールを保有する状態」（道路交通法117条の2の2第3号）としている（なお、「政令で定める程度」とは、「血液1ミリリットルにつき0.3ミリグラム又は呼気1リットルにつき0.15ミリグラム」とされている〔道路交通法施行令44条の3〕）。したがって、約款にいう「酒気帯び運転」とは、道路交通法が定めるこのような「酒気帯び」状態での運転ということとなる。

　なお、従前の災害関係約款はその免責規定を「飲酒運転中の事故」としていた。そして、その程度は表現としての「酒気帯び運転」で足り、道路交通法117条の2第1号のいう「アルコールの影響により正常な運転ができないおそれがある状態」までは必要ないとしていた。これが昭和56年4月に、今日にみる「法令に定める酒気帯び運転またはこれに相当する運転をしている間に生じた事故」に改められ、「酒気帯び運転」に対して厳しく免責を問うこととされたのである。ちなみに、損害保険の免責約款では、従来、「酒に酔った状態で自動車等を運転している間に生じた事故」（酒に酔った状態とは、アルコールの影響により正常な運転ができない恐れがある状態をいいます。）と規定されていたが、現在は、道路交通法65条（酒気帯び運転等の禁止）1項に定める酒気を帯びた状態又はこれに相当する状態で契約自動車を運転している間に生じた事故と定められてい

274

IV-3　傷害疾病定額保険の免責事由

るのが通例である（東京高判平成15年8月14日生保判例集15巻493頁「運転席の状況
から被保険者が運転していた蓋然が極めて高いと認定し、被保険者の血中アルコール
濃度から、法令に定める酒気帯び運転中の事故と認めた上で、免責事由に該当する」、
静岡地富士支判平成元年7月11日「（交通事故の相手方）普通貨物自動車にも過失が
あったと認められるとしても、上記運転行為は重要な法令違反を伴った車両運転手と
して通常要求される注意を著しく欠いた無謀な運転であり、重大な過失によって生じ
た事故に該当し、免責事由に定めるところの「飲酒運転中の事故」に該当する」）。

(3)　「これに相当する」の意

　道路交通法のいう「酒気帯び」の状態と同程度の意ととるのが一般的な見方
である。ただし、その程度について具体的な基準を設けることは難しい。個人
差もあるところから、一応の目安を挙げれば、清酒では銚子1～2本、ビール
では大瓶1～2本、ウイスキーではシングル・グラスで2～4杯以上を飲むと、
概ね「酒気帯び」の状態になるといわれている。

　なお、道路上の事故ではないため道路交通法違反は問えないが、同法にいう
「酒気を帯び」の状態にあること、あるいは、覚醒剤等を吸入してなす運転が法
令で禁じられていることから、それらを指すものであるとする見解もある。も
っとも、これらはいずれも「重大な過失」ありとして免責を問い得るものでも
あろう。

(4)　死体血中におけるアルコールの死後醸成

　先の血中アルコール濃度で「酒気帯び」の状態を量るとき、死体が一定時間
（2～7日）経過すると血中アルコールは死後醸成され、高い数値になることも
あって（「…気温摂氏20度で死後時間1日がおよその限界で、それ以上では無視でき
ないアルコール産生があると考えてよい」松倉善治『法医学』）、争いとなることも
ある。しかし、死後醸成される量は「0.3mg」程度にすぎないとされており、本
来、血中アルコール濃度が高い場合にはさして問題とならない。しかし、測定
値が法定値に近い場合には、血中アルコールの濃度をめぐり、アルコールの死
後醸成の影響が争われることもある（アルコールの死後醸成が争点とされた裁判
例、東京地判昭和63年12月20日文研生保判例集5巻400頁、福岡地判平成2年1月24
日文研生保判例集6巻151頁、和歌山地判平成12年2月18日生保判例集12巻77頁等）。

275

第6章　傷害疾病定額保険契約　IV　傷害保険について

IV-3-5　被保険者が法令に定める運転資格を持たないで運転している間に生じた事故

(1)　免責の趣旨

無免許等で運転をしている間に生じた事故を免責事由としているのは、これを支払うとすれば公序良俗に反すること、また、事故発生の蓋然性が極めて高く、事故そのものが「不慮の事故」の構成要件たる偶然性を欠いているからにほかならない。

(2)　「法令に定める運転資格を持たない運転」の意

ここでいう「法令」とは、道路交通法及び同施行令を指し、「運転資格」とは、道路交通法92条で免許証の交付されている資格をいう。

一方、「運転資格を持たない運転」とは、道路交通法上の無免許運転（道路交通法64条）及び無資格運転（道路交通法85条5項～11項）を指す。そして、同法が禁止している無免許運転には、「免許証の交付を受けていない者の運転（無免許）」に加え、「有効期限の過ぎた免許証での運転」、「免許取消を受けた者の運転」、「免許の停止、仮停止期間中の運転」、「免許証の交付を受けていても運転することができない種類の自動車等（自動二輪車の排気量制限を越えるものも含む）の運転」、「牽引免許を受けないで車両総重量750キログラムを越える車両を牽引しての運転」も含まれるとされている（東京地判昭和62年10月6日文研生保判例集5巻131頁〔運転免許の効力が停止されている中での交通事故は、「無免許運転中の事故」に当たると判示〕、千葉地判昭和63年10月31日判時1300号140頁・判タ690号220頁〔運転免許が失効中の事故は「運転資格を持たないでする運転」に当たる〕、東京地判昭和46年3月2日判時628号58頁・判タ264号267頁〔運転免許試験合格後未だ免許証を受けていない間の交通事故は保険約款でいう無免許運転に当たる〕、大阪地判昭和51年8月26日交通民集9巻4号1168頁〔運転免許更新手続きを失念、有効期間2か月間経過後の自動車事故は、無免許運転に当たる〕）。

(3)　「運転している」ことの意

「運転している」とは、道路交通法上の道路、すなわち道路法のいう道路、道路運送法のいう自動車道及び一般交通の用に供するその他の場所（道路交通法2条1項1号）で運転していることをいう。このように道路交通法上の道路の定義には「一般交通の用に供するその他の場所」も含まれていることから、「私

有地、公有地の別にかかわらず、不特定の人や車両が自由に通行することができ、かつ、交通の実態のある場所」での事故については、道路交通法が適用される（例えば、工場、会社敷地内の道路等）。

事項索引

【あ】

悪性新生物……………………………… 250
アルコールの死後醸成…………………… 275

【い】

意向確認書………………………………… 18
遺言………………………………………… 130
　——による受取人変更………………… 130
一応の証明………………………………… 268
遺留分減殺請求…………………………… 126
因果関係…………………………………… 263
　傷害との間の——(直接、相当)……… 263
因果関係不存在(告知義務違反の事実との)
　………………………………………… 83, 84
　——と他保険契約……………………… 83

【う】

受取人→保険金受取人
運転資格を持たないでの運転…………… 276

【か】

解除(解約)………………………………… 108
　——の効力……………………………… 108
　——の効力発生時期…………………… 108
解除権(告知義務違反による)…………… 81
　——の消滅事由………………………… 87
　——の阻却事由……………………… 85, 86
介入権……………………………………… 117
解約返還金…………………… 105, 108, 109
外来性……………………………………… 258
　——の立証責任………………………… 262
確定日付…………………………………… 112
カード契約………………………………… 229
株式会社…………………………………… 44
過労死……………………………………… 255
監督指針……………………………… 18, 209
がん保険…………………………………… 250

【き】

危険選択…………………………………… 59
技術性……………………………………… 4

【く】

客観的要件(告知事項の)………………… 81
急激かつ偶発的(偶然)な外来の事故…… 254
急激性……………………………………… 254
90日不担保条項………………………… 251
急性心筋梗塞……………………………… 251
給付反対給付均等の原則……………… 4, 59
共済契約………………………………… 3, 8
供託………………………………………… 132
　弁済供託………………………………… 132
　保険金受取人変更と債権者不確知…… 132
銀行法……………………………………… 97
金銭消費寄託契約………………………… 38

【く】

偶然性……………………………………… 255
　——の立証責任………………………… 257
クーリング・オフ(申込みの撤回)……… 34

【け】

継続的契約性……………………………… 29
軽微な外因………………………………… 261
契約概要……………………………… 18, 216
契約者貸付金……………………………… 105
　契約者貸付条項………………………… 106
　契約者貸付の法的性質………………… 105
契約者資格………………………………… 40
契約当事者………………………………… 21
契約内容登録制度………………………… 79
健康管理証明書…………………………… 67
言語機能障害……………………………… 243
検診………………………………………… 64
権利の濫用………………………………… 10

【こ】

故意………………………………………… 266
　——による事故招致……………… 205, 267
　——の立証……………………………… 268
　——または重大な過失
　　(告知義務違反における)………… 81, 82
　——または重大な過失(傷害保険の)…… 266
　保険契約者、保険金受取人の——…… 173
公共性……………………………………… 5

事項索引

合資会社‥‥‥‥‥‥‥‥‥‥‥‥‥‥ 44
公序良俗違反‥‥‥‥‥‥‥‥‥‥ 10, 192
公的医療保険‥‥‥‥‥‥‥‥‥‥‥‥ 20
合同会社‥‥‥‥‥‥‥‥‥‥‥‥‥‥ 44
高度障害保険金‥‥‥‥‥‥‥‥ 19, 237
　　──の支払免責事由‥‥‥‥‥‥ 245
　　──請求権‥‥‥‥‥‥‥‥‥‥ 246
　　高度障害状態‥‥‥‥‥‥‥‥‥ 239
　　終身常時介護‥‥‥‥‥‥‥‥‥ 244
　　視力を全く永久に失ったもの‥‥ 243
合名会社‥‥‥‥‥‥‥‥‥‥‥‥‥ 44
合理的期待保護‥‥‥‥‥‥‥‥‥ 232
告知‥‥‥‥‥‥‥‥‥‥‥‥‥‥‥ 69
　　──の相手方‥‥‥‥‥‥‥‥‥ 71
　　──の趣旨‥‥‥‥‥‥‥‥‥‥ 69
　　──の時期‥‥‥‥‥‥‥‥‥‥ 74
　　告知義務者‥‥‥‥‥‥‥‥‥‥ 70
　　告知事項‥‥‥‥‥‥‥‥‥‥‥ 72
　　質問応答義務‥‥‥‥‥‥‥ 73, 75
　　自発的申告義務‥‥‥‥‥‥‥‥ 72
告知義務違反‥‥‥‥‥‥‥‥‥‥‥ 81
　　──と告知妨害‥‥‥‥‥‥‥‥ 85
　　──と詐欺・錯誤‥‥‥‥‥ 90, 182
　　──解除‥‥‥‥‥‥‥‥‥‥‥ 81
　　──解除の効力‥‥‥‥‥‥ 84, 89
　　──解除権の阻却事由‥ 85, 86, 89
　　──不告知教唆‥‥‥‥‥‥ 85, 86
　　──保険事故との因果関係‥‥‥ 83
　　客観的要件‥‥‥‥‥‥‥‥‥‥ 81
　　主観的要件‥‥‥‥‥‥‥‥‥‥ 81
告知すべき事項‥‥‥‥‥‥‥‥‥‥ 72
告知受領権‥‥‥‥‥‥‥‥‥‥‥‥ 72
　　生命保険募集人の──‥‥‥‥‥ 72
告知書（質問表）‥‥‥‥‥‥‥‥‥ 75
告知妨害‥‥‥‥‥‥‥‥‥‥‥‥‥ 85
ご契約のしおり‥‥‥‥‥‥‥‥‥‥ 16
固有の財産‥‥‥‥‥‥‥‥‥‥‥ 123

【さ】

債権者代位権‥‥‥‥‥‥‥‥‥‥ 108
債権者不確知‥‥‥‥‥‥‥‥‥‥ 132
債権の準占有（民法478条）‥‥ 106, 157
裁判管轄‥‥‥‥‥‥‥‥‥‥‥‥ 160
詐欺‥‥‥‥‥‥‥‥‥‥‥‥‥ 90, 178
　　──取消し‥‥‥‥‥‥‥‥‥ 178

　　──の立証‥‥‥‥‥‥‥‥‥ 179
　　告知義務違反と──‥‥‥‥‥ 182
錯誤
　　──無効‥‥‥‥‥‥‥‥‥ 90, 180
　　要素の──‥‥‥‥‥‥‥‥‥ 180
酒に酔って正常な運転ができない‥‥ 274
差押え‥‥‥‥‥‥‥‥‥‥‥ 110, 112
　　民事執行法上の──‥‥‥‥‥ 113
査定上の過失‥‥‥‥‥‥‥‥‥‥‥ 61
三大疾病保険‥‥‥‥‥‥‥‥‥‥ 250
債務不履行‥‥‥‥‥‥‥‥‥‥‥‥ 94

【し】

事業保険‥‥‥‥‥‥‥‥‥‥‥‥ 226
時効‥‥‥‥‥‥‥‥‥‥‥‥‥‥ 161
　　──の中断‥‥‥‥‥‥‥‥‥ 163
自己のためにする生命保険契約‥ 23, 121
自殺‥‥‥‥‥‥‥‥‥‥‥‥‥‥ 164
　　──の立証責任‥‥‥‥‥‥‥ 170
　　──免責‥‥‥‥‥‥‥‥‥‥ 164
　　──免責期間‥‥‥‥‥‥‥‥ 168
　　自由な意思決定による──‥‥ 165
事実の確認‥‥‥‥‥‥‥‥‥‥‥ 154
事情変更の原則‥‥‥‥‥‥‥‥‥‥ 11
質権‥‥‥‥‥‥‥‥‥‥‥‥‥ 23, 111
失火の責任に関する法律（失火責任法）‥‥ 269
失効‥‥‥‥‥‥‥‥‥‥‥‥‥‥‥ 94
失踪宣告‥‥‥‥‥‥‥‥‥‥‥‥ 156
疾病保険‥‥‥‥‥‥‥‥‥‥‥ 20, 237
質問応答義務‥‥‥‥‥‥‥‥‥ 73, 75
指定代理請求制度‥‥‥‥‥‥‥‥ 252
　　指定代理請求人‥‥‥‥‥‥‥ 252
　　指定代理請求人の資格要件‥‥ 253
自動車損害賠償保障法‥‥‥‥‥‥‥ 6
支払免責事由‥‥‥‥‥‥‥‥‥‥ 164
死亡診断書又は死体検案書‥‥‥‥ 150
死亡保険金受取人の死亡‥‥‥‥‥ 137
死亡保険金請求書類‥‥‥‥‥‥‥ 150
射倖契約性‥‥‥‥‥‥‥‥‥‥‥‥ 28
重大な過失（重過失）‥‥‥‥‥‥ 269
収支相等の原則‥‥‥‥‥‥‥‥ 4, 59
終身常に介護を要するもの‥‥‥‥ 244
重要事項‥‥‥‥‥‥‥‥‥‥‥‥ 209
　　──の説明‥‥‥‥‥‥‥‥‥ 220
　　告知義務の──‥‥‥‥‥‥‥‥ 76

事項索引

重大事由‥‥‥‥‥‥‥‥‥‥‥‥‥‥‥ 10
　──による解除(解約)‥‥‥‥‥‥ 196, 200
　──による解除とその効力‥‥‥‥ 204
　契約当事者間──‥‥‥‥‥‥‥‥ 194
　請求時の詐欺行為‥‥‥‥‥‥‥‥ 199
主観的要件(告知事項の)‥‥‥‥‥‥ 81
酒気帯び運転‥‥‥‥‥‥‥‥‥‥‥‥ 274
傷害‥‥‥‥‥‥‥‥‥‥‥‥‥‥‥‥‥ 254
　──を直接の原因‥‥‥‥‥‥‥‥ 263
　傷害疾病定額保険の免責事由‥‥‥ 266
　傷害保険‥‥‥‥‥‥‥‥‥‥‥‥‥ 254
　傷害保険契約‥‥‥‥‥‥‥‥‥ 20, 237
障害給付金‥‥‥‥‥‥‥‥‥‥‥‥‥ 249
承諾‥‥‥‥‥‥‥‥‥‥‥‥‥‥‥ 38, 54
消費者契約法‥‥‥‥‥‥‥‥‥ 7, 95, 213
消費団体訴訟制度‥‥‥‥‥‥‥‥‥ 213
情報提供義務‥‥‥‥‥‥‥‥‥ 208, 216
消滅時効‥‥‥‥‥‥‥‥‥‥‥‥‥‥ 162
書面交付(保険証券)‥‥‥‥‥‥‥ 30, 57
視力障害‥‥‥‥‥‥‥‥‥‥‥‥‥‥ 243
信義誠実の原則‥‥‥‥‥‥ 10, 15, 29, 188
親権者‥‥‥‥‥‥‥‥‥‥‥‥‥‥‥‥ 41
診査‥‥‥‥‥‥‥‥‥‥‥‥‥‥‥‥‥ 62
診査医‥‥‥‥‥‥‥‥‥‥‥‥‥‥‥‥ 61
　──の過失‥‥‥‥‥‥‥‥‥‥‥‥ 62
　──の注意義務‥‥‥‥‥‥‥‥‥ 66

【せ】

生命保険募集人‥‥‥‥‥‥‥‥‥‥‥ 39
　──の告知受領権‥‥‥‥‥‥‥‥ 72
請求権の放棄‥‥‥‥‥‥‥‥‥‥‥ 124
請求時の詐欺行為‥‥‥‥‥‥‥‥‥ 199
精神障害中の事故‥‥‥‥‥‥‥‥‥ 271
生年月日相違‥‥‥‥‥‥‥‥‥‥‥ 181
成年被後見人‥‥‥‥‥‥‥‥‥‥‥‥ 43
生命保険カード‥‥‥‥‥‥‥‥‥‥ 229
生命保険契約‥‥‥‥‥‥‥‥‥‥ 19, 25
生命保険面接士‥‥‥‥‥‥‥‥‥‥‥ 68
責任開始期‥‥‥‥‥‥‥‥‥‥‥‥‥ 50
　──前発病不担保条項‥‥‥‥‥‥ 240
　──前発病ルール‥‥‥‥‥‥‥‥ 239
責任遡及条項‥‥‥‥‥‥‥‥‥‥‥‥ 53
説明義務‥‥‥‥‥‥‥‥‥ 208, 216, 220
説明の方法‥‥‥‥‥‥‥‥‥‥‥‥ 216
善意契約性‥‥‥‥‥‥‥‥‥‥‥‥‥ 29

戦争その他の変乱‥‥‥‥‥‥‥‥‥ 176
選任監督上の過失‥‥‥‥‥‥‥‥‥‥ 86

【そ】

相続財産‥‥‥‥‥‥‥‥‥‥‥‥‥ 123
相続人‥‥‥‥‥‥‥‥‥‥‥‥‥‥‥ 138
　──の範囲‥‥‥‥‥‥‥‥‥‥‥ 138
　──権利取得の割合‥‥‥‥‥‥‥ 140
相続放棄‥‥‥‥‥‥‥‥‥‥‥‥‥ 124
　──と保険金受取人‥‥‥‥‥‥‥ 124
相当因果関係‥‥‥‥‥‥‥ 262-266, 279
遡及効‥‥‥‥‥‥‥‥‥‥‥‥‥‥‥‥ 52
遡及保険‥‥‥‥‥‥‥‥‥‥‥‥‥‥ 53
双務契約‥‥‥‥‥‥‥‥‥‥‥‥ 3, 27, 93

【た】

代位制度‥‥‥‥‥‥‥‥‥‥‥‥‥‥‥ 21
第1回保険料(充当金)‥‥‥‥‥‥‥‥ 50
対抗要件
　遺言による受取人変更の──‥‥ 132, 133
　債権譲渡の──‥‥‥‥‥‥‥‥‥ 143
第三者のためにする生命保険‥‥‥‥ 24, 123
第三分野保険‥‥‥‥‥‥‥‥‥‥‥ 237
大数の法則‥‥‥‥‥‥‥‥‥‥‥‥‥‥ 4
諾成契約‥‥‥‥‥‥‥‥‥‥‥‥‥‥‥ 27
他保険契約‥‥‥‥‥‥‥‥‥‥‥‥‥ 83
団体性‥‥‥‥‥‥‥‥‥‥‥‥‥‥‥‥ 4
団体定期保険‥‥‥‥‥‥‥‥‥‥‥ 226

【ち】

注意喚起情報‥‥‥‥‥‥‥‥ 18, 216, 219
抽象的保険金請求権‥‥‥‥‥‥‥‥ 121
弔慰金規定‥‥‥‥‥‥‥‥‥‥‥‥‥ 227
調査‥‥‥‥‥‥‥‥‥‥‥‥ 122, 149, 152
直接の原因‥‥‥‥‥‥‥‥‥‥‥‥‥ 263

【つ】

通知義務‥‥‥‥‥‥‥‥‥‥‥‥‥‥ 149

【て】

定型約款‥‥‥‥‥‥‥‥‥‥‥‥‥‥‥ 12
　──の内容の表示‥‥‥‥‥‥‥‥ 13
　──の変更‥‥‥‥‥‥‥‥‥‥‥‥ 13
泥酔状態‥‥‥‥‥‥‥‥‥‥‥‥‥‥ 271
適合性の原則‥‥‥‥‥‥‥‥ 18, 220, 224

281

事項索引

転換契約‥‥‥‥‥‥‥‥‥‥‥‥‥‥ *212*

【と】

同意‥‥‥‥‥‥‥‥‥‥‥‥‥‥ *45, 48*
　　被保険者の――‥‥‥‥‥‥‥‥‥ *45*
同時死亡と保険金受取人‥‥‥‥‥‥ *140*
道徳的危険‥‥‥‥‥‥‥‥‥‥‥‥‥ *60*
特定保険契約‥‥‥‥‥‥‥‥‥‥‥ *215*
特別解約権‥‥‥‥‥‥‥‥‥‥‥‥ *194*
特別受益‥‥‥‥‥‥‥‥‥‥‥‥‥ *125*
取立権‥‥‥‥‥‥‥‥‥‥‥‥‥‥ *114*

【に】

日常家事に関する法律行為‥‥‥‥‥ *158*
入院給付金‥‥‥‥‥‥‥‥‥‥‥‥ *248*
　　――の要件‥‥‥‥‥‥‥‥‥‥ *248*
人間ドック‥‥‥‥‥‥‥‥‥‥‥‥‥ *68*
認定死亡‥‥‥‥‥‥‥‥‥‥‥‥‥ *157*

【ね】

年金保険契約‥‥‥‥‥‥‥‥‥‥‥‥ *25*

【の】

脳卒中‥‥‥‥‥‥‥‥‥‥‥‥‥‥ *251*

【は】

賠償責任‥‥‥‥‥‥‥‥‥‥‥‥‥ *212*
破産‥‥‥‥‥‥‥‥‥‥‥‥‥‥‥ *115*
「発病」の定義‥‥‥‥‥‥‥‥‥‥ *242*
犯罪行為‥‥‥‥‥‥‥‥‥‥‥‥‥ *273*
反社会的勢力‥‥‥‥‥‥‥‥‥‥‥ *202*

【ひ】

引受査定時の過失‥‥‥‥‥‥‥‥‥‥ *61*
被保険者‥‥‥‥‥‥‥‥‥‥‥‥‥‥ *21*
　　――による解除請求‥‥‥‥‥‥‥ *48*
　　――の同意‥‥‥‥‥ *45, 103, 129*
被保険利益‥‥‥‥‥‥‥‥‥‥‥‥‥ *23*

【ふ】

不意打ち条項規定‥‥‥‥‥‥‥‥‥‥ *15*
附合契約‥‥‥‥‥‥‥‥‥‥‥ *28, 270*
不告知教唆‥‥‥‥‥‥‥‥‥‥‥‥‥ *85*
復活‥‥‥‥‥‥‥‥‥‥‥‥‥‥‥ *100*
不当条項規定‥‥‥‥‥‥‥‥‥‥‥‥ *15*

不法行為‥‥‥‥‥‥‥‥‥‥‥‥‥ *234*
プライバシー‥‥‥‥‥‥‥‥‥‥‥‥ *80*
　　――侵害‥‥‥‥‥‥‥‥‥‥‥ *234*
不慮の事故‥‥‥‥‥‥‥‥‥‥‥‥ *254*
　　――の立証責任‥‥‥‥‥‥‥‥ *264*
　　――による傷害を直接の原因とする‥‥ *263*
不労利得‥‥‥‥‥‥‥‥‥‥‥‥‥ *192*
不要式契約性‥‥‥‥‥‥‥‥‥‥‥‥ *29*
分類提要‥‥‥‥‥‥‥‥‥‥‥‥‥‥ *16*

【へ】

平常取引‥‥‥‥‥‥‥‥‥‥‥‥‥‥ *38*
変更承諾‥‥‥‥‥‥‥‥‥‥‥‥‥‥ *39*
片面的強行規定‥‥‥‥‥‥‥ *7, 73, 87*

【ほ】

保険給付の履行期‥‥‥‥‥‥‥‥‥ *153*
法人‥‥‥‥‥‥‥‥‥‥‥‥‥‥‥‥ *44*
法人格のない団体‥‥‥‥‥‥‥‥‥ *146*
法人契約‥‥‥‥‥‥‥‥‥‥‥‥‥ *145*
　　――の故意‥‥‥‥‥‥‥‥‥‥ *174*
　　――の個人への変更と利益相反取引‥‥ *134*
法定相続人の受取割合‥‥‥‥‥‥‥ *140*
保険金と損害賠償額控除‥‥‥‥‥‥ *125*
保険金受取人
　　――が相続人と指定されているとき‥‥ *135*
　　――が被保険者より先に死亡‥‥ *137*
　　――が複数いる場合の受取割合‥‥ *136*
　　――による故意‥‥‥‥‥‥‥‥ *173*
　　――の印鑑証明書‥‥‥‥‥‥‥ *151*
　　――の固有の権利‥‥‥‥‥‥‥ *123*
　　――の指定‥‥‥‥‥‥‥ *49, 135*
　　――の死亡‥‥‥‥‥‥‥‥‥‥ *137*
　　――の相続人‥‥‥‥‥‥‥‥‥ *138*
　　――の続柄‥‥‥‥‥‥‥‥‥‥ *148*
　　――の地位と原始取得‥‥‥‥‥ *121*
　　――の不確知と供託‥‥‥‥‥‥ *132*
　　――の不存在‥‥‥‥‥‥‥‥‥ *148*
　　――の変更‥‥‥‥‥‥‥‥‥‥ *126*
　　――の変更と供託‥‥‥‥‥‥‥ *133*
　　――の変更と詐害行為‥‥‥‥‥ *133*
　　――の変更と対抗要件‥‥‥‥‥ *133*
　　同時死亡と――‥‥‥‥‥‥‥‥ *140*
保険金請求権‥‥‥‥‥‥‥‥‥‥‥ *123*
　　――と相続‥‥‥‥‥‥‥‥‥‥ *124*

事項索引

——の譲渡······································ 142
——の放棄······································ 141
保険金請求書······································ 150
保険契約者································ 21, 130
——の故意······································ 172
——の変更······································ 103
保険契約の失効······························· 94
保険事故·························· 22, 155, 187
——の架空作成······························· 187
——の招致······································ 187
保険者·· 21
——の責任······························ 208, 222
——の同意······································ 103
保険証券······························· 30, 151
保険制度·· 3
保険適格性································· 54, 55
——の判断基準······························· 56
保険媒介者·· 86
保険募集································ 209, 212
保険料·· 22
——の自動貸付制度························· 100
——の支払い····································· 93
——の前納······································· 97
——の払込みの猶予期間····················· 94
——の払込み方法····························· 96
——を受領する権限··························· 99
保険料払込みの免除························· 101
保険料不可分の原則························· 98

【み】

未成年····································· 43, 47, 48
未必の故意························ 205, 256, 268
民法··· 9

【む】

無催告失効条項····················· 15, 94, 95

【め】

免責································· 164, 172
——期間内の自殺····························· 168
傷害疾病定額保険の——····················· 245
運転資格を持たない運転····················· 276
酒気帯び運転································· 274
精神障害中の障害給付金免責············· 271
戦争その他の変乱····························· 176

保険金受取人による故意··················· 173
保険契約者の故意··························· 172

【も】

申込み
——と拒絶······································· 33
——と承諾······································· 33
——と変更承諾······························· 39
生命保険契約の——··························· 33
申込み撤回（クーリングオフ）············· 34
持戻し··· 125
モラルハザード······························· 187
モラルリスク································· 187
問診··· 62

【や】

約款··· 11
——の変更······································· 11
——の拘束力································· 12, 16
——の備考欄···························· 16, 242

【ゆ】

有償契約性································· 8, 26

【よ】

要素の錯誤······································· 180

【り】

利益相反行為······························· 134
受取人変更と——····························· 134
履行期··· 94
保険金支払いの——··························· 151
履行遅滞················ 94, 149, 152, 159
立証責任
外来性の——································· 262
偶然性の——································· 257
詐欺の——································· 180
自殺の——································· 170
両下肢の用を全廃したもの··················· 245

【ろ】

労災認定······································· 165

283

判例索引

判 例 索 引

〔大審院〕

大決明治38年4月8日民録11輯475頁 …………………………………… 19
大判明治40年10月4日民録13輯939頁 …………………………………… 60, 76
大判明治40年10月4日民録13輯955頁 …………………………………… 182
大判明治41年6月19日民録14輯756頁 …………………………………… 143
大判明治44年3月3日民録17輯85頁 …………………………………… 182
大判大正3年12月12日 …………………………………………………… 180
大判大正4年6月26日民録21輯1044頁 ………………………………… 76
大判大正4年12月24日民録21輯2182頁 ………………………………… 12
大判大正5年2月12日民録22輯234頁 …………………………………… 165
大判大正5年11月24日民録22輯2309頁 ………………………………… 83
大判大正6年2月24日民録23輯284頁 …………………………………… 180
大判大正6年12月13日民録23輯2103頁 ………………………………… 13
大判大正6年12月14日民録23輯2112頁 ………………………………… 182
大判大正7年3月4日民録24輯323頁 …………………………………… 82
大判大正11年2月7日民集1巻1号19頁 ………………………………… 138
大判大正15年6月12日民集5巻495頁 …………………………………… 4, 98
大判昭和5年12月20日新聞3216号14頁 ………………………………… 78
大判昭和7年9月14日民集11巻1815頁 ………………………………… 174
大判昭和8年3月8日民集12巻340頁 …………………………………… 27, 51
大判昭和9年5月1日民集13巻875頁 …………………………………… 10
大判昭和10年2月28日 …………………………………………………… 39
大判昭和10年5月22日 …………………………………………………… 30
大判昭和10年10月14日新聞3909号7頁 ………………………………… 124
大判昭和11年5月13日民集15巻877頁 ………………………………… 124
大判昭和15年12月13日民集19巻24号2381頁 …………………………… 129

〔控訴院〕

東京控判大正4年5月20日新聞1023号22頁 …………………………… 78
東京控判大正5年5月23日新聞1138号19頁 …………………………… 66
東京控判大正5年11月21日新聞1204号24頁 …………………………… 66
東京控判大正7年10月21日評論全集7巻671頁 ……………………… 66
東京控判昭和9年4月13日法律新報368号18頁 ……………………… 180, 181
東京控判昭和16年9月6日新聞4727号7頁 …………………………… 177

〔最高裁判所〕

最判昭和28年4月23日民集7巻4号396頁 …………………………… 157
最判昭和32年7月9日民集11巻7号1203頁 ………………………… 82, 269, 270
最判昭和34年7月8日民集13巻7号911頁 …………………………… 5
最判昭和39年9月25日民集18巻7号1528頁 ………………………… 27, 125
最判昭和39年10月15日民集18巻8号1671頁 ………………………… 45
最判昭和40年2月2日民集19巻1号1頁 ……………………………… 123, 127, 135

285

判例索引

最判昭和42年 1 月31日民集21巻 1 号77頁···································· *176, 199*
最判昭和42年10月24日裁判集民88号741頁······························ *12, 16*
最判昭和45年 6 月24日民集24巻 6 号587頁································· *114*
最判昭和47年11月 9 日判タ286号220頁···································· *190*
最判昭和48年 6 月29日民集27巻 6 号737頁································· *123*
最判昭和50年10月24日民集29巻 9 号1417頁······························ *206*
最判昭和53年 5 月 1 日判時893号31頁······································· *40*
最判昭和55年 5 月 1 日判時971号201頁······································ *21*
最判昭和57年 3 月30日金法992号38頁·· *40*
最判昭和58年 3 月18日裁判集民138号177頁······························ *131*
最判昭和58年 9 月 8 日民集37巻 7 号918頁································· *148*
最判昭和62年 2 月20日民集41巻 1 号159頁······························· *122, 149*
最判昭和62年10月29日民集41巻 7 号1527頁····························· *128, 133*
最判平成 4 年 3 月13日民集46巻 3 号188頁····················· *139, 140, 125*
最判平成 4 年12月18日判時1446号147頁···································· *268*
最判平成 5 年 3 月30日民集47巻 4 号3262頁······························ *268*
最判平成 5 年 9 月 7 日民集47巻 7 号4740頁····················· *136, 139, 140*
最判平成 6 年 7 月18日民集48巻 5 号1233頁······················· *136, 140*
最判平成 7 年 1 月30日民集49巻 1 号211頁································· *125*
最判平成 9 年 3 月25日民集51巻 3 号1565頁······························ *152*
最判平成 9 年 4 月24日民集51巻 4 号1991頁························· *106, 158*
最判平成 9 年 6 月17日民集51巻 5 号2154頁······························ *90*
最判平成11年 9 月 9 日民集53巻 7 号1173頁························· *108, 114*
最判平成13年 4 月20日判時1751号171頁···································· *258*
最判平成13年 4 月20日民集55巻 3 号682頁····················· *206, 207, 258*
最判平成14年10月 3 日民集56巻 8 号1706頁······························ *174*
最判平成14年11月 5 日民集56巻 8 号2069頁······························ *126*
最判平成15年 2 月21日民集57巻 2 号95頁··································· *40*
最判平成15年 6 月12日民集57巻 6 号563頁································· *40*
最判平成15年12月11日民集57巻11号2196頁······························ *162*
最判平成16年 3 月25日民集58巻 3 号753頁································· *168*
最決平成16年10月29日民集58巻 7 号1979頁························· *126, 127*
最判平成16年12月13日民集58巻 9 号2419頁······························ *207*
最判平成17年 7 月14日民集59巻 6 号1323頁······························ *224*
最判平成17年 7 月22日裁判集民217号581頁······························ *131*
最判平成18年 4 月11日事例研レポ218号 1 頁····························· *227*
最判平成18年 6 月 1 日民集60巻 5 号1887頁······························ *207*
最判平成19年 7 月 6 日民集61巻 5 号1955頁·············· *258, 260, 262, 263, 264*
最判平成19年 7 月19日自保ジャーナル1820号150頁····················· *259*
最判平成19年10月19日裁判集民226号155頁·············· *258, 260, 262, 263*
最判平成21年 6 月 2 日民集63巻 5 号953頁································· *141*
最判平成24年 3 月16日民集66巻 5 号2216頁························· *8, 15, 95*
最判平成25年 4 月16日裁判集民243号315頁······························ *261*
最決平成27年10月 8 日··· *142*
最判平成28年 4 月28日民集70巻 4 号1099頁······························ *116*

判例索引

〔高等裁判所〕

東京高判昭和47年 7 月28日文研生保判例集 2 巻16頁 ················· 134
大阪高判昭和51年11月29日文研生保判例集 2 巻154頁 ··········· 238, 239
大阪高判昭和53年 1 月25日文研生保判例集 2 巻166頁 ················ 63
東京高判昭和53年 3 月28日判時889号91頁 ························· 48
大阪高判昭和56年 5 月12日判タ447号139頁 ······················ 264
札幌高判昭和58年 6 月14日文研生保判例集 3 巻350頁 ················ 77
東京高判昭和59年 1 月31日文研生保判例集 4 巻16頁 ··············· 180
大阪高判昭和59年11月20日文研生保判例集 4 巻100頁 ··········· 20, 243
東京高判昭和59年12月25日判時1144号146頁 ·················· 206, 269
東京高判昭和60年 9 月26日文研生保判例集 3 巻67頁 ··············· 130
東京高判昭和61年11月12日文研生保判例集 4 巻426頁 ············ 64, 78
高松高判昭和62年10月13日 ····································· 161
東京高判昭和63年 5 月18日判タ693号205頁 ······················· 82
札幌高判平成元年 2 月20日文研生保判例集 6 巻 5 頁 ················ 239
東京高判平成 3 年10月17日金判894号27頁 ······················ 190
名古屋高判平成 4 年11月 4 日文研生保判例集 7 巻190頁 ············· 260
福岡高判平成 5 年 1 月28日事例研レポ98号 1 頁 ··················· 206
大阪高判平成 5 年11月19日文研生保判例集 7 巻287頁 ·············· 256
仙台高判平成 6 年 3 月28日判タ878号274頁 ····················· 257
大阪高判平成 6 年 4 月22日判時1505号146頁 ···················· 259
大阪高判平成 6 年12月21日文研生保判例集 7 巻460頁 ··············· 66
大阪高判平成 6 年12月21日判時1544号119頁 ····················· 90
東京高判平成 7 年 1 月25日判タ886号279頁 ··················· 62, 65
東京高判平成 7 年11月29日生保判例集 8 巻303頁 ·················· 54
東京高判平成 7 年11月29日生保判例集 8 巻307頁 ·················· 11
福岡高判平成 8 年 4 月25日判時1577号126頁 ···················· 260
東京高判平成 8 年 6 月11日生保判例集 8 巻510頁 ················· 259
東京高判平成 8 年10月30日生保判例集 8 巻685頁 ················· 122
大阪高判平成 9 年 6 月17日判タ964号258頁 ····················· 193
仙台高判平成 9 年 7 月25日生保判例集 9 巻353頁 ················· 134
大阪高判平成 9 年12月24日生保判例集 9 巻591頁 ················· 164
福岡高判平成10年 1 月22日判時1670号81頁 ·················· 170, 257
広島高判平成10年 1 月28日 ····································· 78
福岡高判平成10年 2 月17日生保判例集10巻42頁 ·················· 171
東京高判平成10年 3 月25日生保判例集10巻149頁 ················· 130
東京高判平成10年10月23日生保判例集10巻407頁 ·················· 77
東京高判平成10年10月28日生保判例集10巻426頁 ················· 250
東京高判平成11年 2 月 3 日判時1704号71頁 ····················· 95
東京高判平成11年 3 月10日生保判例集11巻150頁 ·················· 64
東京高判平成11年 9 月21日金判1080号30頁 ····················· 145
福岡高判平成11年10月20日判タ1063号226頁 ···················· 190
大阪高判平成11年12月21日生保判例集11巻707頁 ················· 142
広島高判平成12年 2 月25日生保判例集12巻122頁 ················· 265

判例索引

高松高判平成12年2月25日生保判例集12巻128頁 ……………………………… *164*
東京高判平成12年5月10日生保判例集12巻283頁 ……………………………… *159*
大阪高判平成12年10月31日判時1752号145頁 …………………………………… *247*
東京高判平成13年1月23日生保判例集13巻29頁 ………………………………… *269*
札幌高判平成13年1月30日生保判例集13巻58頁 ………………………………… *200*
名古屋高判平成13年7月18日生保判例集13巻573頁 …………………………… *130*
東京高判平成13年7月30日生保判例集13巻617頁 ……………………………… *165*
仙台高判平成13年10月10日生保判例集13巻776頁 ……………………………… *249*
大阪高判平成13年11月29日生保判例集13巻854頁 ……………………………… *251*
東京高判平成14年4月23日金判1142号7頁 ……………………………………… *223*
広島高判平成14年7月3日2002WLJPCA07039002 …………………………… *257*
大阪高判平成15年2月21日生保判例集16巻99頁 ……………………… *165, 167*
大阪高判平成15年2月21日金判1166号2頁 ……………………………… *166, 246*
東京高判平成15年2月25日生保判例集15巻108頁 ……………………………… *251*
大阪高判平成15年3月26日金判1183号42頁 ……………………………………… *223*
福岡高判平成15年3月27日事例研レポ189号1頁 ………………………………… *200*
東京高判平成15年8月14日生保判例集15巻493頁 ……………………………… *275*
名古屋高金沢支判平成15年10月22日生保判例集15巻619頁 …………………… *175*
大阪高判平成15年12月25日生保判例集15巻833頁 ……………………………… *262*
東京高判平成16年1月29日生保判例集16巻54頁 ………………………………… *251*
東京高判平成16年2月25日金判1197号45頁 ……………………………………… *223*
東京高判平成16年7月13日判時1879号145頁 …………………………… *255, 256*
福岡高判平成16年7月13日判タ1166号216頁 …………………………………… *152*
東京高判平成16年10月19日判時1878号96頁 …………………………… *222, 223*
東京高判平成16年10月20日生保判例集16巻828頁 ……………………………… *132*
大阪高判平成16年12月15日生保判例集16巻985頁 ……………………………… *86*
東京高判平成17年1月31日生保判例集17巻95頁 ………………………………… *169*
大阪高判平成17年3月17日生保判例集17巻273頁 ……………………………… *166*
広島高岡山支判平成17年5月24日生保判例集17巻414頁 ……………………… *145*
東京高判平成17年11月17日生保判例集17巻847頁 ……………………………… *269*
大阪高判平成18年2月16日 ………………………………………………………… *169*
東京高判平成18年3月22日判時1928号133頁 …………………………………… *103*
大阪高判平成18年6月30日生保判例集18巻431頁 ……………………………… *199*
東京高判平成18年11月21日生保判例集18巻702頁 ……………………………… *166*
大阪高判平成19年6月21日生保判例集19巻274頁 …………………… *243, 245*
大阪高判平成20年9月3日生保判例集20巻443頁 ……………………………… *95*
名古屋高判平成21年4月24日判時2051号147頁 ………………………………… *174*
大阪高判平成21年9月17日金判1334号34頁 ……………………………………… *258*
東京高判平成21年9月30日判タ1317号72頁 ……………………………………… *95*
東京高判平成22年6月30日〔平成21年(ネ)4354号〕 ………………………… *57*
東京高判平成24年7月10日事例研レポ284号12頁 ……………………………… *121*
東京高判平成24年10月25日判タ1387号266頁 ………………………………… *95*
高松高判平成26年9月12日事例研レポ298号14頁 ……………………………… *122*
大阪高判平成27年4月23日判時2283号17頁 …………………………………… *142*
東京高判平成28年3月9日 …………………………………………………………… *166*

288

判例索引

福岡高判平成28年10月 4 日金法2052号90頁······························· *203*

〔地方裁判所〕

東京地判大正 4 年 1 月28日·· *66*

東京地判大正 5 年 6 月 9 日·· *66*

東京地判昭和 8 年 9 月11日·· *84*

東京地判昭和 9 年 2 月 5 日生命保険判例百選(増補版)46頁········· *144*

甲府地判昭和29年 9 月24日下民 5 巻 9 号1583頁························· *25*

秋田地判昭和31年 5 月22日下民 7 巻 5 号1345頁························· *269*

東京地判昭和40年 3 月30日判タ176号188頁······························· *66*

東京地判昭和46年 3 月 2 日判時628号58頁································· *276*

福岡地判昭和46年12月16日判タ279号342頁······························· *66*

大阪地判昭和47年 1 月21日文研生保判例集 1 巻 1 頁·················· *243*

大阪地判昭和47年11月13日文研生保判例集 2 巻36頁··················· *66*

東京地判昭和48年12月25日判タ307号244頁······························· *95*

大阪地判昭和51年 8 月26日交通民集 9 巻 4 号1168頁··················· *276*

東京地判昭和53年 3 月31日文研生保判例集 2 巻193頁·················· *86*

札幌地判昭和54年 3 月30日判時941号111頁······························· *13*

大阪地判昭和54年 4 月13日文研生保判例集 2 巻226頁··········· *82, 166*

函館地判昭和55年 3 月31日文研生保判例集 2 巻278頁·················· *273*

東京地判昭和56年 4 月30日判時1004号115頁······························ *28*

大阪地判昭和56年 6 月26日·· *130*

札幌地小樽支判昭和56年 7 月15日文研生保判例集 3 巻102頁········· *26*

東京地判昭和56年10月 6 日判時1038号346頁····························· *176*

浦和地判昭和57年 5 月26日判タ477号146頁······························· *34*

札幌地判昭和57年 7 月22日文研生保判例集 3 巻270頁·················· *133*

佐賀地判昭和58年 4 月22日判時1089号133頁····························· *232*

佐賀地判昭和58年 4 月22日文研生保判例集 3 巻315頁·················· *245*

名古屋地判昭和58年 9 月26日判タ525号287頁···························· *134*

大阪地判昭和58年 9 月28日文研生保判例集 3 巻386頁·················· *243*

名古屋地判昭和58年11月21日文研生保判例集 3 巻421頁··············· *146*

名古屋地判昭和59年 8 月 8 日判時1168号148頁·························· *174*

高知地判昭和59年 9 月27日文研生保判例 4 巻87頁····················· *134*

福島地白川支判昭和60年 1 月14日文研生保判例集 4 巻137頁········· *244*

大阪地判昭和60年 1 月29日文研生保判例集 4 巻146頁·················· *132*

千葉地判昭和60年 2 月22日文研生保判例集 4 巻157頁·················· *76*

東京地判昭和60年 5 月28日文研生保判例集 4 巻184頁·················· *64*

大阪地判昭和60年 8 月30日判時1183号153頁·············· *10, 29, 195, 196*

福岡地判昭和60年11月11日文研生保判例集 4 巻269頁·················· *249*

高知地判昭和60年11月28日文研生保判例集 4 巻279頁·················· *248*

東京地判昭和61年 1 月28日文研生保判例集 4 巻295頁·················· *66*

東京地判昭和61年 4 月22日文研生保判例集 4 巻344頁··········· *135, 148*

東京地判昭和62年 2 月 6 日生保判例集 5 巻 8 頁······················· *146*

東京地判昭和62年 2 月20日文研生保判例集 5 巻11頁·················· *243*

大阪地判昭和62年 2 月27日判時1238号143頁······················ *11, 191*

289

判例索引

東京地判昭和62年6月29日文研生保判例集5巻80頁‥‥‥‥‥‥‥‥‥‥‥‥‥‥‥‥‥ *16*
東京地判昭和62年10月6日文研生保判例集5巻131頁‥‥‥‥‥‥‥‥‥‥‥‥‥‥‥‥ *276*
大阪地判昭和62年10月29日‥‥‥‥‥‥‥‥‥‥‥‥‥‥‥‥‥‥‥‥‥‥‥‥‥‥‥‥‥ *174*
東京地判昭和63年5月23日‥‥‥‥‥‥‥‥‥‥‥‥‥‥‥‥‥‥‥‥‥‥‥‥‥ *28, 29*
広島地福山支判昭和63年9月16日文研生保判例集5巻318頁‥‥‥‥‥‥‥‥‥‥‥ *273*
熊本地判昭和63年9月21日文研生保判例集5巻328頁‥‥‥‥‥‥‥‥‥‥‥‥‥‥ *262*
千葉地判昭和63年10月31日判時1300号140頁‥‥‥‥‥‥‥‥‥‥‥‥‥‥‥‥‥‥ *276*
東京地判昭和63年12月20日文研生保判例集5巻400頁‥‥‥‥‥‥‥‥‥‥‥‥‥‥ *275*
大阪地判平成元年3月15日文研生保判例集6巻15頁‥‥‥‥‥‥‥‥‥‥‥‥‥‥‥ *257*
東京地判平成元年6月22日文研生保判例集6巻33頁‥‥‥‥‥‥‥‥‥‥‥‥‥‥‥ *173*
静岡地富士支判平成元年7月11日‥‥‥‥‥‥‥‥‥‥‥‥‥‥‥‥‥‥‥‥‥‥‥‥‥ *275*
京都地峰山支判平成元年9月4日判タ714号222頁‥‥‥‥‥‥‥‥‥‥‥‥‥‥‥‥ *264*
大阪地判平成元年12月21日文研生保判例集6巻129頁‥‥‥‥‥‥‥‥‥‥‥‥‥‥ *270*
福岡地判平成2年1月24日文研生保判例集6巻151頁‥‥‥‥‥‥‥‥‥‥‥‥‥‥‥ *275*
岡山地判平成2年5月31日文研生保判例集6巻201頁‥‥‥‥‥‥‥‥‥‥‥‥‥‥‥ *76*
名古屋地判平成2年8月29日‥‥‥‥‥‥‥‥‥‥‥‥‥‥‥‥‥‥‥‥‥‥‥‥‥‥‥‥ *88*
東京地判平成2年10月26日判時1387号141頁‥‥‥‥‥‥‥‥‥‥‥‥‥‥‥‥‥‥‥ *189*
大阪地判平成2年12月14日文研生保判例集6巻278頁‥‥‥‥‥‥‥‥‥‥‥‥‥‥ *132*
大阪地判平成3年3月26日文研生保判例集6巻307頁‥‥‥‥‥‥‥‥‥‥‥‥‥‥‥ *193*
東京地判平成3年4月17日判タ770号254頁‥‥‥‥‥‥‥‥‥‥‥‥‥‥‥‥‥ *76, 77*
京都地判平成3年6月21日文研生保判例集6巻352頁‥‥‥‥‥‥‥‥‥‥‥‥‥‥‥ *82*
浦和地越谷支判平成3年11月20日判タ779号259頁‥‥‥‥‥‥‥‥‥‥‥‥‥‥‥ *259*
京都地判平成4年7月30日文研生保判例集7巻120頁‥‥‥‥‥‥‥‥‥‥‥‥‥‥‥ *66*
水戸地土浦支判平成4年8月31日文研生保判例集7巻138頁‥‥‥‥‥‥‥‥‥‥ *144*
和歌山地田辺支判平成4年9月1日文研生保判例集7巻147頁‥‥‥‥‥‥‥‥‥‥ *17*
津地四日市支判平成4年10月29日文研生保判例集7巻185頁‥‥‥‥‥‥‥‥‥‥ *77*
仙台地判平成5年5月11日判時1498号125頁‥‥‥‥‥‥‥‥‥‥‥‥‥‥‥ *269, 270*
大阪地判平成5年8月30日判時1474号143頁‥‥‥‥‥‥‥‥‥‥‥‥‥‥‥‥‥‥ *259*
福井地判平成5年9月6日文研生保判例集7巻262頁‥‥‥‥‥‥‥‥‥‥‥‥‥‥‥ *48*
大阪地判平成5年11月12日判時1544号124頁‥‥‥‥‥‥‥‥‥‥‥‥‥‥‥‥‥‥ *90*
大阪地判平成6年1月25日文研生保判例集7巻303頁‥‥‥‥‥‥‥‥‥‥‥‥‥‥‥ *15*
東京地判平成6年3月30日文研生保判例集7巻327頁‥‥‥‥‥‥‥‥‥‥‥‥‥‥‥ *83*
東京地判平成6年5月11日金判976号29頁‥‥‥‥‥‥‥‥‥‥‥‥‥‥‥‥‥‥‥‥ *194*
東京地判平成6年5月12日判時1526号109頁‥‥‥‥‥‥‥‥‥‥‥‥‥‥‥‥‥‥‥ *17*
前橋地太田支判平成6年9月27日文研生保判例集7巻423頁‥‥‥‥‥‥‥‥‥‥‥ *66*
名古屋地判平成7年1月4日判タ891号117頁‥‥‥‥‥‥‥‥‥‥‥‥‥‥‥‥‥‥ *227*
東京地判平成7年1月13日生保判例集8巻1頁‥‥‥‥‥‥‥‥‥‥‥‥‥‥‥‥‥‥‥ *76*
神戸地姫路支判平成7年2月15日生保判例集8巻55頁‥‥‥‥‥‥‥‥‥‥‥‥‥‥ *64*
東京地判平成7年5月30日文研生保判例集18巻147頁‥‥‥‥‥‥‥‥‥‥‥‥‥‥ *156*
名古屋地判平成8年1月19日生保判例集8巻329頁‥‥‥‥‥‥‥‥‥‥‥‥‥‥‥‥ *147*
青森地弘前支判平成8年4月26日判時1571号132頁‥‥‥‥‥‥‥‥‥‥‥‥‥‥‥ *227*
徳島地判平成8年7月17日生保判例集8巻532頁‥‥‥‥‥‥‥‥‥‥‥‥‥‥‥‥‥ *200*
神戸地判平成8年7月18日判時1586号136頁‥‥‥‥‥‥‥‥‥‥‥‥‥‥‥‥‥‥‥ *258*
東京地判平成8年7月30日金判1002号25頁‥‥‥‥‥‥‥‥‥‥‥‥‥‥‥‥‥‥‥‥ *145*
山口地徳山支判平成8年9月27日判タ929号256頁‥‥‥‥‥‥‥‥‥‥‥‥‥‥‥ *257*

判例索引

大阪地判平成 9 年 1 月22日‥‥‥‥‥‥‥‥‥‥‥‥‥‥‥‥‥‥‥‥‥‥‥‥‥‥ *64*

名古屋地判平成 9 年 1 月23日生保判例集 9 巻24頁‥‥‥‥‥‥‥‥‥‥‥‥‥‥ *57*

東京地判平成 9 年 2 月 3 日判タ952号272頁‥‥‥‥‥‥‥‥‥‥‥‥‥‥‥ *255*

東京地判平成 9 年 2 月25日生保判例集 9 巻92頁‥‥‥‥‥‥‥‥‥‥‥‥‥ *256*

東京地判平成 9 年 2 月25日判時1624号136頁‥‥‥‥‥‥‥‥‥‥‥‥‥‥ *255*

広島地判平成 9 年 3 月 6 日‥‥‥‥‥‥‥‥‥‥‥‥‥‥‥‥‥‥‥‥‥‥‥‥‥ *73*

静岡地判平成 9 年 3 月10日判タ949号202頁‥‥‥‥‥‥‥‥‥‥‥‥‥‥‥ *260*

東京地判平成 9 年 9 月30日生保判例集 9 巻410頁‥‥‥‥‥‥‥‥‥‥‥‥ *130*

岡山地判平成 9 年10月28日生保判例集 9 巻467頁‥‥‥‥‥‥‥‥‥‥‥‥‥ *86*

東京地判平成 9 年11月 5 日生保判例集 9 巻487頁‥‥‥‥‥‥‥‥‥‥‥‥ *158*

秋田地判平成 9 年12月17日生保判例集 9 巻558頁‥‥‥‥‥‥‥‥‥‥‥‥‥ *84*

東京地判平成 9 年12月22日判時1662号109頁‥‥‥‥‥‥‥‥‥‥‥‥‥‥‥ *95*

横浜地相模原支判平成 9 年12月24日生保判例集 9 巻596頁‥‥‥‥‥‥‥‥ *131*

和歌山地田辺支判平成10年 3 月25日生保判例集10巻152頁‥‥‥‥‥‥ *61, 65*

宇都宮地大田原支判平成10年 6 月30日生保判例集10巻242頁‥‥‥ *240, 241*

東京地判平成10年 7 月28日生保判例集10巻279頁‥‥‥‥‥‥‥‥‥‥‥ *108*

名古屋地判平成10年 9 月16日判タ1007号288頁‥‥‥‥‥‥‥‥‥‥‥‥ *227*

東京地判平成10年10月23日生保判例集10巻407頁‥‥‥‥‥‥‥‥‥‥‥‥ *86*

宇都宮地足利支判平成10年10月27日生保判例集10巻417頁‥‥‥‥‥‥‥ *77*

大阪地判平成10年11月10日生保判例集10巻436頁‥‥‥‥‥‥‥‥‥‥‥ *182*

熊本地判平成11年 1 月13日生保判例集11巻 1 頁‥‥‥‥‥‥‥‥‥‥‥‥ *244*

京都地判平成11年 3 月 1 日生保判例集11巻140頁‥‥‥‥‥‥‥‥‥‥‥ *142*

東京地判平成11年 3 月11日金判1080号33頁‥‥‥‥‥‥‥‥‥‥‥‥‥‥ *145*

大阪地判平成11年 3 月16日生保判例集11巻166頁‥‥‥‥‥‥‥‥‥‥‥ *255*

神戸地尼崎支判平成11年 4 月22日生保判例集11巻259頁‥‥‥‥‥‥‥ *262*

大阪地判平成11年 4 月30日生保判例集11巻288頁‥‥‥‥‥ *62, 65, 66, 159*

東京地判平成11年 5 月17日判時1714号146頁‥‥‥‥‥‥‥‥‥‥‥‥‥ *258*

長野地判平成11年 6 月 9 日生保判例集11巻341頁‥‥‥‥‥‥‥‥‥‥‥ *159*

浦和地川越支判平成11年 7 月 6 日生保判例集11巻397頁‥‥‥‥‥‥‥ *234*

松山地判平成11年 8 月17日生保判例集11巻465頁‥‥‥‥‥‥‥‥‥‥‥ *164*

大阪地判平成11年 9 月28日生保判例集11巻542頁‥‥‥‥‥‥‥‥‥‥‥ *167*

札幌地判平成11年10月 5 日生保判例集11巻554頁‥‥‥‥‥‥‥‥‥‥‥ *175*

横浜地判平成12年 1 月17日生保判例集12巻 4 頁‥‥‥‥‥‥‥‥‥‥‥‥ *252*

京都地判平成12年 1 月27日生保判例集12巻53頁‥‥‥‥‥‥‥‥‥‥‥‥ *251*

和歌山地判平成12年 2 月18日生保判例集12巻77頁‥‥‥‥‥‥‥‥‥‥‥ *275*

大阪地判平成12年 2 月22日生保判例集12巻86頁‥‥‥‥‥‥‥‥‥‥‥‥ *199*

大阪地判平成12年 2 月22日判時1728号124頁‥‥‥‥‥‥‥‥‥‥‥‥‥ *200*

岐阜地判平成12年 3 月23日金判1131号43頁‥‥‥‥‥‥‥‥‥‥‥‥‥‥ *191*

旭川地判平成12年 7 月19日生保判例集12巻361頁‥‥‥‥‥‥‥‥‥‥‥ *200*

東京地判平成12年 9 月 7 日‥‥‥‥‥‥‥‥‥‥‥‥‥‥‥‥‥‥‥‥‥‥‥‥ *88*

東京地判平成12年 9 月19日判タ1086号292頁‥‥‥‥‥‥‥‥‥‥‥‥‥ *260*

岡山地津山支判平成12年 9 月20日生保判例集12巻452頁‥‥‥‥‥‥‥ *171*

静岡地沼津支判平成12年11月24日生保判例集12巻574頁‥‥‥‥‥‥‥ *170*

名古屋地判平成12年12月 1 日生保判例集12巻616頁‥‥‥‥‥‥‥‥‥‥ *140*

横浜地判平成12年12月 8 日生保判例集12巻633頁‥‥‥‥‥‥‥‥‥‥‥ *159*

291

判例索引

大阪地判平成12年12月8日生保判例集12巻637頁 ··· 162
札幌地判平成13年1月17日生保判例集13巻11頁 ··· 249
山形地鶴岡支判平成13年1月30日生保判例集13巻62頁 ····························· 165
大阪地判平成13年3月16日〔平成12年(ワ)6117号〕 ······························· 109
東京地判平成13年3月30日生保判例集13巻394頁 ····································· 174
神戸地明石支判平成13年3月30日生保判例集13巻398頁 ························· 251
東京地判平成13年11月8日生保判例集13巻817頁 ····································· 132
東京地判平成13年11月12日生保判例集13巻819頁 ··································· 162
奈良地判平成14年1月10日生保判例集14巻4頁 ··· 167
奈良地判平成14年8月30日金判1157号51頁 ·· 262
甲府地判平成14年10月30日 ·· 251
大分地判平成14年11月29日生保判例集14巻807頁 ··································· 200
東京地判平成15年2月21日判タ1175号229頁 ·· 223
神戸地判平成15年6月18日生保判例集15巻387頁 ····································· 240
神戸地判平成15年9月4日生保判例集15巻543頁 ····································· 131
東京地判平成15年9月16日生保判例集15巻567頁 ····································· 251
水戸地判平成15年10月29日判タ1163号287頁 ·· 232
東京地判平成15年11月6日生保判例集15巻683頁 ····································· 162
大阪地堺支判平成15年12月24日生保判例集15巻822頁 ···························· 86
東京地判平成16年1月21日生保判例集16巻15頁 ······································· 243
広島地判平成16年3月9日生保判例集16巻173頁 ····································· 272
前橋地太田支判平成16年3月12日生保判例集16巻199頁 ······················· 164
高知地判平成16年4月23日生保判例集16巻296頁 ····································· 166
東京地判平成16年5月26日生保判例集16巻337頁 ····································· 132
東京地判平成16年6月15日生保判例集16巻402頁 ····································· 191
東京地判平成16年6月25日生保判例集16巻438頁 ····································· 200
岡山地判平成16年8月5日生保判例集16巻602頁 ····································· 145
東京地判平成16年9月27日生保判例集16巻761頁 ····································· 256
大阪地判平成16年11月12日生保判例集13巻274頁 ··································· 249
大阪地判平成16年11月29日生保判例集16巻925頁 ··································· 240
大分地判平成17年2月28日判タ1216号282頁 ·· 200
東京地判平成17年3月24日生保判例集17巻282頁 ····································· 262
長野地松本支判平成17年4月12日生保判例集17巻313頁 ······················· 171
大阪地判平成17年4月19日生保判例集17巻328頁 ····································· 239
東京地判平成17年8月25日生保判例集17巻631頁 ····································· 152
大分地判平成17年9月8日判時1935号158頁 ···································· 165, 167
札幌地判平成17年9月16日生保判例集17巻736頁 ····································· 150
高松地判平成17年10月17日生保判例集17巻768頁 ··································· 273
東京地判平成17年12月28日生保判例集17巻1008頁 ································ 166
東京地判平成18年1月12日生保判例集18巻22頁 ······································· 157
東京地判平成18年3月14日生保判例集18巻155頁 ····································· 179
東京地判平成18年7月26日生保判例集18巻518頁 ····································· 162
札幌地判平成19年3月26日生保判例集19巻116頁 ····································· 162
福岡地久留米支判平成19年5月24日生保判例集19巻216頁 ···················· 179
名古屋地判平成19年11月30日事例研レポ233号7頁 ······························· 200

292

福岡地小倉支判平成20年3月13日判タ1274号221頁 ················· 148
仙台地石巻支判平成21年3月26日判時2056号143頁 ················· 261
東京地判平成21年7月29日〔平成20年（ワ）19161号〕 ················· 57
大阪地判平成21年9月30日消費者法ニュース82号221頁 ················· 222,223
盛岡地判平成22年6月11日判タ1342号211頁 ················· 73
東京地判平成22年7月8日事例研レポ253号1頁 ················· 147
奈良地判平成22年8月27日判タ1341号210頁 ················· 168
名古屋地判平成22年9月8日金法1914号123頁 ················· 224
東京地判平成23年8月10日金法1950号115頁 ················· 224
鹿児島地知覧支判平成24年3月22日事例研レポ279号1頁 ················· 200
東京地判平成24年3月29日事例研レポ274号1頁 ················· 222,223
札幌地判平成24年3月29日判時2152号58頁 ················· 116
東京地判平成24年11月20日2012WLJPCA1120 ················· 168
神戸地尼崎支判平成26年12月16日判時2260号76頁 ················· 142
甲府地判平成27年7月14日判時2280号131頁 ················· 168
東京地判平成27年9月28日事例研レポ299号1頁 ················· 166
東京地判平成27年11月16日判タ1425号304頁 ················· 166
東京地判平成28年1月28日金法2050号92頁 ················· 148
札幌地判平成28年2月17日2016WLJPCA02176006 ················· 252
東京地判平成28年6月17日金判1499号46頁 ················· 224
名古屋地判平成28年9月26日判時2332号44頁 ················· 258
佐賀地判平成28年11月6日2016WLJPCA11086009 ················· 10

〔簡易裁判所〕

福岡簡判平成12年12月7日生保判例集12巻622頁 ················· 158
倉敷簡判平成16年1月9日生保判例集16巻1頁 ················· 262

生命・傷害疾病保険法の基礎知識

著　　　者	長谷川　仁　彦
	竹　山　　　拓
	岡　田　洋　介

発　行　日	2018年 5 月18日

発　行　所	株式会社保険毎日新聞社
	〒101-0032 東京都千代田区岩本町 1 - 4 - 7
	TEL 03-3865-1401 / FAX 03-3865-1431
	URL http://www.homai.co.jp/

発　行　人	真　鍋　幸　充
カバーデザイン	塚　原　善　亮
印刷・製本	山浦印刷株式会社

ISBN978-4-89293-294-6
©Yoshihiko HASEGAWA, Taku TAKEYAMA, Yosuke OKADA (2018)
Printed in Japan

本書の内容を無断で転記、転載することを禁じます。
乱丁・落丁本はお取り替えいたします。